Japanische Übersetzung, Entscheidung des Bundesverfassungsgerichts zum Europäischen Stabilitätsmechanismus (ESM), Entscheidung in der Hauptsache

欧州安定制度に関する連邦憲法裁判所判例の翻訳（本案訴訟判決）

Karl-Friedrich Lenz
Professor (Kyouju), Universität Aoyama Gakuin, Tokio
青山学院大学教授
Lenz Blog k-lenz.de/1
Amazon author page k-lenz.de/5

Karl-Friedrich Lenz

Urheberrecht für die Übersetzung bei Karl-Friedrich Lenz. Urheberrecht für den Text der Entscheidung, soweit rechtlich überhaupt anerkannt, beim Bundesverfassungsgericht.

Für die Übersetzung erteile ich eine Creative Commons Lizenz „Attribution 4.0 Internnal". Dies bedeutet, dass jedermann meine Übersetzung ohne besondere Erlaubnis vervielfältigen und bearbeiten darf (für gewerbliche Zwecke eingeschlossen), so lange mein Name dabei genannt wird. Selbstverständlich sind Rechte an dem ursprünglichen Entscheidungstext, soweit sie überhaupt anerkannt sind (vgl. § 5 Abs. 1 deusches Urheberrechtsgesetz und § 13 Nr. 3 japanisches Urheberrechtsgesetz) von dieser Lizenz nicht erfasst.

翻訳についての著作権は Lenz にある。Creative-Commons „Attribution 4.0 International"の条件による使用を許可する。すなわち、複製・編集は（営利目的を含めて）自由である。但し、元の判例文書に関する著作権（それが成立する限り、日本著作権法13条3号、ドイツ著作権法5条1項は、当然ながら、この許可の対象外である。

ISBN: 1503250490
ISBN-13: 978-1503250499

Vorbemerkung

Die vorliegende Übersetzung habe ich anlässlich eines Vortrages vor der Japanischen Gesellschaft zum Studium deutscher Entscheidungen im Verfassungsrecht (*Doitsu kempou hanrei kenkyuukai*) am 6. Dezember 2014 vorbereitet. Die Entscheidung zum Antrag auf einstweilige Anordnung vom 12.9.2012 habe ich bereits letztes Jahr übersetzt. Diese Übersetzung habe ich in gleicher Weise veröffentlicht, als kostenlose PDF-Datei abrufbar unter (k-lenz.de/k227, dort auch Link zur gedruckten Fassung).

本件翻訳の趣旨

本件翻訳は、「ドイツ憲法判例研究会」で2014年12月6日に本件判例に発表する機会を得た際で用意した。本件は、本案判決の翻訳である。仮処分申請に関する2012年9月12日の判例も、去年に翻訳した。この翻訳も同様に発表した。無料ＰＤＦファイルは k-lenz.de/k227 で公開されているが、そこには、印刷版へのリンクもある。

ÜBERSETZUNG

Copyright © 2014 BVerfG
著作権：© 2014 連邦憲法裁判所
　訳者のコメント：ドイツ法では、著作権を著者自体から譲渡することが許されない。著者は、連邦憲法裁判所第２法廷の８名の裁判官である。著作権はこれらの裁判官に帰属するので、「連邦憲法裁判所」に帰属しない。
 Zitierung: BVerfG, 2 BvR 1390/12 vom 18.3.2014, Absatz-Nr. (1 - 245),
http://www.bverfg.de/entscheidungen/rs20140318_2bvr139012.html
Frei für den nicht gewerblichen Gebrauch. Kommerzielle Nutzung nur mit Zustimmung des Gerichts.

引用方法：BVerfG, 2 BvR 1390/12 vom 12.9.2012, Absatz-Nr. (1 - 245),
http://www.bverfg.de/entscheidungen/rs20140318_2bvr139012.html
　訳者のコメント：この長いＵＲＬは、簡略する必要がある。
　Frei für den nicht gewerblichen Gebrauch. Kommerzielle Nutzung nur mit Zustimmung des Gerichts.
　営業目的以外では、使用が自由である。営業目的使用は、裁判所の許可を必要とする。

- 　訳者のコメント：ドイツ法でも、日本法でも、裁判所の判例は、著作権保護の対象にならない。裁判官は既に

国家から給料を貰う。印税収入で生活している訳ではない。また、判例は幅広く知らせる必要がある。著作権でその拡散を邪魔する場合ではない、との理由である。従って、裁判所の上記記述は、前提を欠けている。

-
-
-

Entscheidungen
Copyright © 2014 BVerfG

Leitsätze
zum Urteil des Zweiten Senats vom 18. März 2014
- 2 BvR 1390/12 -
- 2 BvR 1421/12 -
- 2 BvR 1438/12 -
- 2 BvR 1439/12 -
- 2 BvR 1440/12 -
- 2 BvR 1824/12 -
- 2 BvE 6/12 –

判旨
２０１４年３月１８日第２法廷判決
（記録番号）

1. Durch die Haftungsbegrenzung nach Artikel 8 Absatz 5 des Vertrages zur Einrichtung des Europäischen Stabilitätsmechanismus in Verbindung mit Anhang II des Vertrages sowie durch die gemeinsame Auslegungserklä-rung der Vertragsparteien des ESM-Vertrages vom 27. September 2012 (BGBl II S. 1086) und die gleich-lautende einseitige Erklärung der Bundesrepublik Deutschland (BGBl II S. 1087) ist hinreichend sicherge-stellt, dass durch den Vertrag zur Einrichtung des Europäischen Stabilitätsmechanismus keine unbegrenz-ten Zahlungsverpflichtungen begründet werden.

1. 欧州安定制度条約第8条5項および条約第2付属書の責任限定および2012年9月27日の欧州安定制度条約当事者の共通解釈宣言（BGBl II S. 1086）およびドイツ連邦共和国による一方的な宣言(BGBl II S. 1087)により、欧州安定制度条約から無制限な支払義務が成立しないことが、充分に保障されている。

2. Der Gesetzgeber ist mit Blick auf die Zustimmung zu Artikel 4 Absatz 8 des Vertrages zur Einrichtung des Europäischen Stabilitätsmechanismus verpflichtet, haus-haltsrechtlich durchgehend sicherzustellen, dass die Bundesrepublik Deutschland Kapitalabrufen nach dem Vertrag zur Einrichtung des Europäischen Stabilitäts-mechanismus fristgerecht und vollständig nachkommen kann.

２．立法者は欧州安定制度条約4条8項に同意したことを配慮して、ドイツ連邦共和国が欧州安定制度条約に基づく資金支払請求を期限内に完全に履行できることを、財政法上に完全に保障しなければならない。

3. Artikel 32 Absatz 5, Artikel 34 und Artikel 35 Absatz 1 des Vertrages zur Einrichtung des Europäischen Stabilitätsmechanismus stehen in der Auslegung der Erklärungen vom 27. September 2012 einer hinreichenden parlamentarischen Kontrolle des Europäischen Stabilitätsmechanismus durch den Deutschen Bundestag und seiner umfassenden Unterrichtung nicht entgegen.

３．欧州安定制度条約32条5項、34条および35条1項は、2012年9月27日の解釈宣言を前提して、ドイツ連邦議会による充分な議会監督および情報入手を妨げるものではない。

4. Die haushaltspolitische Gesamtverantwortung des Deutschen Bundestages setzt voraus, dass der Legitimationszusammenhang zwischen dem Europäischen Stabilitätsmechanismus und dem Parlament unter keinen Umständen unterbrochen wird. Da der Beitritt neuer Mitglieder zum Europäischen

Stabilitätsmechanismus nach Artikel 44 in Verbindung mit Artikel 5 Absatz 6 Buchstabe k des Vertrages zur Einrichtung des Europäischen Stabilitätsmechanismus einen einstimmigen Gouverneursratsbeschluss erfordert, besteht die Möglichkeit sicherzustellen, dass die gegenwärtig gegebene und verfassungsrechtlich geforderte Vetoposition der Bundesrepublik Deutschland auch unter veränderten Umständen erhalten bleibt.

4．ドイツ連邦議会の予算に関する総括責任は、欧州安定制度と議会の間の妥当性関連が絶対に破られないことを前提とする。欧州安定制度に新規加盟の場合、欧州安定制度条約44条・5条6項k）により、理事会の全員一致決定を必要とするから、ドイツ連邦共和国が現在に所持している拒否権が、事情が変わっても維持されることを保障できる。当該拒否権は、憲法上に必要である。

BUNDESVERFASSUNGSGERICHT
連邦憲法裁判所
- 2 BvR 1390/12 -
- 2 BvR 1421/12 -
- 2 BvR 1438/12 -
- 2 BvR 1439/12 -
- 2 BvR 1440/12 -
- 2 BvR 1824/12 -
- 2 BvE 6/12 –

（記録番号）

Verkündet am 18. März 2014, Kunert, Amtsinspektor, als Urkundsbeamter der Geschäftsstelle

言い渡し：
２０１４年３月１８日
（言い渡し担当者の名前）

Im Namen des Volkes
国民の名において
In den Verfahren

以下の手続きにおいて

I. über die Verfassungsbeschwerde des Herrn Dr. G...,
- Bevollmächtigte:
1. Rechtsanwalt Prof. Dr. Wolf-Rüdiger Bub, Promenadeplatz 9, 80333 München,
2. Prof. Dr. Dietrich Murswiek -
憲法異議の原告I.の名前、訴訟代理人の名前

gegen

1. das Gesetz zu dem Beschluss des Europäischen Rates vom 25. März 2011 zur Änderung des Artikels 136 des Vertrages über die Arbeitsweise der Europäischen Union hinsichtlich eines Stabilitätsmechanismus für die Mitgliedstaaten, deren Währung der Euro ist, vom 13. September 2012 (BGBl II S. 978),

2. das Gesetz zu dem Vertrag vom 2. Februar 2012 zur Einrichtung des Europäischen Stabilitätsmechanismus vom 13. September 2012 (BGBl II S. 981),

3. das Gesetz zur finanziellen Beteiligung am Europäischen Stabilitätsmechanismus (ESM-Finanzierungsgesetz - ESMFinG) vom 13. September 2012 (BGBl I S. 1918),

4. das Gesetz zu dem Vertrag vom 2. März 2012 über Stabilität, Koordinierung und Steuerung in der Wirtschafts- und Währungsunion vom 13. September 2012 (BGBl II S. 1006),

5. das Unterlassen der Bundesregierung, darauf hinzuwirken, dass die TARGET2-Salden der Höhe nach begrenzt, regelmäßig ausgeglichen und abgebaut werden müssen,

6. das Unterlassen der Bundesregierung, auf eine Änderung der rechtlichen Rahmenbedingungen des Europäischen Systems der Zentralbanken hinzuwirken, so dass die Geldschöpfung einer nationalen Zentralbank prozentual nicht den nationalen Kapitalanteil an der Europäischen Zentralbank übersteigen darf.

憲法異議の原告Ｉ．の憲法異議の対象：

１．ユーロを採用した加盟国に関する安定制度に関してＥＵ運営条約 136 条を改正した欧州理事会[1]2011 年 3 月 25 日決定に関する法律(BGBl II S. 978)　（以下、翻訳で「136 条法」という）。

２．欧州安定制度を整備する 2012 年 2 月 2 日条約に関する法律(BGBl II S. 981)（以下、翻訳で「安定制度条約法」という）。

３．欧州安定制度への融資に関する法律(BGBl I S. 1918),　（以下、翻訳で「安定制度融資法」という）。

４．経済・通貨同盟における安定・協調・政策に関する 2012 年 3 月 2 日条約に関する法律(BGBl II S. 1006)（以下、翻訳で「安定条約法」という。

５．連邦政府の以下の不作為。ＴＡＲＧＥＴ２残高の金額が限定され、提起的に解消され、削減しなければならないように、活動しない、という不作為。

６．連邦政府の以下の不作為。欧州中央銀行制度制度の法的枠組みを変更して、今後は国内中央銀行の通貨発行が当該国の欧州中央銀行の持分の割合を、全体の割合として超えてはならないように活動していない、という不作為。

II. über die Verfassungsbeschwerde des Herrn Dr. B..., des Herrn Prof. Dr. H..., des Herrn Prof. Dr. N..., des Herrn Prof. Dr. S..., des Herrn Prof. Dr. Dr. h.c. S...
· Bevollmächtigter zu 1. bis 3. und 5.:

---

[1] EU

a) gegen das Gesetz zu dem Beschluss des Europäischen Rates vom 25. März 2011 zur Änderung des Artikels 136 des Vertrages über die Arbeitsweise der Europäischen Union hinsichtlich eines Stabilitätsmechanismus für die Mitgliedstaaten, deren Währung der Euro ist, vom 13. September 2012 (BGBl II S. 978),

加盟国の首相・大統領が集まるＥＵの機関。

Prof. Dr. Karl Albrecht Schachtschneider, Treiberpfad 28, 13469 Berlin —

憲法異議の原告ⅠⅠ．および訴訟代理人の名前（翻訳を省略）

gegen a) das Gesetz zu dem Beschluss des Europäischen Rates vom 25. März 2011 zur Änderung des Artikels 136 des Vertrages über die Arbeitsweise der Europäischen Union hinsichtlich eines Stabilitätsmechanismus für die Mitgliedstaaten, deren Währung der Euro ist, vom 13. September 2012 (BGBl II S. 978),

b) das Gesetz zu dem Vertrag vom 2. Februar 2012 zur Einrichtung des Europäischen Stabilitätsmechanismus vom 13. September 2012 (BGBl II S. 981),

c) das Gesetz zur finanziellen Beteiligung am Europäischen Stabilitätsmechanismus (ESM-Finanzierungsgesetz · ESMFinG) vom 13. September 2012 (BGBl I S. 1918),

d) das Gesetz zu dem Vertrag vom 2. März 2012 über Stabilität, Koordinierung und Steuerung in der Wirtschafts- und Währungsunion vom 13. September 2012 (BGBl II S. 1006),

e) die sechs Rechtsakte (Sixpack) der Europäischen Union zur Verstärkung der Haushaltsdisziplin der Mitglieder der Euro-Gruppe, nämlich

aa) Verordnung (EU) Nr. 1173/2011 des Europäischen Parlaments und des Rates vom 16. November 2011 über die wirksame Durchsetzung der haushaltspolitischen Überwachung im Euro-Währungsgebiet (ABl EU Nr. L 306 vom 23. November 2011, S. 1),

bb) Verordnung (EU) Nr. 1174/2011 des Europäischen Parlaments und des Rates vom 16. November 2011 über Durchsetzungsmaßnahmen zur Korrektur übermäßiger makroökonomischer Ungleichgewichte im Euro-Währungsgebiet (ABl EU Nr. L 306 vom 23. November 2011, S. 8), cc) Verordnung (EU) Nr. 1175/2011 des Europäischen Parlaments und des Rates vom 16. November 2011 zur Änderung der Verordnung (EG) Nr. 1466/97 des Rates über den Ausbau der haushaltspolitischen Überwachung und der Überwachung und Koordinierung der Wirtschaftspolitiken (ABl EU Nr. L 306 vom 23. November 2011, S. 12),

dd) Verordnung (EU) Nr. 1176/2011 des Europäischen Parlaments und des Rates vom 16. November 2011 über die Vermeidung und Korrektur makroökonomischer Ungleichgewichte (ABl EU Nr. L 306 vom 23. November 2011, S. 25),

ee) Verordnung (EU) Nr. 1177/2011 des Rates vom 8. November 2011 zur Änderung der Verordnung (EG) Nr. 1467/97 über die Beschleunigung und Klärung des Verfahrens bei einem übermäßigen Defizit (ABl EU Nr. L 306 vom 23. November 2011, S. 33) und

ff) Richtlinie 2011/85/EU des Rates vom 8. November 2011 über die Anforderungen an die haushaltspolitischen Rahmen der Mitgliedstaaten (ABl EU Nr. L 306 vom 23. November 2011, S. 41),

f) die Anwendung und Beachtung des Euro-Plus-Paktes für „Stärkere Koordinierung der Wirtschaftspolitik im Hinblick auf Wettbewerbsfähigkeit und Konvergenz" (vgl. Schlussfolgerungen des Europäischen Rates vom 24./25. März 2011, EUCO 10/1/11 REV 1, Anlage I) in Deutschland,

g) die Geldmengenerweiterung durch Überschüttung des Geldmarktes mit Krediten, die gegen nicht hinreichende Sicherheiten ausgegeben werden, zum Zwecke der mittelbaren Staatsfinanzierung und Bankensanierung durch die Europäische Zentralbank,

h) die Einrichtung des TARGET2-Systems der Abwicklung des Zahlungsverkehrs zwischen den nationalen Zentralbanken,

i) das Unterlassen der Bundesregierung, Nichtigkeitsklage gemäß Art. 263 Abs. 1 und Abs. 2 AEUV beim Europäischen Gerichtshof gegen die Entgegennahme von Staatsanleihen als Sicherheiten für Zentralbankkredite, sofern diese Maßnahmen der Staatsfinanzierung dienen, zu erheben,
j) das Unterlassen der Bundesregierung, Nichtigkeitsklage gemäß Art. 263 Abs. 1 und Abs. 2 AEUV beim Europäischen Gerichtshof gegen das TARGET2-System zu erheben.

　原告ⅠⅠ．の憲法異議の対象：
　ａ）136条法。
　ｂ）安定制度条約法。
　ｃ）安定制度融資法。
　ｄ）安定条約法。
　ｅ）ＥＵのユーロ採用加盟国の財政赤字削減のための六つの立法（６件立法）、すなわち
　ａａ）ユーロ領域における予算政策監督の実効性に関する欧州議会および閣僚理事会の規則 1173/2011 （Abl EU Nr. L 306 vom 23. November 2011, S. 1）
　bb）ユーロ領域におけるマクロ経済的な過剰不均衡の解決策に関する欧州議会および閣僚理事会の 2011 年 11 月 16 日の規則 1174/2011（Abl EU Nr. L 306 vom 23. November 2011, S. 8）
　cc）予算政策監督および経済政策の監督・調整に関する閣僚理事会規則 1497/97 の改正のための欧州議会および閣僚理事会規則 1175/2011（Abl EU Nr. L 306 vom 23. November 2011, S. 12）
　ｄｄ）マクロ経済的不均衡の回避および解決に関する欧州議会および閣僚理事会の 2011 年 11 月 16 日規則 1176/2011(ABl EU Nr. L 306 vom 23. November 2011, S. 25）
　ｅｅ）過剰財政赤字の場合における手続きの加速および明確化に関する規則 1467/97 を改正するための閣僚理事

会の 2011 年 11 月 8 日規則（Abl EU Nr. L 306 vom 23. November 2011, S. 33）

ｆｆ）加盟国の予算政策の枠組み条件に関する閣僚理事会の 2011 年 11 月 8 日の指令 2011/85（Abl EU Nr. L 306 vom 23. November 2011, S. 41）。

ｆ）ドイツにおいて「競争能力および共通経済を配慮してのより充実した経済政策のための」ユーロプラス協定（２０１１年３月２４・２５日の欧州理事会決議 EUCO 10/1/11 REV 1, Anlage I 参照）。

ｇ）欧州中央銀行が不十分な担保で間接的に国家融資・銀行救済を目的に貸出して、金銭市場を埋め尽くすことにより、金銭量を拡大していること。

ｈ）国内中央銀行間の支払いを運営するためにＴＡＲＧＥＴ２制度を設置したこと

ｉ）連邦政府の以下の不作為：ＥＵ運営条約２６３条１項２項に基づき、その措置が国家の融資を目的とする限り、中央銀行貸出の際に国債を担保として受け入れることに対し、取り消しの訴えを提起していない、という不作為。

ｊ）連邦政府の以下の不作為：ＥＵ運営条約２６３条１項２項に基づき、ＥＵ裁判所でＴＡＲGET2 制度に対する取り消しの訴えいを提起していない、という不作為。

- 2 BvR 1421/12 -,

III. über die Verfassungsbeschwerde des Herrn H…, sowie 11692 weiterer Beschwerdeführer,
- Bevollmächtigte:
1. Prof. Dr. Christoph Degenhart, Burgstraße 27, 04109 Leipzig,
2. Rechtsanwältin Prof. Dr. Herta Däubler-Gmelin, in Sozietät Schwegler Rechtsanwälte, Unter den Linden 12, 10117 Berlin,
3. Prof. Dr. Bernhard Kempen, Rheinblick 1, 53424 Remagen/Oberwinter -

憲法異議の原告ⅠⅠⅠ.およびその訴訟代理人の名前(翻訳を省略)。

gegen

a) das Gesetz zu dem Vertrag vom 2. Februar 2012 zur Einrichtung des Europäischen Stabilitätsmechanismus vom 13. September 2012 (BGBl II S. 981) sowie das Gesetz zur finanziellen Beteiligung am Europäischen Stabilitätsmechanismus vom 13. September 2012 (ESM-Finanzierungsgesetz - ESMFinG) (BGBl I S. 1918),

b) das Gesetz zu dem Vertrag vom 2. März 2012 über Stabilität, Koordinierung und Steuerung in der Wirtschafts- und Währungsunion vom 13. September 2012 (BGBl II S. 1006),

c) das Gesetz zu dem Beschluss des Europäischen Rates vom 25. März 2011 zur Änderung des Artikels 136 des Vertrages über die Arbeitsweise der Europäischen Union hinsichtlich eines Stabilitätsmechanismus für die Mitgliedstaaten, deren Währung der Euro ist, vom 13. September 2012 (BGBl II S. 978).

原告ⅠⅠⅠ．の憲法異議の対象：
ａ）安定制度融資法。
ｂ）安定制度条約法。
ｃ）１３６条法。
- 2 BvR 1438/12 -,

IV. über die Verfassungsbeschwerde des Herrn van A ..., sowie 75 weiterer Beschwerdeführer

- Bevollmächtigte:
1. Prof. Dr. Dr. h.c. Hans-Peter Schneider, Drosselweg 4, 30559 Hannover,

2. Prof. Dr. Andreas Fisahn, Grüner Weg 83, 32130 Enger -

憲法異議の原告ⅠⅤ．およびその訴訟代理人の名前（翻訳を省略）

gegen

a) Artikel 1 des Gesetzes zu dem Vertrag vom 2. März 2012 über Stabilität, Koordinierung und Steuerung in der Wirtschafts- und Währungsunion vom 13. September 2012 (BGBl II S. 1006),
b) Artikel 1 des Gesetzes zu dem Beschluss des Europäischen Rates vom 25. März 2011 zur Änderung des Artikels 136 des Vertrages über die Arbeitsweise der Europäischen Union hinsichtlich eines Stabilitätsmechanismus für die Mitgliedstaaten, deren Währung der Euro ist, vom 13. September 2012 (BGBl II S. 978),
c) Artikel 1 des Gesetzes zu dem Vertrag vom 2. Februar 2012 zur Einrichtung des Europäischen Stabilitätsmechanismus vom 13. September 2012 (BGBl II S. 981),
d) das Gesetz zur finanziellen Beteiligung am Europäischen Stabilitätsmechanismus (ESM-Finanzierungsgesetz - ESMFinG) vom 13. September 2012 (BGBl I S. 1918).
- 2 BvR 1439/12 -,

原告ⅠⅤ．の憲法異議の対象：
ａ）安定条約法１条。
ｂ）１３６条法１条。
ｃ）安定制度条約法１条。
ｄ）安定制度融資法。

V. über die Verfassungsbeschwerde des Herrn S...,
- Bevollmächtigte:

Rechtsanwälte Dr. Arvid Siebert und Katrin Piepho, in Sozietät Rechtsanwälte kessler&partner, Martinistraße 57, 28195 Bremen –

憲法異議の原告Ⅴ．およびその訴訟代理人の名前（翻訳を省略）。

gegen

1. das Gesetz zu dem Vertrag vom 2. Februar 2012 zur Einrichtung des Europäischen Stabilitätsmechanismus vom 13. September 2012 (BGBl II S. 981),
2. das Gesetz zur finanziellen Beteiligung am Europäischen Stabilitätsmechanismus (ESM-Finanzierungsgesetz · ESMFinG) vom 13. September 2012 (BGBl I S. 1918), namentlich § 5 Abs. 2 Satz 1 Nr. 1 bis Nr. 4 ESMFinG, soweit die dort dem Haushaltsausschuss zugewiesenen Aufgaben nicht dem Plenum des Deutschen Bundestages zugewiesen wurden,
3. das Gesetz zu dem Beschluss des Europäischen Rates vom 25. März 2011 zur Änderung des Artikels 136 des Vertrages über die Arbeitsweise der Europäischen Union hinsichtlich eines Stabilitätsmechanismus für die Mitgliedstaaten, deren Währung der Euro ist, vom 13. September 2012 (BGBl II S. 978),
4. das Unterlassen des Bundesgesetzgebers, durch gesetzliche Bestimmungen sicherzustellen, dass gemeinsame oder abgestimmte Vorgehensweisen zwischen dem Europäischen Stabilitätsmechanismus und der Europäischen Zentralbank nicht stattfinden,
5. das Unterlassen des Bundesgesetzgebers, durch gesetzliche Bestimmungen sicherzustellen, dass haushaltsrechtlich eine übertragbare Ausgabeermächtigung für den Gesamtbetrag von 190 Milliarden Euro, soweit eine solche noch nicht besteht, im Rahmen des Haushalts für das Jahr 2013 verankert wird und der auf die Bundesrepublik Deutschland

entfallende Anteil am Stammkapital des Europäischen Stabilitätsmechanismus in Höhe von 190 Milliarden Euro bis zum Kapitalabruf in bar vorgehalten wird,
6. das Unterlassen des Bundesgesetzgebers, durch ergänzende gesetzliche Vorschriften zu gewährleisten, dass die Bundesrepublik Deutschland nach dem ESMFinG zustimmungsbedürftige Handlungen des Europäischen Stabilitätsmechanismus so lange ablehnen muss, bis zuvor beim Europäischen Stabilitätsmechanismus ein effektives und für den Deutschen Bundestag jederzeit nachvollziehbares Risikomanagement eingerichtet sowie gewährleistet ist, dass der Jahresabschluss des Europäischen Stabilitätsmechanismus im Wesentlichen den Kriterien des deutschen Handelsgesetzbuches oder eines in Deutschland anerkannten internationalen Rechnungslegungssystems entspricht.
- 2 BvR 1440/12 -,

原告Ⅴ．の憲法異議の対象：
1．　欧州安定制度条約法。
2．　安定制度融資法、特にその５条２項１文１号から４号では、予算委員会管轄とされている案件がドイツ連邦議会の全会の管轄とされていない点。
3．　１３６条法。
4．　連邦立法者の以下の不作為：欧州安定制度および欧州中央銀行による共同または協調行動が生じないように、法律で確保していない、という不作為。
5．　連邦立法者の以下の不作為：２０１３年度予算の枠内で、立法措置で予算法上で１９００億ユーロ全額について移転可能な支出授権が制定されるように確保していない、という不作為（当該授権が既に存在していない限り）。更に、ドイツ連邦共和国の欧州安定制度資本金の負担分である１９００億ユーロが資本金要請まで現金で用意されるように、立法措置で確保していない、という不作為。

6． 連邦立法者の以下の不作為：欧州安定制度が実効的でドイツ連邦議会がいつでも確認できるリスき管理体制を設置して、欧州安定制度の決算が概ねにドイツの商法またはドイツで認容されている国際的な決算制度に合致することが保障されるまで、ドイツ連邦共和国が安定制度融資法で同意を必要とする欧州安定制度の行為を拒否しなければならないように、補充的立法で確保していない、という不作為。

VI. über die Verfassungsbeschwerde des Herrn Prof. Dr. von S..., sowie 17 weiterer Beschwerdeführer,

- Bevollmächtigter zu 1. bis 6. und 8. bis 18.:
Rechtsanwalt Prof. Dr. Markus C. Kerber, Hackescher Markt 4, 10178 Berlin –

憲法異議の原告ＶⅠ．およびその訴訟代理人の名前（翻訳を省略）。

gegen

a) das Gesetz zu dem Beschluss des Europäischen Rates vom 25. März 2011 zur Änderung des Artikels 136 des Vertrages über die Arbeitsweise der Europäischen Union hinsichtlich eines Stabilitätsmechanismus für die Mitgliedstaaten, deren Währung der Euro ist, vom 13. September 2012 (BGBl II S. 978),

b) das Gesetz zu dem Vertrag vom 2. Februar 2012 zur Einrichtung des Europäischen Stabilitätsmechanismus vom 13. September 2012 (BGBl II S. 981) sowie das Gesetz zur finanziellen Beteiligung am Europäischen Stabilitätsmechanismus vom 29. Juni 2012 (ESM-Finanzierungsgesetz - ESMFinG) vom 13. September 2012 (BGBl I S. 1918),

c) das Gesetz zu dem Vertrag vom 2. März 2012 über Stabilität, Koordinierung und Steuerung in der Wirtschafts- und Währungsunion vom 13. September 2012 (BGBl II S. 1006),

d) die Verordnung (EU) Nr. 1176/2011 des Europäischen Parlaments und des Rates vom 16. November 2011 über die Vermeidung und Korrektur makroökonomischer Ungleichgewichte (ABl EU Nr. L 306 vom 23. November 2011, S. 25).
- 2 BvR 1824/12 -,

原告ⅤⅠ．の憲法異議の対象：
ａ）１３６条法。
ｂ）欧州安定制度条約法および安定制度融資法。
ｃ）安定条約法。
ｄ）マクロ経済的不均衡の回避および解決に関する欧州議会および閣僚理事会の 2011 年 11 月 16 日規則 1176/2011(ABl EU Nr. L 306 vom 23. November 2011, S. 25)。

sowie
さらに、

VII. über den Antrag, im Organstreitverfahren festzustellen,

機関訴訟において、以下の確認を求めている申請について：
1. Artikel 1 des Gesetzes zu dem Vertrag vom 2. März 2012 über Stabilität, Koordinierung und Steuerung in der Wirtschafts- und Währungsunion vom 13. September 2012 (BGBl II S. 1006),
2. Artikel 1 des Gesetzes zu dem Beschluss des Europäischen Rates vom 25. März 2011 zur Änderung des Artikels 136 des Vertrages über die Arbeitsweise der Europäischen Union hinsichtlich eines Stabilitätsmechanismus für die Mitgliedstaaten, deren Währung der Euro ist, vom 13. September 2012 (BGBl II S. 978),

3. Artikel 1 des Gesetzes zu dem Vertrag vom 2. Februar 2012 zur Einrichtung des Europäischen Stabilitätsmechanismus vom 13. September 2012 (BGBl II S. 981),
4. das Gesetz zur finanziellen Beteiligung am Europäischen Stabilitätsmechanismus (ESM-Finanzierungsgesetz - ESMFinG) vom 13. September 2012 (BGBl I S. 1918)
verstoßen gegen Artikel 20 Absatz 1 und Absatz 2, Artikel 23 Absatz 1 und Absatz 2 sowie Artikel 79 Absatz 3 des Grundgesetzes und verletzen die Antragstellerin in ihren Rechten aus Artikel 38 Absatz 1 Satz 2 des Grundgesetzes.

以下の立法は、憲法20条1項2項、憲法23条1項2項、憲法79条3項を侵害し、原告の憲法38条1項2文の権利を侵害する：
１． 安定条約法１条。
２． １３６条法１条。
３． 欧州安定制度条約法１条。
４． 安定制度融資法。

Antragstellerin: Fraktion DIE LINKE im Deutschen Bundestag,
vertreten durch den Vorsitzenden Dr. Gregor Gysi, MdB, Platz der Republik 1, 11011 Berlin,
- Bevollmächtigte:
1. Prof. Dr. Dr. h.c. Hans-Peter Schneider, Drosselweg 4, 30559 Hannover,
2. Prof. Dr. Andreas Fisahn, Grüner Weg 83, 32130 Enger -

Antragsgegner: Deutscher Bundestag, vertreten durch den Präsidenten Prof. Dr. Norbert Lammert, MdB, Platz der Republik 1, 11011 Berlin,
- Bevollmächtigte:

1. Prof. Dr. Christian Calliess,
2. Prof. Dr. Christoph Möllers, Adalbertstraße 84, 10997 Berlin,
3. Prof. Dr. Martin Nettesheim, Horemer 13, 72076 Tübingen -

- 2 BvE 6/12 –

原告：ＬＩＮＫＥ（左翼）議会内派
被告：ドイツ連邦議会
（訴訟代理人などについて翻訳を省略）

beigetreten in den Verfahren zu I. bis VI.:
Deutscher Bundestag, vertreten durch den Präsidenten Prof. Dr. Norbert Lammert, MdB, Platz der Republik 1, 11011 Berlin,

- Bevollmächtigte:
1. Prof. Dr. Christian Calliess,
2. Prof. Dr. Christoph Möllers, Adalbertstraße 84, 10997 Berlin,
3. Prof. Dr. Martin Nettesheim, Horemer 13, 72076 Tübingen –

憲法異議Ｉ．からＶＩ．　において、訴訟参加：連邦議会
訴訟代理人の名前を翻訳で省略。

beigetreten in sämtlichen Verfahren, im Verfahren zu VII. auf Seiten des Deutschen Bundestages:
Bundesregierung,
vertreten durch die Bundeskanzlerin Dr. Angela Merkel, Bundeskanzleramt, Willy-Brandt-Straße 1, 10557 Berlin,

- Bevollmächtigter:

Prof. Dr. Ulrich Häde, Lennéstraße 15, 15234 Frankfurt (Oder) –
全ての手続きで訴訟参加、手続きⅤⅠⅠ.では、ドイツ連邦議会の側で：
連邦政府、連邦首相を代理人として
訴訟代理人の名前の翻訳を省略。

hat das Bundesverfassungsgericht - Zweiter Senat - unter Mitwirkung der Richterinnen und Richter
Präsident Voßkuhle, Lübbe-Wolff, Gerhardt, Landau, Huber, Hermanns, Müller, Kessal-Wulf

aufgrund der mündlichen Verhandlung vom 11. und 12. Juni 2013 durch
Urteil
für Recht erkannt:

連邦憲法裁判所は、（裁判官の名前翻訳で省略）２０１３年６月１１・１２日の公判に基づいて、判決により、以下のように決定した：

1. Die Verfahren werden zur gemeinsamen Entscheidung verbunden.
１．本件訴訟は、共通の決定のために統合する。
2. Die Verfassungsbeschwerden werden in dem unter B.II. genannten Umfang verworfen. Im Übrigen werden die Verfassungsbeschwerden zurückgewiesen.
２．下記ＢⅠⅠの範囲内、憲法異議を却下する。その他の範囲内、憲法異議を棄却する。
3. Der Antrag im Organstreitverfahren der Antragstellerin zu VII. wird verworfen, soweit die Feststellung begehrt wird, dass das Gesetz zu dem Beschluss des Europäischen Rates vom 25. März 2011 zur Änderung des Artikels 136 des Vertrages über die Arbeitsweise der Europäischen Union hinsichtlich eines Stabilitätsmechanismus für die Mitgliedstaaten, deren

Währung der Euro ist, vom 13. September 2012 (Bundesgesetzblatt II Seite 978) Rechte der Antragstellerin zu VII. verletze, weil der Beschluss des Europäischen Rates vom 25. März 2011 zur Änderung des Artikels 136 des Vertrages über die Arbeitsweise der Europäischen Union im vereinfachten Vertragsänderungsverfahren beschlossen worden sei, und dass das Gesetz zur finanziellen Beteiligung am Europäischen Stabilitätsmechanismus vom 13. September 2012 (Bundesgesetzblatt I Seite 1918) Rechte der Antragstellerin zu VII. verletze, weil es dem Haushaltsausschuss des Deutschen Bundestages Zuständigkeiten zuweise, die vom Plenum des Deutschen Bundestages wahrzunehmen seien sowie einfache Mehrheiten für Entscheidungen ausreichen lasse, bei denen eine verfassungsändernde Mehrheit erforderlich sei. Im Übrigen wird der Antrag zurückgewiesen.

　３．申請者ＶＩＩの機関訴訟における申請は、以下の範囲内で却下する。ユーロを採用した加盟国に関する安定制度に関してＥＵ運営条約 136 条を改正した欧州理事会 2011 年 3 月 25 日決定に関する法律（2012 年 9 月 13 日、Bundesgesetzblatt II Seite 978）が、欧州理事会の 2011 年 3 月 25 日決定が簡略条約改正手続きによって成立した理由で、申請者の権利を侵害する、との主張の範囲内である。さらに、欧州安定制度への融資に関する法律（2012 年 9 月 13 日、Bundesgesetzblatt I Seite 1918）が、ドイツ連邦議会の全会で行使すべき権利が予算委員会の管轄にしている点、憲法改正過半数が必要である決定について単純過半数を充分としている点が、申請者の権利を侵害している、との主張の範囲内である。申請のその他の側面について、申請を棄却する。

Gründe:
理由：
A.

1

Das Organstreitverfahren und die Verfassungsbeschwerden richten sich gegen deutsche und europäische Rechtsakte im Zusammenhang mit der Errichtung des Europäischen Stabilitätsmechanismus und dem Abschluss des Vertrages über Stabilität, Koordinierung und Steuerung in der Wirtschafts- und Währungsunion, gegen Maßnahmen der Europäischen Zentralbank sowie gegen Unterlassungen des Bundesgesetzgebers und der Bundesregierung in dem genannten Zusammenhang.

機関訴訟および憲法異議は、欧州安定制度の設置および経済・通貨同盟における安定・協調・政策に関する条約に関連するドイツ国内およびEU段階の立法等、欧州中央銀行の措置、および連邦立法者・連邦政府の関連する不作為を対象とする。

I.

2

1. Auf seiner Tagung vom 28./29. Oktober 2010 einigte sich der Europäische Rat darauf, zur Bewältigung der Finanz- und Staatsschuldenkrise einen „ständigen Krisenmechanismus zur Wahrung der Finanzstabilität des Euro-Währungsgebiets insgesamt" einzurichten (EUCO 25/1/10 REV 1, Schlussfolgerungen, S. 2). Dessen allgemeine Merkmale legten die Finanzminister der Mitgliedstaaten des Euro-Währungsgebiets am 28. November 2010 fest.

１．2010年10月28・29日の欧州理事会は、「ユーロ通貨領域全体の財政安定確保のための常時危機仕組み」を整備することに合意した。2010年11月28日、ユーロ通貨採用の大蔵大臣は、将来の危機仕組みの基本要素に合意した。

3

a) Am 16./17. Dezember 2010 einigte sich der Europäische Rat grundsätzlich auf eine Änderung des Vertrages über die Arbeitsweise der Europäischen

Union, nach der Art. 136 ein neuer Absatz 3 hinzugefügt werden sollte. Am 17. März 2011 nahm der Deutsche Bundestag den Antrag der Fraktionen von CDU/CSU und FDP zur Herstellung des Einvernehmens von Deutschem Bundestag und Bundesregierung zur Ergänzung von Art. 136 AEUV an (BTDrucks 17/4880; BTPlenprot Nr. 17/96, S. 11015 C). Am 25. März 2011 beschloss der Europäische Rat den (endgültigen) Entwurf eines künftigen Art. 136 Abs. 3 AEUV mit folgendem Wortlaut (EUCO 10/11, Schlussfolgerungen, Anlage II, S. 21 ff.):

a）欧州理事会は2010年12月１６・17日に、EU運営条約の改正について原則として合意した。136条に新３項を加える改正の合意である。2011年３月17日に、ドイツ連邦議会は、キリスト教同盟および自由民主党が提案した「連邦議会および連邦政府のEU運営条約 136 条補充に関する同意」を承認した(BTDrucks 17/4880; BTPlenprot Nr. 17/96, S. 11015 C)。2011年３月25日に、欧州理事会は、以下の文言の将来のEU運営条約 136 条３項を承認した(EUCO 10/11, Schlussfolgerungen, Anlage II, S. 21 ff.)。

(3) Die Mitgliedstaaten, deren Währung der Euro ist, können einen Stabilitätsmechanismus einrichten, der aktiviert wird, wenn dies unabdingbar ist, um die Stabilität des Euro-Währungsgebiets insgesamt zu wahren. Die Gewährung aller erforderlichen Finanzhilfen im Rahmen des Mechanismus wird strengen Auflagen unterliegen.

（3）ユーロを通貨にしている加盟国は、安定制度を設置できる。安定制度は、ユーロ通貨領域全体の安定を確保するために必要である場合に発動する。仕組みの枠内における全ての財政補助は、厳格な条件のもとで行う。

4
Die Bestimmung ist nach Ratifikation durch alle Mitgliedstaaten der Europäischen Union am 1. Mai 2013 in Kraft getreten (vgl. BGBl II S. 1047).

EUの全加盟国の批准を受けて、本件改正は 2013 年 5 月 1 日に発効した（BGBl II S. 1047 参照）。

5

b) Den in der Folge erarbeiteten ‧ ersten ‧ Entwurf eines Vertrages zur Einrichtung des Europäischen Stabilitätsmechanismus (ESMV) unterzeichneten die Wirtschafts‧ und Finanzminister der Mitgliedstaaten des Euro‧Währungsgebiets am 11. Juli 2011. Am 21. Juli 2011 kamen die Staats‧ und Regierungschefs des Euro‧Währungsgebiets überein, die Europäische Finanzstabilisierungsfazilität und den künftigen Europäischen Stabilitätsmechanismus (ESM) mit weiteren Instrumenten auszustatten. Die entsprechenden Nachverhandlungen wurden am 2. Februar 2012 mit der erneuten Unterzeichnung des ‧ zweiten ‧ Entwurfs des Vertrages zur Einrichtung des Europäischen Stabilitätsmechanismus abgeschlossen (vgl. BTDrucks 17/9045, S. 29).

その後に成立した、欧州安定制度条約の（第一）案を、ユーロ通貨領域加盟国の経済・大蔵大臣が 2011 年 7 月 11 日に署名した。2011 年 7 月 21 日に、ユーロ通貨領域の首相・大統領が、欧州金融安定機構と並んで、欧州安定制度にも、追加的な手段を与えることに合意した。条約に関する追加交渉は、2012 年 2 月 2 日に、欧州安定制度条約の（第二）案の新たな署名により終了した(BTDrucks 17/9045, S. 29 参照)。

6

Mit dem Vertrag zur Einrichtung des Europäischen Stabilitätsmechanismus gründen die Vertragsparteien (ESM‧Mitglieder) den Europäischen Stabilitätsmechanismus als internationale Finanzinstitution (Art. 1 ESMV). Dieser soll einem ESM‧Mitglied unter strengen, dem gewählten Finanzhilfeinstrument angemessenen Auflagen Stabilitätshilfe gewähren dürfen (Art. 12 ESMV), wenn dies zur Wahrung der Finanzstabilität des Euro‧

Währungsgebiets insgesamt und seiner Mitgliedstaaten unabdingbar erscheint; in Betracht kommen vorsorgliche Finanzhilfen in Form einer vorsorglichen bedingten Kreditlinie oder eine Kreditlinie mit erweiterten Bedingungen (Art. 14 ESMV), die Gewährung von Finanzhilfen mittels Darlehen zum Zwecke der Rekapitalisierung von Finanzinstituten (Art. 15 ESMV) oder allgemein zugunsten eines ESM-Mitglieds (Art. 16 ESMV) sowie der Ankauf von Staatsanleihen eines ESM-Mitglieds am Primär- oder Sekundärmarkt (Art. 17, 18 ESMV). Für das Verfahren ist in Art. 13 ESMV vorgesehen, dass nach dem Eingang des Stabilitätshilfeersuchens von der Europäischen Kommission im Benehmen mit der Europäischen Zentralbank das Bestehen einer Gefahr für die Finanzstabilität des Euro-Währungsgebiets insgesamt oder seiner Mitgliedstaaten, die Tragfähigkeit der Staatsverschuldung und der tatsächliche oder potenzielle Finanzierungsbedarf des betreffenden ESM-Mitglieds bewertet werden. Auf der Grundlage des Ersuchens und dieser Bewertung beschließt der Gouverneursrat (vgl. Art. 5 ESMV) sodann, ob dem betroffenen ESM-Mitglied eine Stabilitätshilfe zu gewähren ist. Fällt die Entscheidung positiv aus, so handelt die Europäische Kommission - im Benehmen mit der Europäischen Zentralbank und nach Möglichkeit zusammen mit dem Internationalen Währungsfonds - mit dem betreffenden ESM-Mitglied ein Memorandum of Understanding (MoU) aus, in dem die mit der Finanzhilfe verbundenen Auflagen im Einzelnen ausgeführt werden. Die Europäische Kommission unterzeichnet das Memorandum of Understanding im Namen des Europäischen Stabilitätsmechanismus, vorbehaltlich der Zustimmung des Gouverneursrats. Die Europäische Kommission wird - im Benehmen mit der Europäischen Zentralbank und nach Möglichkeit zusammen mit dem

Internationalen Währungsfonds - damit betraut, die Einhaltung der mit der Finanzhilfe verbundenen wirtschaftspolitischen Auflagen zu überwachen. Die für das vorliegende Verfahren wesentlichen Bestimmungen lauten (vgl. BGBl II 2012 S. 981 ff.):

　欧州安定制度条約により、条約当事者（ＥＳＭ加盟国）は、欧州安定制度を国際金融機関として設立する（条約 1 条）。ユーロ通貨領域全体および加盟国の安定を確保するに不可欠である場合、欧州安定制度は、加盟国に対し、安定援助を与えることができる。但し、厳格で、援助の手段に適した条件のもとでの援助である（条約 12 条）。以下の形態がある。「予備的財政援助」、予備的な条件付き融資枠の設定および拡大条件付きの融資枠の設定（条約 14 条）。金融機関の救済を目的とする融資による財政援助（条約 15 条）。一般的に加盟国のための融資による財政援助（条約 16 条）。加盟国が発行する国債を一次市場または二次市場で購入すること（条約 17、18 条）。手続きについて、条約 13 条は以下のように定めている。安定援助要請を受けた場合、欧州委員会は、欧州中央銀行との合意の上、ユーロ通貨領域全体または加盟国の財政安定に対する危険の有無、当該加盟国の財政赤字の継続可能性および実際の、または潜在的な融資需要について評価する。要請および評価を根拠に、理事会（条約 5 条参照）は、当該加盟国に安定援助を与えるか否かについて、決定する。積極的な判断がある場合、欧州委員会は、欧州中央銀行との合意の上、更に、可能であれば、国際通貨基金との合意の上に、当該加盟国を相手に合意書面（Memorandum of Understanding）について交渉する。当該合意書面は、財政援助についての条件を具体的に述べる。欧州委員会は、欧州安定制度を代理して、合意書面に署名する。但し、理事会の承認がさらに必要となる。欧州委員会は、欧州中央銀行との合意の上、可能である限り、国際通貨基金と共同で、財政援助に伴う経済政策上の条件の順守を監視するよ

うに委任される。本件訴訟で問題となる重大な規定は、以下の通りである(vgl. BTDrucks 17/9045, S. 6 ff.)。

Artikel 3
Zweck
Zweck des ESM ist es, Finanzmittel zu mobilisieren und ESM-Mitgliedern, die schwerwiegende Finanzierungsprobleme haben oder denen solche Probleme drohen, unter strikten, dem gewählten Finanzhilfeinstrument angemessenen Auflagen eine Stabilitätshilfe bereitzustellen, wenn dies zur Wahrung der Finanzstabilität des Euro-Währungsgebiets insgesamt und seiner Mitgliedstaaten unabdingbar ist. Zu diesem Zweck ist der ESM berechtigt, Mittel aufzunehmen, indem er Finanzinstrumente begibt oder mit ESM-Mitgliedern, Finanzinstituten oder sonstigen Dritten finanzielle oder sonstige Vereinbarungen oder Übereinkünfte schließt.

第3条　目的
欧州安定制度の目的は、以下の通りである。財政上の予算を確保することおよび、ユーロ通貨領域全体または加盟国の財政安定確保のために不可欠である場合、重大な財政問題に直面している加盟国、またはその重大問題の危険がある加盟国に対し、当該融資形態に適した厳格な条件のもとに安定援助を行うことである。その目的を達成するため、欧州安定制度は、証券を発行することにより、または加盟国、金融機関、その他の第三者を相手に融資に関する、またはその他の契約・合意を締結することにより、資金を調達する権限を有する。

Artikel 4
Aufbau und Abstimmungsregeln
第4条　統治および投票に関する規定
(1) Der ESM hat einen Gouverneursrat und ein Direktorium sowie einen Geschäftsführenden Direktor [...].
欧州安定制度は、理事会および常務理事会を有する。更に、理事長を有する（...）。

(2) Der Gouverneursrat und das Direktorium beschließen nach Maßgabe dieses Vertrags in gegenseitigem Einvernehmen, mit qualifizierter Mehrheit oder mit einfacher Mehrheit. [...]
（2）理事会および常務理事会は、本条約に従って、相互合意のもと、特別過半数、または単純過半数で決定する（…）。
(3) Die Annahme eines Beschlusses in gegenseitigem Einvernehmen erfordert die Einstimmigkeit der an der Abstimmung teilnehmenden Mitglieder. [...]
（3）相互合意のもとの決定を承認する場合、当該投票に参加する全員の一致を必要とする（…）。
(4) Abweichend von Absatz 3 wird in Fällen, in denen die Europäische Kommission und die EZB beide zu dem Schluss gelangen, dass die Unterlassung der dringlichen Annahme eines Beschlusses zur Gewährung oder Durchführung von Finanzhilfe in aller Eile gemäß der Regelung in den Artikeln 13 bis 18 die wirtschaftliche und finanzielle Stabilität des Euro-Währungsgebiets bedrohen würde, ein Dringlichkeitsabstimmungsverfahren angewandt.
Die Annahme eines Beschlusses in gegenseitigem Einvernehmen durch den Gouverneursrat gemäß Artikel 5 Absatz 6 Buchstaben f und g und durch das Direktorium nach diesem Dringlichkeitsverfahren erfordert eine qualifizierte Mehrheit von 85 % der abgegebenen Stimmen.
Wird das in Unterabsatz 1 genannte Dringlichkeitsverfahren angewandt, so wird eine Übertragung vom Reservefonds und/oder vom eingezahlten Kapital in einen Notfallreservefonds vorgenommen, um einen zweckbestimmten Puffer zur Abdeckung der Risiken zu bilden, die sich aus der im Dringlichkeitsverfahren gewährten Finanzhilfe ergeben. Der Gouverneursrat kann beschließen, den Notfallreservefonds aufzulösen und seinen Inhalt auf

den Reservefonds und/oder das eingezahlte Kapital rückzuübertragen.

EU委員会・欧州中央銀行の両方が、13条から18条に基づく決定を迅速に成立させない場合、ユーロ採用領域の経済的・金融的安定に支障が生じる恐れがあると判断した場合、緊急投票手続きが採用される。

理事会が5条6項f）g）に基づいて原案を相互合意で承認すること、常務理事会が本件緊急投票手続きにより原案を承認するために、投票された票の85％を必要とする。上記緊急投票手続きが採用される場合、予備資金または支払済み資金から緊急予備資金に資金を移動する。緊急投票手続きにより承認した融資援助から生じるリスクを緩和するためである。理事会は、緊急予備資金を解体し、その資金を予備資金・支払済み資金に戻すように、決定できる。

(5) Für die Annahme eines Beschlusses mit qualifizierter Mehrheit sind 80 % der abgegebenen Stimmen erforderlich.

（5）特別過半数による決定の承認のためには、投票された票の80％が必要である。

(6) Für die Annahme eines Beschlusses mit einfacher Mehrheit ist die Mehrheit der abgegebenen Stimmen erforderlich.

（6）単純多数による決定の承認のためには、投票された票の多数が必要である。

(7) Die Stimmrechte eines jeden ESM-Mitglieds, die von dessen Beauftragten oder dem Vertreter des Letztgenannten im Gouverneursrat oder im Direktorium ausgeübt werden, entsprechen der Zahl der Anteile, die dem betreffenden Mitglied gemäß Anhang II am genehmigten Stammkapital des ESM zugeteilt wurden.
(*Der Bundesrepublik Deutschland wurden gemäß Anhang II am genehmigten Stammkapital des ESM 1.900.248 Anteile von insgesamt 7.000.000 Anteilen (= 27,1464 %) zugeteilt.*)

（7）加盟国の委任者またはその代理人が理事会または常務理事会で有する票数は、当該加盟国が付属書ⅠⅠにより有する欧州安定制度の授権資本金の持ち分に比例する。

（ドイツ連邦共和国は、付属書ⅠⅠで授権資本金 700 万持ち分中、190 万 248 持ち分（27.1464％）を有する）

(8) Versäumt es ein ESM-Mitglied, den Betrag, der aufgrund seiner Verpflichtungen im Zusammenhang mit eingezahlten Anteilen oder Kapitalabrufen nach Maßgabe der Artikel 8, 9 und 10 oder im Zusammenhang mit der Rückzahlung der Finanzhilfe nach Maßgabe der Artikel 16 oder 17 fällig werden, in voller Höhe zu begleichen, so werden sämtliche Stimmrechte dieses ESM-Mitglieds so lange ausgesetzt, bis die Zahlung erfolgt ist. Die Stimmrechtsschwellen werden entsprechend neu berechnet.

（8）加盟国が支払義務を全面的に履行しない間には、支払を済ますまでに当該加盟国の議決権を行使できない。上記支払義務は、持ち分に関する支払、増資に関する支払（8 条、9 条、10 条）または財政援助の返済（16 条、17 条）によるものである。議決権を行使できない間には、過半数に関する基準は、当該議決権を除いて新たに計算される。

Artikel 5
Gouverneursrat
第 5 条　理事会

(1) Jedes ESM-Mitglied ernennt ein Mitglied des Gouverneursrats und ein stellvertretendes Mitglied des Gouverneursrats. [...] Das Mitglied des Gouverneursrats ist ein Regierungsmitglied des jeweiligen ESM-Mitglieds mit Zuständigkeit für die Finanzen. [...]

（1）各加盟国は、理事会の委員およびその代理人を任命する。（…）理事会の委員は、当該加盟国の財政についての管轄を有する大臣とする。（…）

(6) Der Gouverneursrat fasst die folgenden Beschlüsse im gegenseitigen Einvernehmen: [...] （6）理事会は、以下の決議を全員一致で行う。（...）

b) Auflage neuer Anteile zu anderen Konditionen als zum Nennwert nach Maßgabe des Artikels 8 Absatz 2; [...]

　b）額面価額以外の条件による増資（8条2項）（...）

f) Gewährung von Stabilitätshilfe durch den ESM einschließlich der in dem Memorandum of Understanding nach Artikel 13 Absatz 3 festgelegten wirtschaftspolitischen Auflagen sowie Wahl der Instrumente und Festlegung der Finanzierungsbedingungen nach Maßgabe der Artikel 12 bis 18; [...]

　f）欧州安定制度による財政援助の提供。その場合、合意書面が13条3項にしたがって制定した経済政策上の条件および手段の選択、融資の条件の決定（12条から18条まで）を含む。

i) Änderungen an der Liste der Finanzhilfeinstrumente, die der ESM nutzen kann, nach Maßgabe des Artikels 19; [...]

　i）欧州安定制度が利用できる援助手段に関する改正（19条）。

l) Anpassungen dieses Vertrags, die unmittelbar infolge des Beitritts neuer Mitglieder erforderlich werden, einschließlich Änderungen an der Kapitalverteilung zwischen den ESM-Mitgliedern und an der Berechnung dieser Verteilung als unmittelbare Folge des Beitritts eines neuen Mitglieds zum ESM nach Maßgabe des Artikels 44 und

本件条約に新規加盟がある場合に必要となる変更、以下の点を含む：欧州安定制度加盟国の資金負担率、44条に基づいて新加盟国が加盟した結果の当該負担率の計算についての変更。

m) Übertragung der in diesem Artikel genannten Aufgaben auf das Direktorium.

m）この条が列挙している権限の常務理事会への委任。
Artikel 6
Direktorium
第6条　常務理事会
(1) Jedes Mitglied des Gouverneursrats ernennt aus einem Personenkreis mit großem Sachverstand im Bereich der Wirtschaft und der Finanzen ein Mitglied und ein stellvertretendes Mitglied des Direktoriums. [...]
　（1）各理事会構成員は、経済・金融に関する豊な知見を有する者から、常務理事会の委員およびその代理人を任命する。（...）
(5) Soweit in diesem Vertrag nicht anders vorgesehen, beschließt das Direktorium mit qualifizierter Mehrheit. Beschlüsse, die auf Grundlage von Befugnissen, die der Gouverneursrat delegiert hat, zu fassen sind, werden gemäß den einschlägigen Abstimmungsregeln in Artikel 5 Absätze 6 und 7 angenommen. [...]
　（5）本条約に別な規定がない限り、常務理事会は特別過半数で決定を行う。理事会が委任した案件について決定する場合、5条6項・7項の関連投票規定に基づいて行う
Artikel 7
Geschäftsführender Direktor
第7条　理事長
(1) Der Geschäftsführende Direktor wird vom Gouverneursrat aus einem Kreis von Kandidaten ernannt, die die Staatsangehörigkeit eines ESM-Mitglieds, einschlägige internationale Erfahrung und großen Sachverstand im Bereich der Wirtschaft und der Finanzen besitzen. Der Geschäftsführende Direktor darf während seiner Amtszeit weder Mitglied noch stellvertretendes Mitglied des Gouverneursrats oder des Direktoriums sein. [...]
　（1）理事会は理事長を任命する。加盟国の国籍、関連国際経験および経済・金融に関する優れた知見の者から選

ぶ。理事長は、その任期中に、理事会・常務理事会の構成員・代理人を兼ねることができない。(…)

Artikel 8 授権資本金
Genehmigtes Stammkapital
第8条

(1) Das genehmigte Stammkapital beträgt 700 Milliarden EUR. [...]

授権資本金は、7000億ユーロとする。(…)

(2) Das genehmigte Stammkapital wird in eingezahlte Anteile und abrufbare Anteile unterteilt. Der anfängliche Gesamtnennwert der eingezahlten Anteile beläuft sich auf 80 Milliarden EUR. Die Anteile des genehmigten Stammkapitals am anfänglich gezeichneten Stammkapital werden zum Nennwert ausgegeben. Andere Anteile werden zum Nennwert ausgegeben, sofern der Gouverneursrat nicht unter besonderen Umständen eine anderweitige Ausgabe beschließt. [...]

（２）授権資本金は、支払済み持ち分と要請可能持ち分からなる。支払済み持ち分の初期総額は800億ユーロとする。初期引き受け資本金の持ち分は、額面価格で発行する。他の持ち分は、原則として額面価格で発行する。但し、特別な事情により理事会が他に決定する場合、その限りでない。

(4) Die ESM-Mitglieder verpflichten sich unwiderruflich und uneingeschränkt, ihren Beitrag zum genehmigten Stammkapital gemäß ihrem Beitragsschlüssel in Anhang I zu leisten. Sie kommen sämtlichen Kapitalabrufen gemäß den Bedingungen dieses Vertrages fristgerecht nach.

（４）加盟国は、撤回権なく・無制限に、付属書Ⅰの負担割合に従って、事故の授権資本金の負担額を支払うように、義務を負う。本条約に基づくすべての資本金要請に、期限内に従う。

(5) Die Haftung eines jeden ESM-Mitglieds bleibt unter allen Umständen auf seinen Anteil am genehmigten

Stammkapital zum Ausgabekurs begrenzt. Kein ESM-Mitglied haftet aufgrund seiner Mitgliedschaft für die Verpflichtungen des ESM. Die Verpflichtung der ESM-Mitglieder zur Leistung von Kapitalbeiträgen zum genehmigten Stammkapital gemäß diesem Vertrag bleibt unberührt, falls ein ESM-Mitglied Finanzhilfe vom ESM erhält oder die Voraussetzungen dafür erfüllt.

（5）すべての加盟国の責任は、どの事情が発生しても、発行価格によって計算された授権資本金に限定される。どの加盟国も、その仮名だけで欧州安定制度の債務について責任を負わない。上記の原則は、ある加盟国が欧州安定制度から財政援助を受ける場合、またはその条件を満たしている場合には、本条約により加盟国が授権資本金への出資義務を負うことを妨げない。

Artikel 9
Kapitalabrufe
第9条　資本金要請

(1) Der Gouverneursrat kann genehmigtes nicht eingezahltes Kapital jederzeit abrufen und den ESM-Mitgliedern eine angemessene Frist für dessen Einzahlung setzen.

（1）理事会は未払い授権資本金について、いつでも、その要請を行うことができる。その場合、加盟国に対し、出資のための適切な期限を定める。

(2) Das Direktorium kann genehmigtes nicht eingezahltes Kapital durch Beschluss mit einfacher Mehrheit abrufen, um die Höhe des eingezahlten Kapitals wiederherzustellen, wenn diese durch das Auffangen von Verlusten unter den in Artikel 8 Absatz 2 festgelegten Betrag - der vom Gouverneursrat gemäß dem Verfahren nach Artikel 10 geändert werden kann - abgesunken ist, und den ESM-Mitgliedern eine angemessene Frist für dessen Einzahlung setzen.

（2）損失の発生により、支払済み資本金が8条2項の額を下回るようになった場合、常務理事会は、単純過半数で、未払い授権資本金を要請し、加盟国に対し、支払のた

めの適切な期限を定めることができる。理事会は、8条2項の額を10条の手続きに従って変更することができる。

(3) Der Geschäftsführende Direktor ruft genehmigtes nicht eingezahltes Kapital rechtzeitig ab, falls dies notwendig ist, damit der ESM bei planmäßigen oder sonstigen fälligen Zahlungsverpflichtungen gegenüber Gläubigern des ESM nicht in Verzug gerät. Der Geschäftsführende Direktor setzt das Direktorium und den Gouverneursrat über jeden derartigen Abruf in Kenntnis. Wird ein potenzieller Fehlbetrag in den Mitteln des ESM entdeckt, so führt der Geschäftsführende Direktor (einen) entsprechende(n) Abruf(e) baldmöglichst durch, um sicherzustellen, dass der ESM über ausreichende Mittel verfügt, um fällige Zahlungen an Gläubiger fristgerecht und in voller Höhe leisten zu können. Die ESM-Mitglieder verpflichten sich unwiderruflich und uneingeschränkt, Kapital, das der Geschäftsführende Direktor gemäß diesem Absatz von ihnen abruft, innerhalb von sieben Tagen ab Erhalt der Aufforderung einzuzahlen. [...]

（３）理事長は、欧州安定制度が予定されている、その他の支払について、債権者に対する痴態に落ちない必要がある限り、未払い授権資本金を適時に要請する。理事長は、すべての要請案件について、常務理事会・理事会に報告する。欧州安定制度の資金に潜在的に不足が発生する状況が発見された場合、理事長は、当該要請を遅滞なく実施し、欧州安定制度が債権者に対し期限内で全額支払いできる資金を有する状況を確保する。理事長が本項に基づいて要請する資本金について、加盟国は、撤回権なく・無条件に、要請から7日間以内に支払うことを約束する。（…）

Artikel 10
Veränderungen des genehmigten Stammkapitals
第10条　授権資本金の変更
(1) Der Gouverneursrat überprüft das maximale Darlehensvolumen und die Angemessenheit des genehmigten Stammkapitals des ESM regelmäßig,

mindestens jedoch alle fünf Jahre. Er kann beschließen, das genehmigte Stammkapital zu verändern und Artikel 8 und Anhang II entsprechend zu ändern. Dieser Beschluss tritt in Kraft, nachdem die ESM-Mitglieder dem Verwahrer den Abschluss ihrer jeweiligen nationalen Verfahren notifiziert haben. Die neuen Anteile werden den ESM-Mitgliedern nach dem in Artikel 11 und Anhang I vorgesehenen Beitragsschlüssel zugeteilt. [...]

（１）理事会は、欧州安定制度の最大融資能力およびその授権資本金の適切性を敵的検討する。最低限でも５年後とに検討する。授権資本金を変更し、8条および付属書IIを変更に従って改正するように、理事会が決定できる。当該決定は、加盟国が保管者に国内手続きの終了を報告した時点で発行する。新しい持ち分は、11条および付属書Iで定められた持ち分の割合に従って、加盟国の間に割り振られる。（...）

Artikel 12
Grundsätze
第12条　原則

(1) Ist dies zur Wahrung der Finanzstabilität des Euro-Währungsgebiets insgesamt und seiner Mitgliedstaaten unabdingbar, so kann der ESM einem ESM-Mitglied unter strengen, dem gewählten Finanzhilfeinstrument angemessenen Auflagen Stabilitätshilfe gewähren. Diese Auflagen können von einem makroökonomischen Anpassungsprogramm bis zur kontinuierlichen Erfüllung zuvor festgelegter Anspruchsvoraussetzungen reichen.

（１）ユーロ採用地域全体およびその加盟国の金融安定を維持するために必要である場合、欧州安定制度は、厳格で選ばれた金融手段からみた適切な条件の基で、加盟国に安定援助を与えることができる。この条件は、マクロ経済学上の対応政策から、事前に定められた要請の条件を内容とすることができる。

(2) Unbeschadet des Artikels 19 kann die ESM-Stabilitätshilfe mittels der in den Artikeln 14 bis 18 vorgesehenen Instrumente gewährt werden.

（2）19 条を別にして、欧州安定制度による安定援助は、14 条から 18 条で定められている手段によって、与えることができる。

(3) Ab 1. Januar 2013 enthalten alle neuen Staatsschuldtitel des Euro-Währungsgebiets mit einer Laufzeit von mehr als einem Jahr Umschuldungsklauseln, die so ausgestaltet sind, dass gewährleistet wird, dass ihre rechtliche Wirkung in allen Rechtsordnungen des Euro-Währungsgebiets gleich ist.

（3）2013 年 1 月 1 日以降、ユーロを採用した加盟国の一年以上の新規国債のすべては、条件変更手続き約款[2]を含む。その約款は、ユーロ採用地域のすべての法秩序で同等になるように、設計しなければならない。

Artikel 23
Dividendenpolitik
第 23 条　配当政策

(1) Das Direktorium kann mit einfacher Mehrheit beschließen, eine Dividende an die ESM-Mitglieder auszuschütten, falls die Summe aus eingezahltem Kapital und Reservefonds die für die Aufrechterhaltung der Darlehenskapazität des ESM erforderliche Höhe übersteigt und wenn die Anlageerträge nicht benötigt werden, um einen Zahlungsausfall gegenüber den Gläubigern zu verhindern. [...]

（1）常務理事会は単純過半数で加盟国に配当を支払うことを決定できる。支払済み資本と予備資金の合計が欧州安定制度の融資能力維持に必要な額を超え、債権者に対す

---

[2] 債権者の７５％が条件変更・一部免除を決定した場合、少数債権者にも効力が生じる約款のこと。少数債権者が危機対応を困難とする現状を改善することが狙い。詳しくは Wikipedia, Collective Action Clause, k-lenz.de/esm01 参照。

る支払不能を回避するために、投資利益が必要でないことが、配当の条件である。

Artikel 25
Deckung von Verlusten
第25条　損失の補充
(1) Verluste aus den Operationen des ESM werden beglichen
（１）欧州安定制度の活動から生じる損失は、以下の準倍で補充する。
a) zunächst aus dem Reservefonds,
ａ）最優先に、予備資金から、
b) sodann aus dem eingezahlten Kapital und
ｂ）次に、支払済み資金から、
c) an letzter Stelle mit einem angemessenen Betrag des genehmigten nicht eingezahlten Kapitals, der nach Maßgabe des Artikels 9 Absatz 3 abgerufen wird.
ｃ）最後に、９条３項に従って要請される未払い授権資本金件の適切な金額によって。
(2) Nimmt ein ESM-Mitglied die aufgrund eines Kapitalabrufs gemäß Artikel 9 Absätze 2 oder 3 erforderliche Einzahlung nicht vor, so ergeht an alle ESM-Mitglieder ein revidierter erhöhter Kapitalabruf, um sicherzustellen, dass der ESM die Kapitaleinzahlung in voller Höhe erhält. Der Gouverneursrat beschließt geeignete Schritte, um sicherzustellen, dass das betreffende ESM-Mitglied seine Schuld gegenüber dem ESM innerhalb vertretbarer Zeit begleicht. Der Gouverneursrat hat das Recht, auf den überfälligen Betrag Verzugszinsen zu erheben.（２）ある加盟国が９条２項、または３項に基づく資本金要請で必要となった支払いをしない場合、すべての加盟国に対し、修正された増額資本金要請が行われる。欧州安定制度が出資の全額を受けることを確保するためである。当該加盟国が欧州安定制度に対する債権を受忍できる期間内に弁済することを確保する目的で、理事会は適切

な措置を決定する。理事会は、遅滞金額について、遅滞利息を請求する権利を有する。

(3) Begleicht ein ESM-Mitglied eine in Absatz 2 genannte Schuld gegenüber dem ESM, so wird das überschüssige Kapital gemäß den vom Gouverneursrat zu beschließenden Vorschriften an die anderen ESM-Mitglieder zurückgezahlt. [...]

(3) 加盟国が2項の債務を欧州安定制度に対して弁済した場合、余った資本金は、理事会が決定する細則により、他の加盟国に返済する。(...)

Artikel 32
Rechtsstatus, Vorrechte und Befreiungen
第32条 法的地位、特権、および免除

[...] (5) Die Archive des ESM und sämtliche Unterlagen, die sich im Eigentum oder im Besitz des ESM befinden, sind unverletzlich.

(...) (5) 欧州安定制度の公文章館および欧州安定制度が所持する全ての書面は、不可侵である。

(6) Die Geschäftsräume des ESM sind unverletzlich. [...]

(6) 欧州安定制度の事務所は、不可侵である。(...)

(9) Der ESM ist von jeglicher Zulassungs- oder Lizenzierungspflicht, die nach dem Recht eines ESM-Mitglieds für Kreditinstitute, Finanzdienstleistungsunternehmen oder sonstige der Zulassungs- oder Lizenzierungspflicht sowie der Regulierung unterliegende Unternehmen gilt, befreit. [...]

(9) 欧州安定制度は、加盟国の法律により、金融機関・金融サービス提供企業・その他許可・認可および規制の対象となる企業を対象とする、許可・認可を受けるあらゆる義務から免除されている。

Artikel 34
Berufliche Schweigepflicht
第34条 職務上の守秘義務

Die Mitglieder und früheren Mitglieder des Gouverneursrats und des Direktoriums sowie alle anderen Personen, die für den ESM oder in Zusammenhang damit tätig sind oder tätig waren, geben keine der beruflichen Schweigepflicht unterliegenden Informationen weiter. Auch nach Beendigung ihrer Tätigkeit dürfen sie keine der beruflichen Schweigepflicht unterliegenden Informationen weitergeben.

理事会・常務理事会の現職構成員および元構成員、欧州安定制度のために、またその関連で活動している、または活動したすべての者は、職務守秘義務が及ぶ情報を漏洩しない。活動の終了後も、職務守秘義務が及ぶ情報を漏洩してはならない。

Artikel 35
Persönliche Immunitäten
第35条　個人的免訴

(1) Im Interesse des ESM genießen der Vorsitzende des Gouverneursrats, die Mitglieder des Gouverneursrats, die stellvertretenden Mitglieder des Gouverneursrats, die Mitglieder des Direktoriums, die stellvertretenden Mitglieder des Direktoriums sowie der Geschäftsführende Direktor und die anderen Bediensteten des ESM Immunität von der Gerichtsbarkeit hinsichtlich ihrer in amtlicher Eigenschaft vorgenommenen Handlungen und Unverletzlichkeit hinsichtlich ihrer amtlichen Schriftstücke und Unterlagen.

（1）欧州安定制度の利益のため、理事会議長、理事会構成員、その代理人、常務理事会構成員、その代理人、理事長その他の欧州安定制度の職員は、職務上の行為について裁判権から免除される。かれらの公務書面と書類は、不可侵である。

(2) Der Gouverneursrat kann die durch diesen Artikel gewährten Immunitäten des Vorsitzenden des Gouverneursrats, der Mitglieder des Gouverneursrats,

der stellvertretenden Mitglieder des Gouverneursrats, der Mitglieder des Direktoriums, der stellvertretenden Mitglieder des Direktoriums sowie des Geschäftsführenden Direktors in dem Maße und zu den Bedingungen, die er bestimmt, aufheben.

（２）理事会は、本条が付与する理事会議長、理事会構成員、その代理人、常務理事会構成員、その代理人、理事長の免訴を、理事会が定める範囲内と条件により、解除することができる。

(3) Der Geschäftsführende Direktor kann diese Immunität hinsichtlich eines jeden Bediensteten des ESM außer seiner selbst aufheben.

（３）理事長は、自分以外のすべての欧州安定制度の職員について、免訴を解除することができる。

(4) Jedes ESM-Mitglied trifft unverzüglich alle Maßnahmen, die erforderlich sind, um diesen Artikel in seinem eigenen Recht in Kraft zu setzen, und unterrichtet den ESM entsprechend. [...]

（４）各加盟国は、本条を国内法で実施するために必要な措置を遅滞なく採り、欧州安定制度にそれについて報告する。

Artikel 37
Auslegung und Streitbeilegung
第37条　解釈および紛争解決

(1) Alle Fragen der Auslegung oder Anwendung der Bestimmungen dieses Vertrages und der Satzung des ESM, die zwischen einem ESM-Mitglied und dem ESM oder zwischen ESM-Mitgliedern auftreten, werden dem Direktorium zur Entscheidung vorgelegt.

（１）欧州安定制度と加盟国の間、または加盟国間に発生する本件条約・欧州安定制度の定款の規定の解釈または適用に関するすべての問題については、常務理事会の決定を行う。

(2) Der Gouverneursrat entscheidet über alle Streitigkeiten zwischen einem ESM-Mitglied und dem ESM oder zwischen ESM-Mitgliedern über die

Auslegung und Anwendung dieses Vertrags, einschließlich etwaiger Streitigkeiten über die Vereinbarkeit der vom ESM gefassten Beschlüsse mit diesem Vertrag. Das Stimmrecht des Mitglieds (der Mitglieder) des Gouverneursrats, das das/die betroffene(n) ESM-Mitglied(er) vertritt, wird bei der Abstimmung des Gouverneursrats über eine solche Entscheidung ausgesetzt und die zur Abstimmung des Gouverneursrats über diese Entscheidung notwendige Stimmrechtsschwelle wird entsprechend neu berechnet.

（２）欧州安定制度と加盟国の間または加盟国間の本件条約の解釈・適用に関する紛争について、理事会が決定する。欧州安定制度が行った決定が本件条約を侵害するか否かについての紛争を含む。紛争に関係する加盟国の理事会構成員の議決権は、紛争に関する決定の際に凍結される。理事会の決定に必要な多数は、それに従って新たに計算される。

(3) Ficht ein ESM-Mitglied die in Absatz 2 genannte Entscheidung an, so wird die Streitigkeit beim Gerichtshof der Europäischen Union anhängig gemacht. Das Urteil des Gerichtshofs der Europäischen Union ist für die Parteien dieses Rechtsstreits verbindlich; diese treffen innerhalb der vom Gerichtshof festgelegten Frist die erforderlichen Maßnahmen, um dem Urteil nachzukommen.

（３）加盟国が２項の決定に不服がある場合、ＥＵ裁判所が紛争について判断する。ＥＵ裁判所の判断は、当事者を拘束する。当事者は、ＥＵ裁判所が定める期間内に、判決に従うために必要な措置を実施する。

Artikel 44
Beitritt
第44条　加盟

Anderen Mitgliedstaaten der Europäischen Union steht der Beitritt zu diesem Vertrag nach Maßgabe des Artikels 2 auf Antrag hin offen; dieser Antrag wird von dem betreffenden Mitgliedstaat der Europäischen

Union an den ESM gerichtet, nachdem der Rat der Europäischen Union gemäß Artikel 140 Absatz 2 AEUV beschlossen hat, die für diesen Mitgliedstaat geltende Ausnahmeregelung betreffend die Teilnahme am Euro aufzuheben. Der Gouverneursrat genehmigt den Beitrittsantrag des neuen ESM-Mitglieds und die damit zusammenhängenden ausführlichen technischen Regelungen sowie die Anpassungen, die als unmittelbare Folge des Beitritts an diesem Vertrag vorzunehmen sind. Nach Genehmigung des Antrags auf Beitritt durch den Gouverneursrat treten neue ESM-Mitglieder nach Hinterlegung der Beitrittsurkunde beim Verwahrer bei, der die anderen ESM-Mitglieder davon in Kenntnis setzt.

　ＥＵの他の加盟国は、2 条に従って本件条約に加盟できる。加盟の申請は、当該ＥＵ加盟国が欧州安定制度に対して行う。欧州理事会が欧州運営条約 140 条 2 項により、当該加盟国にユーロ参加資格があることを決定したことが、申請の前提である。常務理事会は、新規加盟国の申請を承認する。関連する技術的な詳細、本件条約について加盟により必要となる変更についても、常務理事会が承認する。常務理事会が加盟を承認した後に、保管者に加盟署名を供託することにより、加盟が成立する。保管者は、他の加盟国に供託について報告する。

7

Ein ausdrückliches Austritts- oder Kündigungsrecht enthält der Vertrag zur Einrichtung des Europäischen Stabilitätsmechanismus nicht.

　欧州安定制度条約は、明白な脱退権・解除権を定めていない。

8

Der ESM-Vertrag ist am 27. September 2012 in Kraft getreten (BGBl II S. 1086); der Europäische Stabilitätsmechanismus hat seine operative Arbeit mit dem erstmaligen Zusammentreten des ESM-Gouverneursrats am 8. Oktober 2012 aufgenommen.

欧州安定制度条約は、2012 年 9 月 27 日に発効した（BGBl II S. 1086）。2012 年 10 月 8 日の最初の理事会会議により、欧州安定制度は活動を開始した。

9

2. Als weitere Maßnahme zur Beilegung der europäischen Finanz- und Staatsschuldenkrise wurde am 2. März 2012 der Vertrag über Stabilität, Koordinierung und Steuerung in der Wirtschafts- und Währungsunion (SKSV) unterzeichnet, dessen Vertragstext auszugsweise wie folgt lautet (BGBl II S. 1006 ff.):

2012 年 3 月 2 日に、国家財政危機を克服するさらなる措置として、経済・通貨同盟における安定・協調・政策に関する条約（以下、翻訳で単に「安定条約」という。）が署名された。その文言の一部は、以下のとおりである（BGBl II S. 1006 ff.）：

Artikel 1
第 1 条
(1) Mit diesem Vertrag kommen die Vertragsparteien als Mitgliedstaaten der Europäischen Union überein, die wirtschaftliche Säule der Wirtschafts- und Währungsunion durch Verabschiedung einer Reihe von Vorschriften zu stärken, die die Haushaltsdisziplin durch einen fiskalpolitischen Pakt fördern, die Koordinierung ihrer Wirtschaftspolitiken verstärken und die Steuerung des Euro-Währungsgebiets verbessern sollen und dadurch zur Erreichung der Ziele der Europäischen Union für nachhaltiges Wachstum, Beschäftigung, Wettbewerbsfähigkeit und sozialen Zusammenhalt beitragen. [...]

（1）この条約により、ＥＵ加盟国としての当事者は、以下のように合意する。一定の規定を整備することにより、経済・通貨同盟の経済的柱を強化すること。これらの規定は、予算赤字回避を財政政策条約により促進する。さらに経済政策の協調を強化する。また、ユーロ通貨領域の政策

を改善する。これにより、継続的成長・雇用・競争力・社会連携というEUの目標の達成に貢献する。(...)

Artikel 2

(1) Dieser Vertrag wird von den Vertragsparteien in Übereinstimmung mit den Verträgen, auf denen die Europäische Union beruht, insbesondere mit Artikel 4 Absatz 3 des Vertrags über die Europäische Union, und mit dem Recht der Europäischen Union, einschließlich dem Verfahrensrecht, wann immer der Erlass von Sekundärgesetzgebung erforderlich ist, angewandt und ausgelegt.

（1）当事者は、二次立法が必要である場合、本件条約を、EUの根拠となる条約、とりわけEU条約4条3項、およびEU法（手続法を含む）に合わせて、適用および解釈する。

(2) Dieser Vertrag gilt insoweit, wie er mit den Verträgen, auf denen die Europäische Union beruht, und mit dem Recht der Europäischen Union vereinbar ist. Er lässt die Handlungsbefugnisse der Union auf dem Gebiet der Wirtschaftsunion unberührt.

（2）本件条約は、EUの根拠となる条約およびEU法と両立する範囲内、妥当する。EUの経済同盟における行動権限には影響を及ぼさない。

Artikel 3

(1) Die Vertragsparteien wenden zusätzlich zu ihren sich aus dem Recht der Europäischen Union ergebenden Verpflichtungen und unbeschadet dieser Verpflichtungen die in diesem Absatz festgelegten Vorschriften an:

（1）当事者は、EU法から生じる義務の上に、およびこれらの義務に影響を及ぼすことなく、以下の規定を適用する。

a) Der gesamtstaatliche Haushalt einer Vertragspartei ist ausgeglichen oder weist einen Überschuss auf.

a）当事者の全国予算は、収支合わせ状態または黒字状態である。

b) Die Regel unter Buchstabe a gilt als eingehalten, wenn der jährliche strukturelle Saldo des Gesamtstaats dem länderspezifischen mittelfristigen Ziel im Sinne des geänderten Stabilitäts- und Wachstumspakts, mit einer Untergrenze von einem strukturellen Defizit von 0,5 % des Bruttoinlandsprodukts zu Marktpreisen, entspricht. Die Vertragsparteien stellen eine rasche Annäherung an ihr jeweiliges mittelfristiges Ziel sicher. Der zeitliche Rahmen für diese Annäherung wird von der Europäischen Kommission unter Berücksichtigung der länderspezifischen Risiken für die langfristige Tragfähigkeit vorgeschlagen werden. Die Fortschritte in Richtung auf das mittelfristige Ziel und dessen Einhaltung werden dem geänderten Stabilitäts- und Wachstumspakt entsprechend auf der Grundlage einer Gesamtbewertung evaluiert, bei der der strukturelle Haushaltssaldo als Referenz dient und die eine Analyse der Ausgaben ohne Anrechnung diskretionärer einnahmenseitiger Maßnahmen einschließt.

　ｂ）上記ａ）の規定は、以下の場合に遵守したとみなす。国家全体の年間構造残高が改正された安定・成長協定の中期的目標に合致している。その際、構造的赤字は、市場価格で計算されたＧＤＰの０．５％を限度とする。当事者は、各自の中期的目標への迅速な接近を保障する。委員会は、これから各国の長期維持可能性に関する特定リスクを配慮した上に、当該接近の時間的枠組みについて提案を行う。中期的目標の達成についての上達は、改正された安定・成長協定にしたがって全体検討に基づいて評価する。当該評価の際、構造的な財政赤字が基準として使用される。当該評価は、裁量的な収入措置を清算しない支出の分析を含む。

c) Die Vertragsparteien dürfen nur unter den in Absatz 3 Buchstabe b festgelegten außergewöhnlichen Umständen vorübergehend von ihrem jeweiligen mittelfristigen Ziel oder dem dorthin führenden Anpassungspfad abweichen. ｃ）当事者は、3項ｂ）が定める特別な事情が成立する場合に限り、一時的に各自の中

間目標、またはその達成に導く改正政策から離れることができる。

d) Liegt das Verhältnis zwischen öffentlichem Schuldenstand und Bruttoinlandsprodukt zu Marktpreisen erheblich unter 60 % und sind die Risiken für die langfristige Tragfähigkeit der öffentlichen Finanzen gering, so kann die Untergrenze des in Buchstabe b angegebenen mittelfristigen Ziels ein strukturelles Defizit von maximal 1,0 % des Bruttoinlandsprodukts zu Marktpreisen erreichen.

ｄ）財政赤字残高と市場価格で計算されたＧＤＰの割合が６０％を大幅に下回り、公の財政の長期維持可能性についてのリスクが少ない場合に限り、上記ｂ）の中間目標の下限が市場価格で計算されたＧＤＰの１％まで達してもかまわない。

e) Erhebliche Abweichungen vom mittelfristigen Ziel oder dem dorthin führenden Anpassungspfad lösen automatisch einen Korrekturmechanismus aus. Dieser Mechanismus schließt die Verpflichtung der betreffenden Vertragspartei ein, zur Korrektur der Abweichungen innerhalb eines festgelegten Zeitraums Maßnahmen zu treffen.

ｅ）中間目標からまたはその目標に向けての改正政策から大幅に離れる場合、自動的な修正仕組みが発動する。当該仕組みは、当事者の一定の期間内に措置を採る義務を含む。

(2) Die Regelungen nach Absatz 1 werden im einzelstaatlichen Recht der Vertragsparteien in Form von Bestimmungen, die verbindlicher und dauerhafter Art sind, vorzugsweise mit Verfassungsrang, oder deren vollständige Einhaltung und Befolgung im gesamten nationalen Haushaltsverfahren auf andere Weise garantiert ist, spätestens ein Jahr nach Inkrafttreten dieses Vertrags wirksam. Die Vertragsparteien richten auf nationaler Ebene den in Absatz 1 Buchstabe e genannten Korrekturmechanismus ein und stützen sich

dabei auf gemeinsame, von der Europäischen Kommission vorzuschlagende Grundsätze, die insbesondere die Art, den Umfang und den zeitlichen Rahmen der - auch unter außergewöhnlichen Umständen - zu treffenden Korrekturmaßnahmen sowie die Rolle und Unabhängigkeit der auf nationaler Ebene für die Überwachung der Einhaltung der in Absatz 1 genannten Regelungen zuständigen Institutionen betreffen. Dieser Korrekturmechanismus wahrt uneingeschränkt die Vorrechte der nationalen Parlamente.

（2）1項の規定は、当事者の国内法で本件条約の発効より遅くても1年間を経過するまで、発効する。その際、憲法上の規定、その他の方法で全ての国内予算決定手続きにおいて遵守が保障されている規定の形が必要である。当事者は1項e）の修正仕組みを国内で整備する。当事者はその際、EU委員会が提案する原則を基礎とする。これらの原則は、非常の状況でも採用しなければならない修正措置の種類、範囲および時間的枠組みについて、および国内段階で1項の原則の順守について責任を負う機関についてのものである。この修正仕組みは、国内議会の権限を無条件に遵守する。

(3) Für die Zwecke dieses Artikels gelten die Begriffsbestimmungen, die in Artikel 2 des den Verträgen zur Europäischen Union beigefügten Protokolls (Nr. 12) über das Verfahren bei einem übermäßigen Defizit festgelegt sind.

本条文の目的のためには、EU条約第12議定書が財政赤字の超過についての手続きに関して定める際の定義が妥当する。

Zusätzlich dazu gelten für die Zwecke dieses Artikels die folgenden Begriffsbestimmungen:

追加的に、本条文の目的のために、以下の定義が妥当する。

a) „Jährlicher struktureller Saldo des Gesamtstaats" ist der konjunkturbereinigte jährliche

Saldo ohne Anrechnung einmaliger und befristeter Maßnahmen.

ａ）「国家全体の構造残高」とは、一時的・期限付きの措置を配慮しない、景気を算入して年間残高である。

b) „Außergewöhnliche Umstände" sind ein außergewöhnliches Ereignis, das sich der Kontrolle der betreffenden Vertragspartei entzieht und erhebliche Auswirkungen auf die Lage der öffentlichen Finanzen hat, oder ein schwerer Konjunkturabschwung im Sinne des geänderten Stabilitäts- und Wachstumspakts, vorausgesetzt, die vorübergehende Abweichung der betreffenden Vertragspartei gefährdet nicht die mittelfristige Tragfähigkeit der öffentlichen Finanzen.

ｂ）「特別事情」とは、当該加盟国が管理できない非常の出来事であり、公の財政に重大な影響を及ぼすものである。または、改正された安定・成長協定が規定する重大な景気後退も該当する。但し、当該加盟国の一時的な逸脱が公の財政の中期的安定に危険でないことが必要である。

Artikel 4
第４条

Geht das Verhältnis zwischen dem gesamtstaatlichen Schuldenstand einer Vertragspartei und dem Bruttoinlandsprodukt über den in Artikel 1 des den Verträgen zur Europäischen Union beigefügten Protokolls (Nr. 12) über das Verfahren bei einem übermäßigen Defizit genannten Referenzwert von 60 % hinaus, so verringert diese Vertragspartei es gemäß Artikel 2 der Verordnung (EG) Nr. 1467/97 des Rates vom 7. Juli 1997 über die Beschleunigung und Klärung des Verfahrens bei einem übermäßigen Defizit in der durch die Verordnung (EU) Nr. 1177/2011 des Rates vom 8. November 2011 geänderten Fassung als Richtwert um durchschnittlich ein Zwanzigstel jährlich. Das Bestehen eines übermäßigen Defizits durch die Verletzung des Schuldenkriteriums wird vom Rat nach dem Verfahren des Artikels 126 des Vertrags über die

Arbeitsweise der Europäischen Union festgestellt werden.

ある加盟国の国内財政赤字残高と国内ＧＤＰの比率がＥＵ条約第 12 議定書 1 条で規定された数値（６０％）を超える場合、当該加盟国は、その財政赤字の残高を平均として毎年 20 分の 1 減らす（超過財政赤字残高の際の手続きの促進および確認に関する 1997 年 7 月 7 日閣僚理事会規則 1467/97、2011 年 11 月 8 日の閣僚理事会規則 1177/2011 によって改正された後の文言）。財政赤字残高に関する基準を侵害しているため、超過財政赤字が成立する点について、閣僚理事会がＥＵ運営条約 126 条の手続きに基づいて決定する。

Artikel 5

第 5 条

(1) Eine Vertragspartei, die gemäß den Verträgen, auf denen die Europäische Union beruht, Gegenstand eines Defizitverfahrens ist, legt ein Haushalts- und Wirtschaftspartnerschaftsprogramm auf, das eine detaillierte Beschreibung der Strukturreformen enthält, die zur Gewährleistung einer wirksamen und dauerhaften Korrektur ihres übermäßigen Defizits zu beschließen und umzusetzen sind. Inhalt und Form dieser Programme werden im Recht der Europäischen Union festgelegt. Sie werden dem Rat der Europäischen Union und der Europäischen Kommission im Rahmen der bestehenden Überwachungsverfahren des Stabilitäts- und Wachstumspakts zur Genehmigung vorgelegt werden und auch innerhalb dieses Rahmens überwacht werden.

（１） ＥＵの根拠となる条約の基準で財政赤字手続きの対象となっている加盟国は、財政・経済協力政策を策定する。超過財政赤字を効果的で継続的に解消するために必要な構造改革の詳細におよぶ説明を含む政策とする。これらの政策の内容および形式について、首脳閣僚理事会で決定する。安定・成長協定における既存の監督手続きの枠組み

内に、首脳閣僚理事会およびEU委員会に、承認のために提供する。その枠組み内で監督する。

(2) Die Umsetzung des Haushalts- und Wirtschaftspartnerschaftsprogramms und die mit diesem Programm in Einklang stehenden jährlichen Haushaltspläne werden vom Rat der Europäischen Union und der Europäischen Kommission überwacht werden. [...]

（2）財政・経済協力政策の実施およびその政策を遵守する年間予算について、欧州理事会およびEU委員会が監督する。(...)

Artikel 7
第7条

Die Vertragsparteien, deren Währung der Euro ist, verpflichten sich unter uneingeschränkter Einhaltung der Verfahrensvorschriften der Verträge, auf denen die Europäische Union beruht, zur Unterstützung der Vorschläge oder Empfehlungen der Europäischen Kommission, in denen diese die Auffassung vertritt, dass ein Mitgliedstaat der Europäischen Union, dessen Währung der Euro ist, im Rahmen eines Verfahrens bei einem übermäßigen Defizit gegen das Defizit-Kriterium verstößt. Diese Verpflichtung entfällt, wenn zwischen den Vertragsparteien, deren Währung der Euro ist, feststeht, dass eine analog zu den einschlägigen Bestimmungen der Verträge, auf denen die Europäische Union beruht, unter Auslassung des Standpunkts der betroffenen Vertragspartei ermittelte qualifizierte Mehrheit von ihnen gegen den vorgeschlagenen oder empfohlenen Beschluss ist.

EU委員会が財政赤字超過手続きにおいて、ユーロを通貨としている加盟国が財政赤字基準を侵害している見解を主張する場合、ユーロを通貨としている加盟国は、EUの基本条約を無条件に遵守しながら、EU委員会の関連提案・勧告を支持するように約束する。但し、これらの加盟

国の特別過半数（該当する加盟国の票を除いてEUの基本条約によって計算される）が当該提案・勧告に反対していることが明らかである場合、その義務が成立しない。

Artikel 8
第8条

(1) Die Europäische Kommission wird aufgefordert, den Vertragsparteien zu gegebener Zeit einen Bericht über die Bestimmungen vorzulegen, die jede von ihnen gemäß Artikel 3 Absatz 2 erlassen hat. Gelangt die Europäische Kommission, nachdem sie der betreffenden Vertragspartei Gelegenheit zur Stellungnahme gegeben hat, in ihrem Bericht zu dem Schluss, dass diese Vertragspartei Artikel 3 Absatz 2 nicht nachgekommen ist, wird der Gerichtshof der Europäischen Union von einer oder mehreren Vertragsparteien mit der Angelegenheit befasst werden. Ist eine Vertragspartei unabhängig vom Bericht der Kommission der Auffassung, dass eine andere Vertragspartei Artikel 3 Absatz 2 nicht nachgekommen ist, so kann sie den Gerichtshof mit der Angelegenheit befassen. In beiden Fällen ist das Urteil des Gerichtshofs für die Verfahrensbeteiligten verbindlich, und diese müssen innerhalb einer vom Gerichtshof festgelegten Frist die erforderlichen Maßnahmen treffen, um dem Urteil nachzukommen.

（１）ＥＵ委員会は、適切な時期に、加盟国に対し3条2項に基づいて制定しなければならない規制について、報告すべきである。ＥＵ委員会が、当該加盟国に意見を述べる機会を与えた後に、当該加盟国が3条2項を遵守していない結論に至った場合、本件条約の当事者により、または複数の当事者により、ＥＵ裁判所に訴えることになる。ＥＵ委員会の報告と関係なくある当事者が他の当事者が3条2項を遵守していない立場である場合、ＥＵ裁判所に訴えることができる。両方の場合、ＥＵ裁判所の判決は当事者を拘束する。当事者は、ＥＵ裁判所が制定する期限内に、判決を実施するために必要な措置を採らなければならない。

(2) Ist eine Vertragspartei nach eigener Einschätzung oder aufgrund der Bewertung der Europäischen Kommission der Auffassung, dass eine andere Vertragspartei nicht die in Absatz 1 genannten erforderlichen Maßnahmen getroffen hat, um dem Urteil des Gerichtshofs nachzukommen, so kann sie den Gerichtshof mit der Sache befassen und die Verhängung finanzieller Sanktionen gemäß den von der Europäischen Kommission im Rahmen von Artikel 260 des Vertrags über die Arbeitsweise der Europäischen Union festgelegten Kriterien verlangen. Stellt der Gerichtshof fest, dass die betreffende Vertragspartei seinem Urteil nicht nachgekommen ist, so kann er gegen diese Vertragspartei einen Pauschalbetrag oder ein Zwangsgeld verhängen, der/das den Umständen angemessen ist und nicht über 0,1 % ihres Bruttoinlandsprodukts hinausgeht. Die gegen eine Vertragspartei, deren Währung der Euro ist, verhängten Beträge sind an den Europäischen Stabilitätsmechanismus zu entrichten. Anderenfalls werden die Zahlungen an den Gesamthaushaltsplan der Europäischen Union entrichtet.

（2）ある当事者が自分の評価、またはＥＵ委員会の評価に基づいて、他の当事者が１項のＥＵ裁判所の判決を実施するために必要な措置を採らなかったと判断した場合、ＥＵ裁判所に訴え、ＥＵ運営条約260条に基づいてＥＵ委員会が定めた基準に基づいて、金銭的制裁を要請することができる。ＥＵ裁判所が、当該当事者が判決を実施していないことを確認する場合、当該当事者に対し総括金額または強制金の支払いを科すことができる。状況からみて適切な額で、当該当事者のＧＤＰ0.1％を超えない範囲の制裁でなければならない。ユーロを通貨とする当事者に対する金銭制裁の場合、当該支払は安定制度に納入しなければならない。その他の場合、支払はＥＵの全体予算に納入する。

(3) Dieser Artikel stellt einen Schiedsvertrag zwischen den Vertragsparteien im Sinne des Artikels 273 des Vertrags über die Arbeitsweise der Europäischen Union dar. [...]
（3）本条は、ＥＵ運営条約 273 条の意味の当事者間の仲裁条約である。（以下略）

Artikel 16
第 16 条
Binnen höchstens fünf Jahren ab dem Inkrafttreten dieses Vertrags werden auf der Grundlage einer Bewertung der Erfahrungen mit der Umsetzung des Vertrags gemäß dem Vertrag über die Europäische Union und dem Vertrag über die Arbeitsweise der Europäischen Union die notwendigen Schritte mit dem Ziel unternommen, den Inhalt dieses Vertrags in den Rechtsrahmen der Europäischen Union zu überführen.
本件条約発効の 5 年以内に、本件条約のＥＵ条約およびＥＵ運営条約に基づく実施についての経験を評価する上に、本件条約をＥＵ基本条約に組み入れるために必要な措置を採る。

10
Auch der Vertrag über Stabilität, Koordinierung und Steuerung in der Wirtschafts- und Währungsunion enthält kein ausdrückliches Kündigungs- oder Austrittsrecht. Er ist am 1. Januar 2013 in Kraft getreten (vgl. BGBl II S. 162).
安定条約も、明白な解約権または撤退権を制定していない。2013 年 1 月 1 日に発効した（BGBl II S. 162 参照）。

11
Das Gesetz zur innerstaatlichen Umsetzung des Fiskalvertrages (BTDrucks 17/12058), das unter anderem Änderungen des Haushaltsgrundsätzegesetzes und des Stabilitätsratsgesetzes umfasst, ist nach Beschlussfassung durch den Deutschen Bundestag am 31. Januar 2013 (BT-Plenarprotokoll 17/219, S. 27216 f.), Beteiligung des Vermittlungsausschusses

(BRDrucks 71/13 <B>) und Zustimmung durch den Bundesrat am 5. Juli 2013 (BRDrucks 540/13, BR-Plenarprotokoll 912, S. 369 f.) am 19. Juli 2013 in Kraft getreten (BGBl I S. 2398).

財政基本法および安定審議会法の改正など行う「金融条約に関する国内法整備のための法律」（BTDrucks 17/12058）は、連邦議会の 2013 年 1 月 31 日の承認（BT-Plenarprotokoll 17/219, S. 27216 f.）, 両院協議会の参加（BRDrucks 71/31 <B>）および連邦参議院の 2013 年 7 月 19 日の承認を受けて、2013 年 7 月 19 日に発効した（BGBl I S. 2398）。

12

3. Am 29. Juni 2012 stimmten der Deutsche Bundestag und der Bundesrat dem Entwurf eines Gesetzes zu dem Beschluss des Europäischen Rates vom 25. März 2011 zur Änderung des Artikels 136 des Vertrages über die Arbeitsweise der Europäischen Union hinsichtlich eines Stabilitätsmechanismus für die Mitgliedstaaten, deren Währung der Euro ist (BTDrucks 17/9047), dem Entwurf eines Gesetzes zu dem Vertrag vom 2. Februar 2012 zur Einrichtung des Europäischen Stabilitätsmechanismus in der Fassung der Beschlussempfehlung des Haushaltsausschusses (BTDrucks 17/9045; 17/10126; 17/10172) und dem Entwurf eines Gesetzes zu dem Vertrag vom 2. März 2012 über Stabilität, Koordinierung und Steuerung in der Wirtschafts- und Währungsunion in der Fassung der vom Haushaltsausschuss beschlossenen Änderungsvorschläge vom 27. Juni 2012 (BTDrucks 17/9046; 17/10125; 17/10171) jeweils mit einer Mehrheit von mehr als zwei Dritteln der Stimmen zu. Der jeweilige Artikel 1 dieser Gesetze enthält die Zustimmung zu dem entsprechenden Vertrag oder Beschluss. Ergänzend bestimmt das Gesetz zu dem Vertrag vom 2. Februar 2012 zur Einrichtung des

Europäischen Stabilitätsmechanismus im Wesentlichen (BGBl II S. 981):

3．2012 年 6 月 29 日に、ドイツ連邦議会およびドイツ連邦参議院は、各自 3 分の 2 の過半数により、136 条法・安定制度条約法・安定条約法の法案を、予算委員会が 2012 年 6 月 27 日に可決した変更に基づく最終案の形で承認した。これらの法律の各 1 条は、当該条約・決定への承認を規定している。さらに、安定制度条約法は、主に以下の規定を含む。

Artikel 2

(1) Erhöhungen des genehmigten Stammkapitals nach Artikel 10 Absatz 1 des Vertrags bedürfen zum Inkrafttreten einer bundesgesetzlichen Ermächtigung zur Bereitstellung weiteren Kapitals.

（1）条約 10 条 1 項に基づく授権資本金の増額は、さらなる融資を許可する連邦法がなければ、発効しない。

(2) Der deutsche Gouverneur im Gouverneursrat des Europäischen Stabilitätsmechanismus und im Falle einer Delegation der Entscheidung nach Artikel 5 Absatz 6 Buchstabe m des Vertrags der deutsche Direktor im Direktorium des Europäischen Stabilitätsmechanismus dürfen einem Beschlussvorschlag zur Änderung der Finanzhilfeinstrumente nach Artikel 19 des Vertrags nur zustimmen oder sich bei der Abstimmung über einen solchen Beschlussvorschlag der Stimme enthalten, wenn hierzu zuvor durch Bundesgesetz ermächtigt wurde.

（2）欧州安定制度の理事会のドイツ出身理事、または条約 5 条 6 項 m）に基づいて決定が委任された場合には欧州安定制度常任理事会のドイツ出身常務理事は、事前に連邦法律により授権を受けた場合に限り、条約 19 条に基づく融資援助手段の変更案について賛成・棄権できる。

(3) Änderungen des Stammkapitals nach Artikel 10 Absatz 3 des Vertrags und Änderungen des Beitragsschlüssels nach Artikel 11 Absatz 3 und 4 in

Verbindung mit Artikel 11 Absatz 6 und Anhang I des Vertrags sind im Bundesgesetzblatt zu veröffentlichen.

（3）条約 10 条 3 項に基づく資本金の変更および条約 11 条 3 項・4 項、6 項、条約附則 I に基づく負担分担割合の変更は、連邦官報に掲載しなければならない。

13

4. Den Entwurf eines Gesetzes zur finanziellen Beteiligung am Europäischen Stabilitätsmechanismus (ESM-Finanzierungsgesetz - ESMFinG), das den finanziellen Gesamtrahmen der deutschen Beteiligung am Europäischen Stabilitätsmechanismus und die parlamentarischen Beteiligungsrechte bei der laufenden Tätigkeit des Europäischen Stabilitätsmechanismus regeln sollte, brachten die Fraktionen der CDU/CSU und FDP am 20. März 2012 in den Bundestag ein (vgl. BTDrucks 17/9048, S. 4). Der Gesetzentwurf bestand aus vier Paragraphen, wobei § 3 des Entwurfs mit der Überschrift „Beteiligungsrechte" noch keinen Text, sondern lediglich eine Leerstelle („(1) [...]") enthielt. In der Begründung heißt es dazu, die Ausgestaltung der Beteiligungsrechte werde im Rahmen des parlamentarischen Verfahrens erfolgen. Ein Änderungsantrag der Arbeitsgruppe Haushalt der Fraktionen der CDU/CSU und FDP vom 30. April 2012 enthielt Regelungen zur Parlamentsbeteiligung (vgl. Haushaltsausschuss des Deutschen Bundestages, Ausschussdrucksache 4410). In dieser Ausschussfassung war der Gesetzentwurf Gegenstand einer öffentlichen Anhörung am 7. Mai 2012 (vgl. BTDrucks 17/10172, S. 5) und der zweiten und dritten Lesung im Plenum des Deutschen Bundestages (vgl. BT-Plenarprotokoll 17/188, S. 22743 f.).

CDU/CSU 及びＦＤＰの議会内派は、2012 年 3 月 20 日に、欧州安定制度への金融参加に関する法律案（安定制度融資法）を連邦議会に発案した。この法案は、ドイツの欧

州安定制度への参加の金融総枠および欧州安定制度の活動に関する議会の参加権を規制するものでした。保安には 4 件の条文が含まれたが、法案の第 3 条は、「参加権」の表題以外に、空白でした。法案の理由はその点について、参加権の形成は、議会での手続きによって行う予定である、と説明した。CDU/CSU 及びＦＤＰの議会内派の財政作業委員会の 2012 年 4 月 30 日の変更案は、議会の参加に関する規定を用意した（連邦議会予算委員会、印刷物 4410 参照）。この委員会案は、2012 年 5 月 7 日の公開意見募集（BTDrucks 17/10172, S. 5）および連邦議会の全会での第 2 読会・第 3 読会の対象であった（BT-Plenarprotokoll 17/188, S. 22743 f.参照）。

14

Der Deutsche Bundestag beschloss das Gesetz zur finanziellen Beteiligung am Europäischen Stabilitätsmechanismus (ESM-Finanzierungsgesetz - ESMFinG) am 29. Juni 2012 in der Fassung der Beschlussempfehlung des Haushaltsausschusses (BTDrucks 17/9048; 17/10126). Der Bundesrat stimmte am selben Tag zu (BR-Plenarprotokoll 898, S. 312). Gemäß § 1 ESMFinG beteiligt sich die Bundesrepublik Deutschland am Gesamtbetrag des einzuzahlenden Kapitals des Europäischen Stabilitätsmechanismus mit einem Betrag in Höhe von 21,71712 Milliarden Euro sowie am Gesamtbetrag des abrufbaren Kapitals mit einem Betrag in Höhe von 168,30768 Milliarden Euro. Das Bundesministerium der Finanzen wird ermächtigt, für das abrufbare Kapital in Höhe von 168,30768 Milliarden Euro Gewährleistungen zu übernehmen. Die Vorschriften des Gesetzes zur finanziellen Beteiligung am Europäischen Stabilitätsmechanismus lauten auszugsweise (BGBl I 2012 S. 1918):

2012 年 6 月 29 日に、ドイツ連邦議会は、安定制度融資法について、予算委員会の決定勧告の最終案で承認した。連邦参議院は、その法案に賛成した。安定制度融資法 1 条により、ドイツ連邦共和国は、欧州安定制度の全支払済み

資本金について 217.1712 億ユーロを負担し、要請可能資本金の全額のうち、1683.0768 億ユーロを負担する。連邦大蔵大臣は、要請可能資本金のために、1683.0768 億ユーロまで保証するように、授権される。安定制度融資法の規定の一部は、以下の文言である（BGBl I 2012, S. 1918）。

§ 1
Übernahme des deutschen Anteils am Stammkapital des Europäischen Stabilitätsmechanismus; Veränderung des konsolidierten Darlehensvolumens von Europäischem Stabilitätsmechanismus und Europäischer Finanzstabilisierungsfazilität

第 1 条　欧州安定制度のドイツ持ち分の引き受け、欧州安定制度および欧州安定仕組みの確定融資枠の変更

(1) Zur Erfüllung der Verpflichtungen aus dem Beitritt zum Europäischen Stabilitätsmechanismus beteiligt sich die Bundesrepublik Deutschland am Gesamtbetrag des einzuzahlenden Kapitals des Europäischen Stabilitätsmechanismus in Höhe von 80 Milliarden Euro mit einem Betrag in Höhe von 21,71712 Milliarden Euro sowie am Gesamtbetrag des abrufbaren Kapitals des Europäischen Stabilitätsmechanismus in Höhe von 620 Milliarden Euro mit einem Betrag in Höhe von 168,30768 Milliarden Euro.

欧州安定制度への加盟から生じる義務を履行するため、ドイツ連邦共和国は欧州安定制度の資本金の 800 億ユーロの内、217 億 1712 万ユーロを出資する。6200 億ユーロの要請可能持ち分の内、1683 億 768 万ユーロを出資する。

(2) Das Bundesministerium der Finanzen wird ermächtigt, für das abrufbare Kapital in Höhe von 168,30768 Milliarden Euro Gewährleistungen zu übernehmen. Zahlungen auf das abrufbare Kapital sind im Rahmen des Bundeshaushalts zu leisten

（2）連邦大蔵省は、要請可能持ち分のために、1683 億 768 万ユーロまで保証を引き受ける権限を有する。要請可

能持ち分の出資は、連邦予算の枠組み内に行わなければならない。

1. nach Artikel 9 Absatz 2 des Vertrags zur Einrichtung des Europäischen Stabilitätsmechanismus zur Wiederherstellung der ursprünglichen Höhe des eingezahlten Kapitals, wenn das eingezahlte Kapital durch den Ausgleich eines Zahlungsausfalls unter die vereinbarte Summe von 80 Milliarden Euro fällt;

１．欧州安定制度条約 9 条 2 項に従って、出資済み資本金が不良債権の解消により、出資済み資本金が約定された 800 億ユーロを下回る場合。

2. nach Artikel 9 Absatz 3 des Vertrags zur Einrichtung des Europäischen Stabilitätsmechanismus zur Vermeidung eines Verzugs des Europäischen Stabilitätsmechanismus bei der Erfüllung seiner Zahlungsverpflichtungen;

２．欧州安定制度条約 9 条 3 項に従って、欧州安定制度の支払義務についての遅滞を回避するために。

3. nach Artikel 25 Absatz 2 des Vertrags zur Einrichtung des Europäischen Stabilitätsmechanismus im Rahmen eines vorübergehend revidierten erhöhten Kapitalabrufs;

３．欧州安定制度条約 25 条 2 項に従って、一時的に改定された増額された資本金の要請の場合。

4. nach Artikel 9 Absatz 1 des Vertrags zur Einrichtung des Europäischen Stabilitätsmechanismus aufgrund eines einstimmigen Beschlusses des Gouverneursrats des Europäischen Stabilitätsmechanismus.

４．欧州安定制度条約 9 条 1 項に従って、欧州安定制度の常務理事会の全員一致の決定がある場合。

(3) Die Bundesregierung wird ermächtigt, durch ihren Vertreter im Gouverneursrat einem Beschluss nach Artikel 10 Absatz 1 des Vertrags zur Einrichtung des Europäischen Stabilitätsmechanismus zur Veränderung des konsolidierten Darlehensvolumens von

Europäischem Stabilitätsmechanismus und Europäischer Finanzstabilisierungsfazilität im Sinne des Artikels 39 des Vertrags zur Einrichtung des Europäischen Stabilitätsmechanismus insoweit zuzustimmen, als Finanzmittel, die für die Durchführung der von der Europäischen Finanzstabilisierungsfazilität bis zum 30. März 2012 zugesagten Notmaßnahmen erforderlich sind, bis zu einer Höhe von 200 Milliarden Euro bei der Berechnung des konsolidierten Darlehensvolumens im Sinne des Artikels 39 des Vertrags zur Einrichtung des Europäischen Stabilitätsmechanismus nicht in Abzug gebracht werden.

（3）連邦政府は、連邦政府代表である常務理事会の構成員を通して、欧州安定制度条約 10 条 1 項による欧州安定制度および欧州安定仕組みの欧州安定条約 39 条の確定融資枠の変更に、以下の条件の基で賛成する権利を有する。欧州安定仕組みが 2012 年 3 月 30 日までに救済措置に必要とする資金が、欧州安定制度条約 39 条の確定融資枠を計算する際に、2000 億ユーロまでに差し引かれないことが、条件である。

§ 4
Parlamentsvorbehalt für Entscheidungen im Europäischen Stabilitätsmechanismus
第 4 条
欧州安定制度に関する決定についての議会留保
(1) In Angelegenheiten des Europäischen Stabilitätsmechanismus, die die haushaltspolitische Gesamtverantwortung des Deutschen Bundestages betreffen, wird diese vom Plenum des Deutschen Bundestages wahrgenommen. Die haushaltspolitische Gesamtverantwortung ist insbesondere betroffen （1）
ドイツ連邦議会の予算に関する総括責任に関わる欧州安定制度関連の案件について、その責任は、連邦議会の全会により果たされる。予算に関する総括責任は、特に以下の場合に問題となる。

1. bei der Entscheidung nach Artikel 13 Absatz 2 des Vertrags zur Einrichtung des Europäischen Stabilitätsmechanismus, einer Vertragspartei des Europäischen Stabilitätsmechanismus auf deren Hilfeersuchen Stabilitätshilfe in Form einer im Vertrag vorgesehenen Finanzhilfefazilität zu gewähren,

　１．欧州安定制度設置条約 13 条 2 項に基づいて、欧州安定条約の当事者に対し、援助要請に基づいて、条約が予定している援助仕組みに基づいて安定援助を提供する判断の場合、

2. bei der Annahme einer Vereinbarung über die Finanzhilfefazilität nach Artikel 13 Absatz 3 Satz 3 des Vertrags zur Einrichtung des Europäischen Stabilitätsmechanismus und einer Zustimmung zu einem entsprechenden Memorandum of Understanding nach Artikel 13 Absatz 4 des Vertrags zur Einrichtung des Europäischen Stabilitätsmechanismus,

　２．欧州安定制度設置条約 13 条 3 項 3 文に基づく財政援助措置に関する協定、または 13 条 4 項に基づくこれに関する合意書面を承認する場合、

3. bei Beschlüssen im Rahmen des Europäischen Stabilitätsmechanismus zur Veränderung des genehmigten Stammkapitals sowie des maximalen Darlehensvolumens nach Artikel 10 Absatz 1 des Vertrags zur Einrichtung des Europäischen Stabilitätsmechanismus; Artikel 2 Absatz 1 des Gesetzes zu dem Vertrag vom 2. Februar 2012 zur Einrichtung des Europäischen Stabilitätsmechanismus bleibt unberührt.

　３．欧州安定制度において、欧州安定制度設置条約 10 条 1 項に基づく支払済み資本金または最高融資額の変更に関する決定の場合。安定制度融資法 2 条 1 項は、この条文の影響を受けない。

(2) In den Fällen, die die haushaltspolitische Gesamtverantwortung betreffen, darf die Bundesregierung einem Beschlussvorschlag in

Angelegenheiten des Europäischen Stabilitätsmechanismus durch ihren Vertreter nur zustimmen oder sich bei einer Beschlussfassung enthalten, nachdem das Plenum hierzu einen zustimmenden Beschluss gefasst hat. Ohne einen solchen Beschluss des Plenums muss der deutsche Vertreter den Beschlussvorschlag ablehnen. Der Vertreter der Bundesregierung hat an der Beschlussfassung teilzunehmen.

（２）予算に関する総括責任に関わる場合、連邦政府は欧州安定制度に関する決定案に賛成する、または棄権することは、連邦議会の全会が承認した場合にのみ許される。当該承認がない限り、ドイツ代表は、決定案に反対しなければならない。連邦政府の代表は、決定に参加しなければならない。

(3) Werden gemäß Artikel 5 Absatz 6 Buchstabe m des Vertrags zur Einrichtung des Europäischen Stabilitätsmechanismus Aufgaben des Gouverneursrats auf das Direktorium übertragen, gelten die §§ 3 bis 6 entsprechend.

（３）欧州安定制度設置条約５条６項mにより、理事会の権限を常任理事会に委任されている場合、３条から６条を準用する。

§ 5
Beteiligung des Haushaltsausschusses des Deutschen Bundestages

第５条
連邦議会の予算委員会の参加

(1) In allen sonstigen die Haushaltsverantwortung des Deutschen Bundestages berührenden Angelegenheiten des Europäischen Stabilitätsmechanismus, in denen eine Entscheidung des Plenums gemäß § 4 nicht vorgesehen ist, wird der Haushaltsausschuss des Deutschen Bundestages beteiligt. Der Haushaltsausschuss überwacht die Vorbereitung und

Durchführung der Vereinbarungen über Stabilitätshilfen.

（1）4条に基づいて全会の判断が必要でない、欧州安定制度関連のその他の案件が連邦議会の予算責任に関わる場合、ドイツ連邦議会の予算委員会が参加する。予算委員会は、安定援助に関する協定の準備および実施を監督する

(2) Der vorherigen Zustimmung des Haushaltsausschusses bedürfen:

（2）以下の決定は、予算委員会の事前承認を必要とする

1. Entscheidungen über die Bereitstellung zusätzlicher Instrumente ohne Änderung des Gesamtfinanzierungsvolumens einer bestehenden Finanzhilfefazilität oder wesentliche Änderungen der Bedingungen der Finanzhilfefazilität,

１．既存の財政援助措置の融資総額の変更を伴わない、その財政援助措置の条件に重大な変更を加えない場合において、追加的な手段を整備する案件に関する決定、

2. Beschlüsse über den Abruf von Kapital nach Artikel 9 Absatz 1 des Vertrags zur Einrichtung des Europäischen Stabilitätsmechanismus sowie die Annahme oder wesentliche Änderung der Regelungen und Bedingungen, die für Kapitalabrufe nach Artikel 9 Absatz 4 des Vertrags zur Einrichtung des Europäischen Stabilitätsmechanismus gelten,

（2）欧州安定制度設置条約9条1項に基づく資本金の要請に関する決定、または条約9条4項に基づいての資本金要請に妥当する規制および条件に関する承認、または重要な変更の場合、

3. die Annahme oder wesentliche Änderung der Leitlinien für die Durchführungsmodalitäten der einzelnen Finanzhilfefazilitäten nach den Artikeln 14 bis 18, der Preisgestaltungsleitlinien nach Artikel 20 Absatz 2, der Leitlinien für Anleiheoperationen nach Artikel 21 Absatz 2, der Leitlinien für die Anlagepolitik nach Artikel 22 Absatz 1, der Leitlinien für die

Dividendenpolitik nach Artikel 23 Absatz 3 und der Vorschriften für die Einrichtung, Verwaltung und Verwendung weiterer Fonds nach Artikel 24 Absatz 4 des Vertrags zur Einrichtung des Europäischen Stabilitätsmechanismus,

3．以下の細則に関する承認、または重大な変更についての決定。具体的な財政援助措置の実施方法（14 条から 18 条まで）、20 条 2 項の値段形成に関する方針、21 条 2 項に基づく債権発行方針、22 条 1 項に基づく投資政策に関する方針、23 条 3 項に基づく配当政策に関する方針および 24 条 4 項に基づくさらなるファンドの設置・管理・使用に関する方針、

4. die ausführlichen Regelungen und Bedingungen für Kapitalveränderungen nach Artikel 10 Absatz 2 des Vertrags zur Einrichtung des Europäischen Stabilitätsmechanismus,

4．欧州安定制度設置条約 10 条 2 項に基づく資本金変更に関する細則および条件についての決定、

5. die Annahme von Bestimmungen oder Auslegungen zur Regelung der beruflichen Schweigepflicht nach Artikel 34 des Vertrags zur Einrichtung des Europäischen Stabilitätsmechanismus.

5．欧州安定制度設置条約 34 条に基づく職業上の守秘義務に関する規定および解釈の承認。

Die Bundesregierung darf in diesen Fällen einem Beschlussvorschlag in Angelegenheiten des Europäischen Stabilitätsmechanismus durch ihren Vertreter nur zustimmen oder sich bei einer Beschlussfassung enthalten, nachdem der Haushaltsausschuss hierzu einen zustimmenden Beschluss gefasst hat. Einen entsprechenden Antrag im Haushaltsausschuss kann auch die Bundesregierung stellen. Ohne einen solchen Beschluss des Haushaltsausschusses muss der deutsche Vertreter den Beschlussvorschlag ablehnen. Der Vertreter der

Bundesregierung hat an der Beschlussfassung teilzunehmen.

　連邦政府はこれらの場合には決定案に賛成する、または棄権することは、連邦議会の予算委員会が承認した場合にのみ許される。予算委員会で必要な提案は、連邦議会もできる。当該承認がない限り、ドイツ代表は、決定案に反対しなければならない。連邦政府の代表は、決定に参加しなければならない。

(3) In den nicht von Absatz 2 erfassten Fällen, die die Haushaltsverantwortung des Deutschen Bundestages berühren, hat die Bundesregierung den Haushaltsausschuss zu beteiligen und seine Stellungnahmen zu berücksichtigen. Dies gilt insbesondere bei Beschlüssen über die Auszahlung einzelner Tranchen der gewährten Stabilitätshilfe.

　（3）ドイツ連邦議会の予算についての責任に関わるが、2項で列挙されていない案件について、連邦政府は予算委員会を参加させ、その決議を配慮しなければならない。特に安定援助が提供された場合の具体的支払に関する決定について、このことが妥当する。

(4) Der von Deutschland nach Artikel 5 Absatz 1 des Vertrags zur Einrichtung des Europäischen Stabilitätsmechanismus ernannte Gouverneur und dessen Stellvertreter sind verpflichtet, den Haushaltsausschuss des Deutschen Bundestages auf Verlangen mindestens eines Viertels seiner Mitglieder, das mindestens von zwei Fraktionen im Ausschuss unterstützt werden muss, zu informieren und Auskünfte zu erteilen, soweit nicht Tatbestände nach § 6 dieses Gesetzes betroffen sind.

　（4）欧州安定制度設置条約5条4項に基づいてドイツが指名した理事およびその代理人は、予算委員会の4分の1の委員が要請して、当該要請が最低2つの会派から支持を得ている場合、情報を与え・質問に応じる義務を負う。但し、本法6条に関する案件の場合、その限りでない。

(5) Das Plenum des Deutschen Bundestags kann die Befugnisse des Haushaltsausschusses jederzeit durch einen mit einfacher Mehrheit gefassten Beschluss an sich ziehen und durch einfachen Beschluss ausüben.

（5）ドイツ連邦議会の全会は、予算委員会の権限をいつでも単純過半数決定により全会に移すことができる。その場合、当該権限を単純過半数決定で行使することができる。

(6) Ein Antrag oder eine Vorlage der Bundesregierung gelten als dem Haushaltsausschuss überwiesen im Sinne der Geschäftsordnung des Bundestages. § 70 der Geschäftsordnung gilt entsprechend, wobei das Verlangen eines Viertels der Mitglieder des Haushaltsausschusses von mindestens zwei Fraktionen im Ausschuss unterstützt werden muss.

（6）連邦政府の申請または決議案は、連邦議会の運営規則における予算委員会への委託とみなす。運営規則の70条を準用する。その際、予算委員会の委員の4分の1の要請は、最低、予算委員会で2つの会派で支持される必要がある。

§ 6
Beteiligung durch ein Sondergremium
第6条
特別委員会による参加

(1) Soweit ein Aufkauf von Staatsanleihen auf dem Sekundärmarkt nach Artikel 18 des Vertrags zur Einrichtung des Europäischen Stabilitätsmechanismus geplant ist, kann die Bundesregierung die besondere Vertraulichkeit der Angelegenheit geltend machen. Die besondere Vertraulichkeit liegt vor, sofern bereits die Tatsache der Beratung oder Beschlussfassung geheim gehalten werden muss, um den Erfolg der Maßnahme nicht zu vereiteln. Die Annahme der besonderen Vertraulichkeit ist von der Bundesregierung zu begründen.

（1）欧州安定制度設置条約１８条に基づく国債の二次市場での購買が予定される場合、連邦政府は、案件が守秘を要することを主張できる。協議・決定の事実それ自体を秘密にしなければ、措置の成功に支障が生じるような場合に限り、案件が守秘を要する。連邦政府は、守秘の必要性について理由を説明しなければならない。

(2) In diesem Fall können die in den §§ 4 und 5 bezeichneten Beteiligungsrechte von Mitgliedern des Haushaltsausschusses wahrgenommen werden, die vom Deutschen Bundestag für die Dauer einer Legislaturperiode in geheimer Wahl mit der Mehrheit der Mitglieder des Deutschen Bundestages gewählt werden (Sondergremium). [...]

（2）この場合には、４条および５条の参加権利は、予算委員会の一定の委員により行使することができる。これらの委員は、連邦議会の秘密選挙により、次の選挙まで選ばれる(特別委員会)。

§ 7
Unterrichtung durch die Bundesregierung
第7条
連邦政府による報告

(1) Die Bundesregierung hat den Deutschen Bundestag und den Bundesrat in Angelegenheiten dieses Gesetzes umfassend, zum frühestmöglichen Zeitpunkt, fortlaufend und in der Regel schriftlich zu unterrichten. Sie hat dem Deutschen Bundestag in Angelegenheiten, die seine Kompetenzen betreffen, Gelegenheit zur Stellungnahme zu geben und seine Stellungnahmen zu berücksichtigen.

（1）連邦政府は、本件法律に関連する案件について、ドイツ連邦議会およびドイツ連邦参議院に対して、報告しなければならない。当該報告は、可能な限り早い段階で、継続的、原則として書面でしなければならない。連邦政府は、連邦議会の権限に関わる案件について、意見を述べる機会を与え、その意見を配慮しなければならない。

(2) Die Bundesregierung übermittelt dem Deutschen Bundestag alle ihr zur Verfügung stehenden Dokumente zur Ausübung der Beteiligungsrechte des Deutschen Bundestages. Sie übermittelt diese Dokumente auch dem Bundesrat. [...]

（２）連邦政府は、ドイツ連邦議会の参加権の行使の目的のため、有するすべての書面を提供する。これらの書面を連邦参議院にも提供する。（...）

(9) Die von Deutschland oder vom deutschen Gouverneur ernannten Vertreter im ESM dürfen sich gegenüber einem Auskunftsverlangen des Deutschen Bundestages sowie seiner Ausschüsse und Mitglieder nicht auf die Schweigepflicht nach Artikel 34 des Vertrags zur Einrichtung des Europäischen Stabilitätsmechanismus berufen.

（９）欧州安定制度におけるドイツ、またはドイツ理事から指名された代表は、ドイツ連邦議会、またはその委員会または議員の質問に対し、欧州安定制度設置条約３４条に基づく守秘義務を主張してはならない。

(10) Die Rechte des Deutschen Bundestages aus dem Gesetz über die Zusammenarbeit von Bundesregierung und Deutschem Bundestag in Angelegenheiten der Europäischen Union und die Rechte des Bundesrates aus dem Gesetz über die Zusammenarbeit von Bund und Ländern in Angelegenheiten der Europäischen Union bleiben unberührt.

（１０）ドイツ連邦議会が「ＥＵ案件における連邦政府とドイツ連邦議会の協力に関する法律」に基づいて有する権利、連邦参議院が「ＥＵ案件における連邦と州の協力に関する法律」に基づいて有する権利は、本件法律から影響を受けない。

15

5. Mit Urteil vom 27. November 2012 entschied der Gerichtshof der Europäischen Union, dass gegen die Einfügung von Art. 136 Abs. 3 AEUV weder mit Blick auf das gewählte vereinfachte Änderungsverfahren

gemäß Art. 48 Abs. 6 EUV noch hinsichtlich seiner Vereinbarkeit mit den sonstigen Regelungen über die Währungsunion, insbesondere Art. 125 AEUV, Bedenken bestünden (vgl. EuGH, Urteil vom 27. November 2012, Rs. C-370/12, Pringle, Slg. 2012, I-0000, Rn. 106 ff.).

5．EU裁判所の 2012 年 11 月 27 日の判決は、EU運営条約 136 条 3 項の追加については、問題ないと判断した。EU条約 48 条 6 項による簡易条約改正手続きの選定した点についても、通貨同盟に関するその他の規定について侵害がない点についても、問題ないとの判断である。特にEU運営条約 125 条に対する侵害がない、との判断である（EuGH, Urteil vom 27. November 2012, Rs. C-370/12, Pringle, Slg. 2012, I-0000, Rn. 106 ff.参照）。

16

6．Am 15. und 24. März 2013 einigte sich die Eurogruppe auf Eckpunkte eines Hilfsprogramms für die Republik Zypern. Am 13. April 2013 beantragte das Bundesministerium der Finanzen beim Deutschen Bundestag die Zustimmung gemäß § 4 Abs. 1 Nr. 1 und 2 ESM-Finanzierungsgesetz (ESMFinG) zur Gewährung einer Stabilitätshilfe in Form einer Finanzhilfefazilität nach Art. 13 Abs. 2 ESMV, zur Vereinbarung über eine Finanzhilfefazilität nach Art. 13 Abs. 3 Satz 3 ESMV sowie zu einem bereits ausgehandelten Memorandum of Understanding nach Art. 13 Abs. 4 ESMV. In der Begründung des Antrags heißt es, „vor dem Hintergrund der politischen Übereinkunft der Eurogruppe vom 24./25. März 2013 und der zwischenzeitlich erfolgten Vorabmaßnahmen zur Restrukturierung des zyprischen Bankensektors" sehe die Bundesregierung „die Voraussetzungen für die Gewährung einer Finanzhilfe an die Republik Zypern als gegeben an". Die Kommission habe in Zusammenarbeit mit der Europäischen Zentralbank „gegenüber der Eurogruppe die Gefährdung der Finanzstabilität der Eurozone bestätigt" (BTDrucks 17/13060, S. 3 f.). In der von der Bundesregierung als Anlage vorgelegten, im Benehmen mit der Europäischen Zentralbank erstellten Mitteilung der Europäischen Kommission vom 12. April 2013 heißt es unter anderem, eine Zahlungsunfähigkeit Zyperns hätte „mittelbare Konsequenzen für das Euro-Währungsgebiet insgesamt und könnte erneut Zweifel an der Integrität des Euro-Währungsgebiets aufkommen lassen" (vgl. BTDrucks 17/13060, S. 20); der Deutsche Bundestag stimmte den Anträgen der Bundesregierung am 18. April 2013 zu (BT-Plenarprotokoll 17/234, S. 29179 ff.). Einen Antrag der Beschwerdeführer zu VI. auf Erlass einer einstweiligen Anordnung hatte das Bundesverfassungsgericht zuvor abgelehnt (vgl. BVerfG, Beschluss der 1. Kammer des Zweiten Senats vom 17. April 2013 - 2 BvQ 17/13 -, NVwZ 2013, S. 858 ff.).

6．ユーロを採用した加盟国は、2013年3月15日・24日に、キプロスのための援助政策の概要について合意した。連邦大蔵省は2013年4月13日に、連邦議会に対し、安定制度融資法4条1項1号2号により、欧州安定制度条約13条2項に基づく財政援助枠の形の安定援助の提供、欧州安定条約13条3項3文に基づく財政援助枠に関する合意について、および既に交渉済みである合意書面（Memorandum of Understanding）についての承認を申請した。委員会は欧州中央銀行との協力の上に、「ユーロを採用した加盟国に対し、ユーロ領域の金融安定に対する危険が生じている点を確認した」。この申請の理由では、以下のように述べている。「ユーロを採用した加盟国の2013年3月24日・25日の政治的合意およびキプロスの銀行業界の構造変更一次措置を背景に、連邦政府はキプロスに財政援助を与える条件が満たされていると判断している。」欧州中央銀行との協力で作成したＥＵ委員会の2013年4月12日の報告書は、以下のように述べている。

キプロスの支払能力喪失は「ユーロ地域全体に間接的な影響を及ぼすことになり、ユーロ地域の正当性に関する疑問の原因になりうる」、と（BTDrucks 17/13060, S. 20 参照）。ドイツ連邦議会は、本件申請を 2013 年 4 月 18 日に承認した（BT-Plenarprotokoll 17/234, S. 29179 ff.参照）。憲法異議の原告ⅤⅠ. が提起した仮処分の申請について、連邦憲法裁判所がその前に棄却した（BVerfG, Beschluss der 1. Kammer des Zweiten Senats vom 17. April 2013 – 2 Bv! 17/13 -, NVwZ 2013, S. 858 ff.参照）。

17

Der Gouverneursrat des Europäischen Stabilitätsmechanismus beschloss am 24. April 2013, der Republik Zypern grundsätzlich Stabilitätshilfe in Form einer Finanzhilfefazilität zu gewähren (Art. 13 Abs. 2 ESMV). Am 8. Mai 2013 billigte das Direktorium des Europäischen Stabilitätsmechanismus nach Art. 13 Abs. 5 ESMV die mit Zypern ausgehandelte Vereinbarung über die Merkmale der Finanzhilfefazilität („Financial Assistance Facility Agreement between European Stability Mechanism and the Republic of Cyprus and Central Bank of Cyprus" vom 8. Mai 2013).

欧州安定制度の理事会は、2013 年 4 月 23 日に、キプロスに財政援助枠の形の安定援助を提供するように決定した（欧州安定制度条約 13 条 2 項）。欧州安定制度の常務理事会は、2013 年 5 月 8 日に、欧州安定制度条約 13 条 5 項に基づいて、キプロスとの交渉に基づく財政援助枠の内容に関する合意を承認した（欧州安定制度とキプロス共和国およびキプロス超王銀行の間の財政援助枠に関する 2013 年 5 月 8 日合意）。

18

7. Bereits am 24./25. März 2011 war der „Euro-Plus-Pakt" vom Europäischen Rat beschlossen worden (EUCO 10/1/11 REV 1, Anlage I). Ausweislich des Vertragstextes und der Schlussfolgerungen soll er darauf abzielen, die wirtschaftliche Säule der

Währungsunion zu stärken, eine neue Qualität der wirtschaftspolitischen Koordinierung zwischen den Mitgliedstaaten des Euro-Währungsgebiets zu erreichen, ihre Wettbewerbsfähigkeit zu verbessern und dadurch einen höheren Grad an Konvergenz zu erreichen. Der Schwerpunkt soll vor allem auf die Politikbereiche gelegt werden, die in die Zuständigkeit der Mitgliedstaaten fallen und die für die Steigerung der Wettbewerbsfähigkeit und die Vermeidung schädlicher Ungleichgewichte von entscheidender Bedeutung sind (vgl. im EinzelnenBVerfGE 131, 152 ff.).

7．2011 年 3 月 24・25 日に既に欧州理事会は「ユーロ・プラス協定」を承認した（EUCO 10/1/11 REV 1, Anlage I）。条約の文言および決議によると、その協定の目的は、通貨同盟の経済的な柱を強化すること、ユーロ採用加盟国の間の経済政策の調和の新たな段階を達成すること、これらの国の競争力を改善すること、およびより高度な統合の度合いを達成することである。重点は特に、競争力の促進および有害な不均衡の回避に特に重要である加盟国の管轄にある政治領域に置くものである（詳細については BVerfGE 131, 152 ff.参照）。

19

8. Im November 2011 hatte die Europäische Union zudem sechs Sekundärrechtsakte (sog. Sixpack) beschlossen:

8．2011 年 11 月には、ＥＵが更に 6 件の二次立法を制定した（いわゆる 6 件立法）。

20

Die Verordnung (EU) Nr. 1173/2011 des Europäischen Parlaments und des Rates vom 16. November 2011 über die wirksame Durchsetzung der haushaltspolitischen Überwachung im Euro-Währungsgebiet (ABl EU Nr. L 306 vom 23. November 2011, S. 1) gilt nur für die Mitgliedstaaten des Euro-Währungsgebiets und sieht ein Sanktionssystem zur besseren Durchsetzung der präventiven und der korrektiven Komponente des

Stabilitäts- und Wachstumspakts im Euro-Währungsgebiet vor (Art. 1).

　ユーロ領域における予算政策監督の実効性に関する欧州議会および閣僚理事会の規則 1173/2011 （Abl EU Nr. L 306 vom 23. November 2011, S. 1）は、ユーロを採用した加盟国のみに適用され、安定・成長協定の予防的・問題解決側面のより効果的な実施のための制裁を用意している（第 1 条）。

21

Die Verordnung (EU) Nr. 1174/2011 des Europäischen Parlaments und des Rates vom 16. November 2011 über Durchsetzungsmaßnahmen zur Korrektur übermäßiger makroökonomischer Ungleichgewichte im Euro-Währungsgebiet (ABl EU Nr. L 306 vom 23. November 2011, S. 8) gilt ebenfalls nur für die Mitgliedstaaten des Euro-Währungsgebiets und legt ein Sanktionssystem für die wirksame Korrektur übermäßiger makroökonomischer Ungleichgewichte im Euro-Währungsgebiet fest (Art. 1).

　ユーロ領域におけるマクロ経済的な過剰不均衡の解決策に関する欧州議会および閣僚理事会の 2011 年 11 月 16 日の規則 1174/2011（Abl EU Nr. L 306 vom 23. November 2011, S. 8）も、同様に、ユーロを採用した加盟国のみに効力を及ぼし、ユーロ領域におけるマクロ経済的な過剰不均衡の解決のために制裁制度を整備している（第 1 条）。

22

Die Verordnung (EU) Nr. 1175/2011 des Europäischen Parlaments und des Rates vom 16. November 2011 zur Änderung der Verordnung (EG) Nr. 1466/97 des Rates über den Ausbau der haushaltspolitischen Überwachung und der Überwachung und Koordinierung der Wirtschaftspolitiken (ABl EU Nr. L 306 vom 23. November 2011, S. 12) stärkt die präventiven Überwachungs- und Koordinationsinstrumente des Stabilitäts- und Wachstumspaktes.

予算政策監督および経済政策の監督・調整に関する閣僚理事会規則 1497/97 の改正のための欧州議会および閣僚理事会規則 1175/2011（Abl EU Nr. L 306 vom 23. November 2011, S. 12）は、安定・成長協定の予備的な監督・調整手段を強化している。

23

Die Verordnung (EU) Nr. 1176/2011 des Europäischen Parlaments und des Rates vom 16. November 2011 über die Vermeidung und Korrektur makroökonomischer Ungleichgewichte (ABl EU Nr. L 306 vom 23. November 2011, S. 25) legt detaillierte Regeln für die Erkennung makroökonomischer Ungleichgewichte und für die Vermeidung und Korrektur übermäßiger makroökonomischer Ungleichgewichte innerhalb der Union fest (Art. 1 Abs. 1). Diese Regeln betreffen vor allem die Möglichkeit der Organe der Europäischen Union, bei übermäßigen Ungleichgewichten mittels Empfehlungen auf den betroffenen Mitgliedstaat einzuwirken.

マクロ経済的不均衡の回避および解決に関する欧州議会および閣僚理事会の 2011 年 11 月 16 日規則 1176/2011(ABl EU Nr. L 306 vom 23. November 2011, S. 25)は、マクロ経済的な不均衡の判明およびマクロ経済的な過剰不均衡の回避および解決のために詳細な規制を整備している（第1条）。これらの規定は、主に、過剰不均衡の場合にＥＵの機関に当該加盟国に対し勧告を行う可能性を整備している。

24

Mit der Verordnung (EU) Nr. 1177/2011 des Rates vom 8. November 2011 zur Änderung der Verordnung (EG) Nr. 1467/97 über die Beschleunigung und Klärung des Verfahrens bei einem übermäßigen Defizit (ABl EU Nr. L 306 vom 23. November 2011, S. 33) soll durch engere Vorgaben zum Ablauf des Defizitverfahrens nach Art. 126 AEUV die Wirksamkeit der korrektiven

Einwirkung bei einem übermäßigen Defizit verbessert werden.

過剰財政赤字の場合における手続きの加速および明確化に関する規則 1467/97 を改正するための閣僚理事会の 2011 年 11 月 8 日規則（Abl EU Nr. L 306 vom 23. November 2011, S. 33）は、ＥＵ運営条約 126 条の財政赤字手続きに関するより厳格な規制により、過剰財政赤字の場合における共同体による影響の実効性を改善することを目的としている。

25

Die Richtlinie 2011/85/EU des Rates vom 8. November 2011 über die Anforderungen an die haushaltspolitischen Rahmen der Mitgliedstaaten (ABl EU Nr. L 306 vom 23. November 2011, S. 41) zielt mit detaillierten Vorgaben unter anderem für die Systeme des öffentlichen Rechnungswesens, den Einsatz numerischer Haushaltsregeln, die mittelfristige Haushaltsplanung und die Durchführung unabhängiger Analyse und Überwachung auf die Sicherung von Transparenz und Verfügbarkeit der erforderlichen Datengrundlagen als Voraussetzung für die Einhaltung und Durchsetzung der vertraglichen Verpflichtungen hinsichtlich der Vermeidung übermäßiger Haushaltsdefizite.

加盟国の予算政策の枠組み条件に関する閣僚理事会の 2011 年 11 月 8 日の指令 2011/85（Abl EU Nr. L 306 vom 23. November 2011, S. 41）は、会計検査・予算に関する数表規制・中間的予算計画および独立分析・監督の実施により、条約上の過剰財政赤字回避義務を遵守・実施する前提である情報根拠の透明性・確保を目的としている。

26

9. Der Rat der Europäischen Zentralbank hat im Zuge der Finanz- und Staatsschuldenkrise insbesondere in den Jahren 2011 und 2012 wiederholt die Anforderungen an die Bonität von notenbankfähigen Wertpapieren als Sicherheiten für Zentralbankkredite

gesenkt (vgl. etwa Beschluss der Europäischen Zentralbank vom 6. Mai 2010 über temporäre Maßnahmen hinsichtlich der Notenbankfähigkeit der von der griechischen Regierung begebenen oder garantierten marktfähigen Schuldtitel EZB/2010/3 <ABl EU Nr. L 117 vom 11. Mai 2010, S. 102> Beschluss der Europäischen Zentralbank vom 31. März 2011 über temporäre Maßnahmen hinsichtlich der Notenbankfähigkeit der von der irischen Regierung begebenen oder garantierten marktfähigen Schuldtitel EZB/2011/4 <ABl EU Nr. L 94 vom 8. April 2011, S. 33>; Beschluss der Europäischen Zentralbank vom 7. Juli 2011 über temporäre Maßnahmen hinsichtlich der Notenbankfähigkeit der von der portugiesischen Regierung begebenen oder garantierten marktfähigen Schuldtitel EZB/2011/10 <ABl EU Nr. L 182 vom 12. Juli 2011, S. 31>) und zugleich durch zwei umfangreiche langfristige Refinanzierungsgeschäfte zusätzlich etwa eine Billion Euro den Geschäftsbanken zu günstigen Kreditzinsen für drei Jahre zur Verfügung gestellt (vgl. PM EZB vom 8. Dezember 2011, online abrufbar unter www.ecb.europa.eu/press/pr/date/2011/html/pr111208_1.en.html; siehe auch www.ecb.europa.eu/mopo/implement/omo/html/index.en.html). Mit dem TARGET2-System betreibt das Europäische System der Zentralbanken ein grenzüberschreitendes Zahlungssystem, mit dem die meisten Zentralbanken der Mitgliedstaaten der Europäischen Union sowie über 4.000 Geschäftsbanken ihre Zahlungsgeschäfte abwickeln.

欧州中央銀行の理事会は、金融・国家債務危機の経過中、特に2011年および2012年に、中央銀行融資のための担保に利用できる証券の安全性に関する要求を繰り返し緩和した。例えば、ギリシア政府が発行したまたは保障した国債の担保としての利用可能性に関する一時的措置に関する

欧州中央銀行 2010 年 5 月 6 日決定 EZB/2010/3 <Abl EU Nr. L 117 vom 11. Mai 2010, S. 102;アイルランド政府が発行したまたは保障した国債の担保としての利用可能性に関する一時的措置に関する欧州中央銀行 2011 年 3 月 31 日決定 EZB/2011/4 <Abl EU Nr. L 94 vom 8. April 2011, S. 33>;ポルトガル政府が発行したまたは保障した国債の担保としての利用可能性に関する一時的措置に関する欧州中央銀行 2011 年 7 月 12 日決定 EZB/2011/10 <Abl EU Nr. L 182 vom 12. Juli 2011, S. 31)。欧州中央銀行はさらに、二つの長期的な金融行為により、通常銀行に三年間の期限で有利な利子でおよそ 1 兆ユーロを提供した（欧州中央銀行の 2011 年 12 月 8 日マスコミ発表、www.ecb.europa.eu/press/pr/date/2011/html/pr111208_1.en.html および www.ecb.europa.eu/mopo/implement/omo/html/index.en.html 参照）。欧州中央銀行制度は、ＴＡＲＧＥＴ２制度を運営している。ＥＵの中央銀行の大半および 4000 以上の通常銀行は、ＴＡＲＧＥＴ２を使用して支払取引を運営している。

II.

27

1. Mit Urteil vom 12. September 2012 hat der Senat die von den Beschwerdeführern zu I. bis V. sowie von der Antragstellerin zu VII. · im Verfahren des Eilrechtsschutzes Antragstellerin zu VI. · gestellten Anträge auf Erlass einer einstweiligen Anordnung gegen die Ratifizierung des Vertrages zur Einrichtung des Europäischen Stabilitätsmechanismus sowie des Vertrages über Stabilität, Koordinierung und Steuerung in der Wirtschafts- und Währungsunion und die Ausfertigung der innerstaatlichen Zustimmungs- und Begleitgesetze mit der Maßgabe abgelehnt, dass die Ratifikation des Vertrages zur Einrichtung des Europäischen Stabilitätsmechanismus nur erfolgen darf, wenn zugleich völkerrechtlich sichergestellt wird, dass

die Regelung des Art. 8 Abs. 5 Satz 1 ESMV sämtliche Zahlungsverpflichtungen der Bundesrepublik Deutschland aus diesem Vertrag der Höhe nach auf die in Anhang II des Vertrages genannte Summe in dem Sinne begrenzt, dass keine Vorschrift dieses Vertrages so ausgelegt werden kann, dass für die Bundesrepublik Deutschland ohne Zustimmung des deutschen Vertreters höhere Zahlungsverpflichtungen begründet werden, und dass die Regelungen der Art. 32 Abs. 5, Art. 34 und Art. 35 Abs. 1 ESMV nicht der umfassenden Unterrichtung des Bundestages und des Bundesrates entgegenstehen (BVerfGE 132, 195 <196 f.>).

1．2012年9月12日の本法廷判決は、憲法異議原告ⅠからⅤおよび申請者ⅤⅠⅠ（仮処分手続きにおいて申請者ⅤⅠであった）の欧州安定制度条約および経済・通貨同盟における安定・協調・政策に関する条約の批准および国内同意立法・実施立法の連邦大統領による認証を禁止する仮処分の申請を棄却した。但し、欧州安定制度条約の批准は、以下の条件が満たされた場合にのみ可能である。国際法上に以下の点の確保が必要である。欧州安定制度条約8条5項1文の規定は、本件条約から生じるドイツ連邦共和国のすべての支払義務を条約付属書ⅠⅠで述べた額に限定されていること、ドイツ代表の承認なくドイツ連邦共和国により高額の支払義務を成立させるように、本件条約の規定を解釈できないこと、欧州安定制度条約32条5項、34条、35条1項が連邦政府による連邦議会および連邦参議院に対する包括的な報告を阻止しないことである（BverfGE 132, 195, 196f.）。

28

2. Daraufhin verständigten sich die ESM-Mitglieder auf der Grundlage eines Entwurfs des Bundesministeriums der Finanzen auf eine gemeinsame Erklärung, über die der Deutsche Bundestag am 21. September 2012 unterrichtet wurde (BTDrucks 17/10767, S. 3). Die ESM-Mitglieder gaben

diese Erklärung am 27. September 2012, dem Tag des Inkrafttretens des ESM-Vertrages (BGBl II S. 1086) ab. Sie wurde dem Generalsekretariat des Rates der Europäischen Union als Verwahrer des Vertrages (Art. 46 ESMV) durch die Regierung der Republik Zypern übermittelt (vgl. BGBl II S. 1086):

その後、欧州安定制度の加盟国は、連邦大蔵省の原案に基づいて、共同声明に合意した。連邦議会にこの合意について 2012 年 9 月 21 日に報告が行われた（BTDrucks 17/10767, S. 3）。欧州安定制度の加盟国は、その共同声明を欧州安定制度条約の発効の日である 2012 年 9 月 27 日に行った（BGBl II S. 1086）。キプロス政府は、本件共同声明を本件条約の供託者であるＥＵ閣僚理事会事務局に届けた（BGBl II S. 1086 参照）。

Die Vertreter der Vertragsparteien des am 2. Februar 2012 unterzeichneten Vertrags zur Einrichtung des Europäischen Stabilitätsmechanismus (ESM), die am 26. September 2012 in Brüssel zusammengetreten sind, vereinbaren folgende Auslegungserklärung:

2012 年 2 月 2 日署名された欧州安定制度条約の加盟国の代表者は、2012 年 9 月 26 日にブリュッセルでの会合の上、以下の解釈生命に合意する：

Artikel 8 Absatz 5 des Vertrages zur Einrichtung des Europäischen Stabilitätsmechanismus (im Folgenden „Vertrag") begrenzt sämtliche Zahlungsverpflichtungen der ESM-Mitglieder aus dem Vertrag in dem Sinne, dass keine Vorschrift des Vertrags so ausgelegt werden kann, dass sie ohne vorherige Zustimmung des Vertreters des Mitglieds und Berücksichtigung der nationalen Verfahren zu einer Zahlungsverpflichtung führt, die den Anteil am genehmigten Stammkapital des jeweiligen ESM-Mitglieds gemäß der Festlegung in Anhang II des Vertrags übersteigt.

欧州安定制度条約（以下は「条約」）8 条 5 項は、欧州安定制度の加盟国のすべての支払義務を以下の意味で限定している。当該加盟国の代表の事前承認なく、条約付属書

ⅠⅠの定めによる加盟国の授権資本金の額を超える支払義務が成立するように、条約のどの規定も解釈してならない。

Artikel 32 Absatz 5, Artikel 34 und Artikel 35 Absatz 1 des Vertrages stehen der umfassenden Unterrichtung der nationalen Parlamente gemäß den nationalen Vorschriften nicht entgegen.

条約32条5項、34条および35条は、国内の規定に従う国内議会への包括的な報告を妨げない。

Die oben genannten Punkte stellen eine wesentliche Grundlage für die Zustimmung der vertragschließenden Staaten dar, durch die Bestimmungen des Vertrags gebunden zu sein.

上記の点は、加盟国が条約の規定に拘束されるための必要な前提である。

29

Zugleich hat die Bundesrepublik Deutschland auch eine einseitige Erklärung gegenüber dem Generalsekretariat abgegeben, die folgenden Wortlaut hat (BGBl II S. 1087):

ドイツ連邦共和国は、同時に事務局に対し、以下の文言の一方的な声明を発した（BGBl II. S. 1087）：

Die Bundesrepublik Deutschland bezieht sich auf die von den Parteien des Vertrages vom 2. Februar 2012 zur Einrichtung des Europäischen Stabilitätsmechanismus abgegebene und durch Zypern in ihrem Namen mit Verbalnote vom 27. September 2012 dem Ratssekretariat als Verwahrer notifizierte Erklärung, die wie folgt lautet:

ドイツ連邦共和国は、2012年2月2日の欧州安定制度条約の加盟国が行い、キプロスが2012年9月27日の口上書により閣僚理事会事務局に報告した声明を参照する。以下の文言の声明である。

Die Vertreter der Vertragsparteien des am 2. Februar 2012 unterzeichneten Vertrags zur Einrichtung des Europäischen Stabilitätsmechanismus (ESM), die am

26. September 2012 in Brüssel zusammengetreten sind, vereinbaren folgende Auslegungserklärung:

2012年2月2日署名された欧州安定制度条約の加盟国の代表者は、2012年9月26日にブリュッセルでの会合の上、以下の解釈生命に合意する：

Artikel 8 Absatz 5 des Vertrages zur Einrichtung des Europäischen Stabilitätsmechanismus (im Folgenden „Vertrag") begrenzt sämtliche Zahlungsverpflichtungen der ESM-Mitglieder aus dem Vertrag in dem Sinne, dass keine Vorschrift des Vertrags so ausgelegt werden kann, dass sie ohne vorherige Zustimmung des Vertreters des Mitglieds und Berücksichtigung der nationalen Verfahren zu einer Zahlungsverpflichtung führt, die den Anteil am genehmigten Stammkapital des jeweiligen ESM-Mitglieds gemäß der Festlegung in Anhang II des Vertrags übersteigt.

欧州安定制度条約（以下は「条約」）8条5項は、欧州安定制度の加盟国のすべての支払義務を以下の意味で限定している。当該加盟国の代表の事前承認なく、条約付属書ＩＩの定めによる加盟国の授権資本金の額を超える支払義務が成立するように、条約のどの規定も解釈してならない。

Artikel 32 Absatz 5, Artikel 34 und Artikel 35 Absatz 1 des Vertrages stehen der umfassenden Unterrichtung der nationalen Parlamente gemäß den nationalen Vorschriften nicht entgegen.

条約32条5項、34条および35条は、国内の規定に従う国内議会への包括的な報告を妨げない。

Die oben genannten Punkte stellen eine wesentliche Grundlage für die Zustimmung der vertragschließenden Staaten dar, durch die Bestimmungen des Vertrags gebunden zu sein.

上記の点は、加盟国が条約の規定に拘束されるための必要な前提である。

Die Bundesrepublik Deutschland bestätigt und wiederholt hiermit ausdrücklich diese Erklärung, die sie gemeinsam mit den anderen Vertragsparteien abgegeben hat.

ドイツ連邦共和国は、他の加盟国と共同で行った本件声明を明示的に確認し、再度に行う。

30

Durch Verbalnote vom 4. Juni 2013 gab das Generalsekretariat des Rates der Europäischen Union als Verwahrer des Vertrages den ESM-Mitgliedern die Notifizierung der einseitigen Erklärung der Bundesrepublik Deutschland förmlich bekannt.

2013年6月4日の口上書により、EU閣僚理事会事務局が条約の供託者として、欧州安定制度加盟国に、ドイツから行われた一方的声明の通知を正式に報告した。

31

3. Mit Beschluss vom 26. September 2012 lehnte der Senat den Erlass einer vom Beschwerdeführer zu I. beantragten Vollstreckungsanordnung ab, da nicht zu erkennen sei, dass es zur Durchsetzung der im Urteil des Senats vom 12. September 2012 enthaltenen Vorgaben einer solchen Anordnung bedürfe (BVerfG, Beschluss des Zweiten Senats vom 26. September 2012 - 2 BvR 1390/12 -, juris).

３．2012年9月26の決定により、本法定は、憲法異議の原告Ⅰが申請した執行命令の言い渡しを拒否した。本法定の2012年9月12日の判決に含まれた条件の確保にその命令が必要と思われないためである（BverfG, Beschluss des Zweiten Senats vom 26. September 2012 – 2 BvR 1390/12, juris）。

32

4. Mit Beschluss vom 17. Dezember 2013 hat der Senat die Verfahren abgetrennt, soweit sich die Beschwerdeführer zu I., II., III. und VI. gegen den Beschluss des Rates der Europäischen Zentralbank vom 6. September 2012 betreffend Outright Monetary Transactions (OMT), die Ankäufe von Staatsanleihen durch das Europäische System der Zentralbanken am

Sekundärmarkt und ein diesbezügliches Unterlassen der Bundesregierung und des Bundestages wenden und soweit die Antragstellerin zu VII. die Feststellung beantragt, dass den Bundestag bestimmte Handlungs- und Unterlassungspflichten im Zusammenhang mit dem genannten Beschluss treffen (2 BvR 2728/13, 2 BvR 2729/13, 2 BvR 2730/13, 2 BvR 2731/13 und 2 BvE 13/13).

本法定は 2013 年 12 月 17 日の決定で、憲法異議の原告 I．・II．・III．およびVI．が国債購入（Outright Money Transaction, OMT）に関する欧州中央銀行の 2012 年 9 月 6 日決定、欧州中央銀行制度の国債二次市場での購入および連邦政府・連邦議会の関連する不作為を対象とする、および申請者VII．が欧州中央銀行の決定に関して連邦議会の一定の作為・不作為義務が成立する確認を求めている限り、手続きを本件訴訟から切り離した（2 BvR 2728/13, 2 BvR 2729/13, 2 BvR 2730/13, 2 BvR 2731/13 および 2 BvE 13/13）。

III.

33

Die Beschwerdeführer zu I. bis VI. rügen im Wesentlichen eine Verletzung ihrer Rechte aus Art. 38 Abs. 1 Satz 1 in Verbindung mit Art. 79 Abs. 3 und Art. 20 Abs. 1 und Abs. 2 GG durch die angegriffenen Gesetze. Darüber hinaus rügen der Beschwerdeführer zu I. die Verletzung von Art. 3 Abs. 1 GG und die Beschwerdeführer zu II. die Verletzung von Art. 14 Abs. 1 und Art. 20 Abs. 4 GG. Die Antragstellerin zu VII. sieht durch den Beschluss des Deutschen Bundestages über die angegriffenen Gesetze Art. 38 Abs. 1 Satz 2 GG und Art. 20 Abs. 1 und Abs. 2, Art. 23 Abs. 1 und Abs. 2 sowie Art. 79 Abs. 3 GG verletzt und rügt insoweit eine Verletzung eigener Rechte sowie von Rechten des Deutschen Bundestages. Soweit ihr Vortrag nicht bereits im Urteil des Senats über die Anträge auf Erlass einer einstweiligen Anordnung vom

12. September 2012 wiedergegeben ist (vgl. BVerfGE 132, 195 <216 ff.>, Rn. 42 ff.), machen sie zur Begründung im Wesentlichen geltend:

憲法異議の原告Ⅰ. からⅥ. までは、本件立法により、主に憲法79条3項・20条1項および2項との関連で憲法38条1項1文が侵害されることを主張している。憲法異議原告Ⅰ. はさらに憲法3条1項の侵害、憲法異議原告ⅠⅠ. はさらに憲法14条1項および憲法20条4項の侵害を主張している。申請者ⅤⅠⅠ. は対象立法に関する連邦議会決議により、憲法38条1項2文、憲法20条1項・2項、および憲法79条3項が侵害されることを主張している。本法廷の仮処分申請に関する2012年9月12日判決で当事者の主張が説明されていない限り（BverfGE 132, 195 ,216 ff>, Rn. 42 ff 参照）、当事者が主に理由として以下のように主張している。

34

1. Der Beschwerdeführer zu I. macht geltend, durch die angegriffenen Gesetze - jeweils für sich sowie in ihrem Zusammenwirken - in seinem Grundrecht aus Art. 38 Abs. 1 Satz 1 GG verletzt zu sein. Umgestaltungen der Wirtschafts- und Währungsunion dürften nicht dazu führen, dass die Europäische Union nicht mehr den Anforderungen von Art. 23 Abs. 1 Satz 1 GG entspreche oder einer der unabänderlichen Grundsätze des Art. 79 Abs. 3 GG beeinträchtigt werde. Zur Begründung - soweit er sie nach dem Urteil des Senats vom 12. September 2012 ausdrücklich aufrecht hält - führt er an:

１. 憲法異議原告Ⅰ. は、本件立法それ自体およびその相互関連により、憲法38条1項1文の人権が侵害されることを主張している。経済・通貨連合の改正により、EUが憲法23条1項1文の原則にも適合しないこと、または憲法79条3項の永久原則の一つに支障が生じることになってはならない。本法廷の2012年9月12日の判決後でも明示的に維持している限り、以下の理由を述べている。

35

a) Mit der Einfügung des neuen Art. 136 Abs. 3 AEUV werde das Bail-out-Verbot des Art. 125 AEUV und damit ein nach der Rechtsprechung des Bundesverfassungsgerichts zentraler Mechanismus zur Sicherung der parlamentarischen Entscheidungsfreiheit der Mitgliedstaaten in Haushaltsangelegenheiten faktisch beseitigt. Die Vorschrift führe - jedenfalls in Verbindung mit dem ESM-Vertrag - zu einer fundamentalen, mit Art. 79 Abs. 3 GG unvereinbaren Umstrukturierung der Währungsunion zu einer umfassenden Haftungs- und Stabilitätsunion. Sie sei im Hinblick auf Zielsetzung, Voraussetzungen und Grenzen des genannten Stabilitätsmechanismus vollkommen unbestimmt und gestatte Transferleistungen in unbegrenzter Höhe.

a）（憲法異議原告Ⅰ．の主張）新しいＥＵ運営条約136条3項の導入は、ＥＵ運営条約125条の救済禁止規定が事実上廃止される。連邦憲法裁判所の判例によると、この仕組みは加盟国の予算案件に関する議会判断の自由を確保するための中心的な存在である。この規定は欧州安定制度条約との関連で、通貨連合の根本的で憲法79条3項を侵害する形の包括的な責任連合・安定連合への変更を意味する。この規定は、安定制度の目的・要件・限度について完全に不透明であり、限度のない資金提供を可能とするものである。

36

b) Der ESM-Vertrag - in Verbindung mit dem ESM-Finanzierungsgesetz - könne zu unüberschaubaren, vom Bundestag nicht gesteuerten und verantworteten Belastungen des Bundeshaushalts führen und sei insofern mit der haushaltspolitischen Gesamtverantwortung des Bundestages nicht vereinbar.

b）（憲法異議原告Ⅰ．の主張）欧州安定制度条約は安定制度融資法との関連で、予測不能で、連邦議会が制御も責任を持つこともできない連邦予算の負担を発生させる可

能性があり、連邦議会の予算に関する総括責任と両立しない。

37

aa) Die haushaltspolitische Gesamtverantwortung des Bundestages werde insbesondere dadurch verletzt, dass der ESM-Vertrag eine völkerrechtliche Verpflichtung der Vertragsstaaten begründe, etwaigen Kapitalerhöhungen und Rekapitalisierungen zuzustimmen, wenn diese zur Erhaltung oder Wiederherstellung der Funktionsfähigkeit des Europäischen Stabilitätsmechanismus erforderlich seien. Sollte nämlich das genehmigte Stammkapital von 700 Milliarden Euro zur Erfüllung der Aufgaben des Europäischen Stabilitätsmechanismus nicht (mehr) ausreichen - weil etwa ein großer Staat wie Italien in Zahlungsschwierigkeiten gerate oder das Stammkapital aufgezehrt sei - müsse nach systematischer und teleologischer Auslegung des ESM-Vertrages zwingend eine Kapitalerhöhung oder Rekapitalisierung erfolgen, damit der Europäische Stabilitätsmechanismus seine ihm von den Vertragsparteien zugewiesenen Aufgaben, insbesondere die in der Präambel des Vertrages betonte Wahrung der Finanzstabilität des Euro-Währungsgebiets, auch weiterhin erfüllen könne. Der Bundestag sei in einer solchen Situation völkerrechtlich gebunden und, ungeachtet seiner formalen Beteiligungsrechte, nicht mehr in der Lage, autonom über die Kapitalerhöhung oder Rekapitalisierung zu entscheiden. Der ESM-Vertrag sei daher verfassungswidrig, zumindest aber verfassungskonform dahingehend auszulegen, dass eine der Höhe nach unbegrenzte Verpflichtung deutscher Staatsorgane, Kapitalerhöhungen und Rekapitalisierungen zuzustimmen, gegen das Demokratieprinzip verstoße.

　ａａ）（憲法異議原告Ⅰ．の主張）連邦議会の予算に関する総括責任は特に以下の点によって侵害される。欧州安

定制度条約は、加盟国の資本金増加および損失補填に賛成する国際法上の義務を制定している。これらの措置が欧州安定制度の機能を維持するために必要である場合に、その義務が生じる。例えばイタリアのような大きな加盟国が支払い能力をなくした場合、または資本金を使い果たした場合が想定される。その場合、欧州安定制度の授権資本金に不足が生じる。その場合、欧州安定制度条約の体系的解釈および目的的解釈により、必然的に資本金増加または損失補填が必要となる。欧州安定制度が加盟国によって指定された課題、特に条約の前文で強調されたユーロ領域の金融安定の維持を将来に向けても達成できるためである。連邦議会はこのような場面で国際法上の拘束を受け、形式的な参加権にもかかわらず、自律的に資本金増加または損失補填について判断できない。そのため、欧州安定制度条約が違憲である。最低限でも、ドイツの国家機関が限度額なく資本金増加・損失補填に賛成する義務が民主主義を侵害するように、合憲解釈しなければならない。

38

bb) Die Einbindung des Bundestages in die Entscheidungen des Europäischen Stabilitätsmechanismus genüge auch deshalb nicht den verfassungsrechtlichen Anforderungen, weil das ESM-Finanzierungsgesetz, in dem die parlamentarischen Beteiligungsrechte überwiegend normiert worden seien, bereits wegen formeller Verfassungswidrigkeit nichtig sei. Der in den Bundestag eingebrachte und in erster Lesung beratene Gesetzentwurf (BTDrucks 17/9048) habe die zentrale Frage der parlamentarischen Beteiligungsrechte ausdrücklich ungeregelt gelassen. Damit sei in einem wesentlichen Regelungsgegenstand lediglich eine leere Gesetzeshülle in den Bundestag eingebracht worden, was den Anforderungen von Art. 76 GG nicht entspreche. Wenn das ESM-Finanzierungsgesetz somit formell verfassungswidrig sei, existierten die darin geregelten Beteiligungsrechte rechtlich nicht. Ohne wirksame Regelung der gebotenen Parlamentsbeteiligung hätte der Bundestag dem ESM-Vertrag aber nicht zustimmen dürfen.

ｂｂ）（憲法異議原告Ⅰ．の主張）以下の理由からしても既に欧州安定制度への連邦議会の組み入れが憲法上の要件を満たしていない。議会の参加権が主に欧州安定金融法で規定されているが、その法律は手続き上の違憲により無効である。連邦議会に発案され、第一読解で審議された法案（BTDrucks 17/9048）は、議会の参加権という中心的な問題について明示的に規定しなかった。そのため、重大な規制案件について、空白の法案が連邦議会に発案されたが、憲法 76 条の要求を満たさない。従って、欧州安定金融法は手続法違反で違憲であり、その法律で整備されている参加権利が法律上、存在しない。必要な議会参加権がなければ、連邦議会が欧州安定制度条約を承認してはならない。

39

cc) Dass Kapitalabrufe nach Art. 9 Abs. 2 und Abs. 3 ESMV ohne Zustimmung des Bundestages möglich seien, verletze dessen haushaltspolitische Gesamtverantwortung jedenfalls insoweit, als der Bundestag die Entstehung der Verluste, die solchen Kapitalabrufen zugrunde lägen, nicht kontrollieren und gegebenenfalls verhindern könne. Während der Bundestag durch seine Zustimmung zu einzelnen Hilfsmaßnahmen des Europäischen Stabilitätsmechanismus das Risiko für die hieraus möglicherweise entstehenden Verluste und Belastungen des Bundeshaushalts übernehme, habe er keinerlei Möglichkeiten, die aus der Geschäftstätigkeit des Europäischen Stabilitätsmechanismus folgenden Verlustrisiken zu beeinflussen. Auf die Geschäftspolitik könne er nur mittelbar über die vom Direktorium zu beschließenden Leitlinien nach Art. 21 Abs. 2 und Art. 22 Abs. 1 ESMV Einfluss nehmen. Solche Leitlinien könnten Verlustrisiken aber von vornherein nicht ausschließen; zudem habe der Bundestag keine Möglichkeit, ein leitliniengemäßes Handeln der ESM-Organe zu erzwingen. Bei der pauschalen Einschätzung der Bundesregierung, dass Verluste aus der Geschäftstätigkeit des Europäischen Stabilitätsmechanismus mit Blick auf die Erfahrungen mit anderen internationalen Finanzinstitutionen nicht zu erwarten seien, handele es sich um eine bloße Behauptung, die durch nichts belegt sei. Vielmehr lege ein Vergleich mit der Europäischen Finanzstabilisierungsfazilität nahe, dass auch der Europäische Stabilitätsmechanismus langfristige Kredite an Programmstaaten vergeben werde, sich aber selbst durch mittel- und kurzfristige Kredite refinanzieren müsse. Sobald das Zinsniveau steigen sollte, resultierten daraus erhebliche Verlustrisiken.

ｃｃ）（憲法異議原告Ⅰ．の主張）欧州安定制度条約9条2項・3項による資本金の要請が連邦議会の承認なく可能である。この点は、最低限でも連邦議会がこのような資本金の要請の前提となる損失について監督することも、場合によって回避することもできない限り、連邦議会の予算に関する総括責任を侵害する。確かに、連邦議会は欧州安定制度の個別な救済措置を承認することにより、その救済措置から生じつ連邦予算の損失・負担について責任を引き受けることになる。しかし、欧州安定制度の業務活動から生じる損失の危険に影響を及ぼすことができない。連邦議会が業務政策について、常務理事会が定める欧州安定条約21条2項・22条1項の内部規則を通じて、間接的にしか影響を及ぼせない。しかし、この内部規則は損失の危険を排除することは、最初から不可能である。さらに、連邦議会には欧州安定制度の機関が内部規則に従って行動することを確保する手段もない。連邦政府は、他の国際金融機関の経験からみて、このような損失は予測されない、と主張しているが、当該単なる主張を裏付ける理由は何もない。むしろ、欧州金融安定機構と比較すると、欧州安定制度も

援助受領加盟国に対し長期的な消費貸借を行い、自分の予算を短期消費貸借により確保することになる、と予測される。利息が上昇する場合、この構造から重大な損失の危険が生じる。

40

dd) Im Hinblick auf das von Deutschland nach Art. 6 Abs. 1 ESMV zu benennende Mitglied und stellvertretende Mitglied des Direktoriums fehle es an einer hinreichend zuverlässigen Bindung an die Beschlüsse des Bundestages und an einer Sicherstellung ihrer parlamentarischen Verantwortlichkeit. Zwar habe die Bundesregierung die Absicht geäußert, einen Staatssekretär mit der Funktion des Direktoriumsmitglieds zu betrauen. Durch eine bloße Absichtserklärung lasse sich die erforderliche parlamentarische Verantwortlichkeit jedoch nicht dauerhaft sicherstellen. Die Mitglieder des Direktoriums könnten jederzeit durch andere Personen ersetzt werden, die an Beschlüsse des Bundestages nicht gebunden und diesem aufgrund der umfassenden Immunitätsregelung des Art. 35 ESMV auch nicht rechenschaftspflichtig seien. Gerade weil der Gouverneursrat des Europäischen Stabilitätsmechanismus die meisten Entscheidungsbefugnisse auf das Direktorium delegieren könne, sei eine ausdrückliche gesetzliche Sicherstellung der parlamentarischen Verantwortlichkeit des Mitglieds und stellvertretenden Mitglieds des Direktoriums - etwa im ESM-Finanzierungsgesetz - unverzichtbar.

ｄｄ）（憲法異議原告Ｉ．の主張）欧州安定制度条約 6 条 1 項に従ってドイツが指名する常務理事会の構成員および副構成員について、連邦議会の決議への充分に信頼できる形の拘束およびその議会への責任の確保が欠けている。確かに、連邦政府は、次官を常務理事会に充てる意図を宣言した。しかし、単なる意図の宣言では、必要な議会への

責任を継続的に確保できない。常務理事会の構成員はいつでも交代させることができる。交代後には、新規構成員は連邦議会の決議に拘束されない。欧州安定制度条約 35 条の免責規定により、連邦議会に対し責任も負わない。欧州安定制度の理事会が権限の大半を常務理事会に移転できるので、安定制度金融法で常務理事会の構成員と副構成員の議会への責任を確保することが不可欠である。

41

ee) Um die haushaltspolitische Gesamtverantwortung des Bundestages zu gewährleisten, bedürfe es einer dauerhaften rechtlichen Absicherung der Vetoposition Deutschlands in den Organen des Europäischen Stabilitätsmechanismus, damit Entscheidungen mit potenziell erheblichen Konsequenzen für den Bundeshaushalt nicht gegen die Stimme der deutschen Organwalter gefasst werden könnten. Dies sei bislang nicht hinreichend gewährleistet, da jederzeit weitere Staaten dem Euro-Währungsgebiet und dem ESM-Vertrag beitreten könnten. Eine Vetoposition gegen einen solchen Beitritt habe Deutschland nicht. Verfassungskonform sei der ESM-Vertrag daher nur, wenn das Zustimmungsquorum bei künftigen Beitritten weiterer Mitglieder so erhöht werde, dass die Vetoposition der deutschen Vertreter in den Organen des Europäischen Stabilitätsmechanismus erhalten bleibe.

　ｅｅ）（憲法異議原告Ⅰ．の主張）連邦議会の予算に関する総括責任を確保するため、ドイツの欧州安定制度機関における拒否権の地位を継続的に法律上確保することが必要である。ドイツの連邦予算に場合によって重大な効果を生じさせる決議がドイツ代表が反対しても成立しないように、その確保が必要である。この点については現在、不備が残る。ユーロ地域および欧州安定制度条約にいつでも新規加盟が可能である。ドイツは新規加盟について拒否権を有しない。そのため、欧州安定制度条約が以下の条件の場

合のみ、合憲である。すなわち、将来に新規加盟がある場合、ドイツの欧州安定制度機関における拒否権の地位が維持されるように、過半数の要件を厳格化する場合である。

42

ff) Im Hinblick auf die Ausgabe von Kapitalanteilen zu einem vom Nennwert abweichenden Kurs nach Art. 8 Abs. 2 Satz 4 ESMV sei die Beteiligung des Parlaments nicht hinreichend bestimmt geregelt. Es bedürfe jedenfalls einer verfassungskonformen Interpretation des § 4 Abs. 1 ESMFinG dahingehend, dass ausnahmslos jeder Beschluss nach Art. 8 Abs. 2 Satz 4 ESMV dem Parlamentsvorbehalt unterliege.

ｆｆ）（憲法異議原告Ⅰ．の主張）欧州安定制度条約 8 条 2 項 4 文により、持分を額面価格と異なる相場で発行する場合、議会の参加が充分に確保されていない。最低限でも、以下の合憲解釈が必要である。すなわち、欧州安定制度条約 8 条 2 項 4 文の決議は、例外なく議会の承認を必要とする、との解釈である。

43

gg) Um die Anwendung der Stimmrechtsaussetzung nach Art. 4 Abs. 8 ESMV auf Deutschland auszuschließen, bedürfe es wirksamer haushalterischer Sicherungen. Die bisher erteilte Gewährleistungsermächtigung für das abrufbare Kapital sei schon deshalb unzureichend, weil es hier nicht um eine Gewährleistung, sondern um echte Zahlungspflichten gehe. Auch sei nicht ersichtlich, wie innerhalb der im Fall des Art. 9 Abs. 3 ESMV sehr kurzen Frist von sieben Tagen ein Nachtragshaushalt verabschiedet und verkündet werden könne. Zudem bedürfe es der Bildung risikoadäquater Rückstellungen, damit das zu überweisende Kapital auch tatsächlich jederzeit fristgerecht vorhanden sei. Die Bundesregierung müsse insofern durch ein eigenes aktives Risikomanagement hinreichende Vorsorge für Kapitalabrufe treffen und dürfe sich nicht auf das

Risikomanagement des Europäischen Stabilitätsmechanismus verlassen. Auf eine an die Bundesregierung gerichtete Anfrage des Beschwerdeführers zu I., wie eine rechtzeitige und vollständige Einzahlung sichergestellt werden solle, habe der Parlamentarische Staatssekretär im Bundesministerium der Finanzen mit Schreiben vom 11. Oktober 2012 ausgeführt, man gehe schon nicht davon aus, dass Kapitalabrufe überhaupt erforderlich würden; im Übrigen werde man etwaige haushaltsrechtliche Maßnahmen den jeweiligen Rahmenbedingungen wie der Höhe und dem Zeitpunkt des Kapitalabrufs anpassen. Damit treffe die Bundesregierung gerade keine Vorsorge für eine Einzahlung und verkenne die ausdrücklichen Vorgaben im Urteil des Senats vom 12. September 2012.

　ｇｇ）（憲法異議原告Ｉ．の主張）欧州安定制度条約4条8項による議決権凍結のドイツへの適用を排除するために、予算制作上の効果的な保障が必要である。今までは要請可能資本金について保証の授権であるが、不十分である。ここで問題となるのは保証ではなく、純粋な支払い義務であるからである。欧州安定制度条約9条3項の7日間しかない極めて短期間の間に、追加予算を成立させることは、不可能である。さらに、送金すべき資本金を実際にいつでも期限内に確保できるために、リスクに相当する程度の引当金が必要である。連邦政府はその点について自分で積極的なリスク管理を行い、資本金の要請について充分な準備をし、欧州安定制度のリスク管理に頼るべきでない。憲法異議原告Ｉ．は連邦政府に対し、期限内で完全の支払いをどのように確保する予定であるか、と質問した。この質問に対し、連邦大蔵大臣の議会次官が2012年10月11日の書面で以下のように返答した。最初から資本金の要請が必要となることがない、と予測される。その上、必要な予算制作は、資本金要請の金額および時点に合わせて行う予定である。この説明では、連邦政府が支払いの準備を全くし

ていない。本法廷の 2012 年 9 月 12 日の判決の要請も勘違いしている。

44

hh) Die im ESM-Finanzierungsgesetz geregelte Verlagerung von Entscheidungskompetenzen vom Plenum auf den Haushaltsausschuss verletze das Öffentlichkeitsprinzip als zentrales, von Art. 79 Abs. 3 GG erfasstes Element der repräsentativen Demokratie. Um die Entscheidungen der gewählten Vertreter kontrollieren, nachvollziehen und gegebenenfalls beeinflussen zu können, müssten die Wähler die Chance haben, auch den Prozess der parlamentarischen Willensbildung zu verfolgen. Das sei nur bei einer Befassung des Plenums gewährleistet. Vor diesem Hintergrund komme eine Delegation von Entscheidungskompetenzen an den Haushaltsausschuss nur insoweit in Betracht, als es um Entscheidungen administrativer Natur ohne Auswirkungen auf die haushaltspolitische Gesamtverantwortung gehe. Dies treffe jedenfalls auf die Fälle der § 5 Abs. 2 Nr. 2 und Nr. 3 ESMFinG nicht zu.

ｈｈ）（憲法異議原告Ｉ．の主張）安定制度金融法は、管轄を連邦議会の全会から予算委員会に移転しているが、憲法 79 条 3 項で保障されている民主主義の中心要素の一つである公開の原則を侵害している。選挙で選んだ代表の決議を監督し・理解し・場合によって影響を及ぼすためには、有権者は、議会内の意思形成の過程を把握する可能性が必要である。このことを前提とすると、予算に関する総括責任に影響がない事務的な判断が問題となる限りのみ、権限を予算委員会に移転できる。最低限でも安定制度金融法 5 条 2 項 2 号および 3 号の場合には、その前提が成立しない。

45

ii) Die Immunitätsregelung zugunsten der Mitglieder der ESM-Organe in Art. 35 Abs. 1 ESMV führe zu einer willkürlichen und damit im Hinblick auf Art. 3 Abs. 1 GG verfassungswidrigen Ungleichbehandlung. Art. 35 Abs. 1 ESMV übertrage den funktionalen Immunitätsschutz für Diplomaten und Organwalter internationaler Organisationen ohne ausreichende Rechtfertigung auf die ESM-Organe. Da insbesondere die Mitglieder des Gouverneursrats schon nicht unabhängig von der Regierung des jeweiligen Mitgliedstaates seien, gebe es auch keinen sachlichen Grund, sie von der Justiz ihrer Entsendestaaten freizustellen. Zumindest aber bedürfe es einer verfassungskonformen Interpretation dahingehend, dass die Immunität der deutschen Organmitglieder nicht über deren Ausscheiden aus dem Organ hinaus wirke.

ⅰⅰ）（憲法異議原告Ⅰ．の主張）欧州安定制度条約35条が定める欧州安定制度機関の構成員の外交特権は、恣意的で憲法3条1項を侵害する違憲な不平等扱いの原因となる。欧州安定条約35条1項は、外交官および国際組織機関の構成員の外交特権を欧州安定制度の機関に拡大しているが、その充分な正当な理由がない。常務理事会の構成員は、加盟国の政府との関係で独立でないため、自国の司法から特権を認める正当な理由がない。最低限でも、ドイツの機関構成員の特権が、当該構成員が構成員の地位を失った後まで及ばない合憲解釈が必要である。

46

jj) Nach Art. 3 Satz 1 und Art. 12 Abs. 1 Satz 1 ESMV, gestützt durch Art. 136 Abs. 3 AEUV, dürfe der Europäische Stabilitätsmechanismus eine Finanzhilfe ausdrücklich nur dann gewähren, wenn dies „zur Wahrung der Finanzstabilität des Euro-Währungsgebiets insgesamt" unabdingbar sei, wenn also eine Insolvenz des hilfesuchenden Mitgliedstaates „systemische" Auswirkungen hätte. Die im April 2013 beschlossene Stabilitätshilfe zugunsten der Republik Zypern habe jedoch gezeigt, dass diese Voraussetzung durch die ESM-Mitglieder und Unionsorgane konsensual so ausgelegt und angewendet werde, dass sie keine objektive Schranke für die Gewährung von Finanzhilfen darstelle und damit im Ergebnis obsolet sei. Nach allen bekannten Indikatoren sei die Annahme einer systemischen Relevanz Zyperns für das gesamte Euro-Währungsgebiet abwegig; der Nachweis sei auch nicht durch die dem zustimmenden Beschluss des Bundestages vom 18. April 2013 zugrunde gelegten Papiere der Europäischen Kommission und Europäischen Zentralbank geführt worden. Deren auf keinerlei nachvollziehbare Daten gestützte Argumentation laufe vielmehr darauf hinaus, dass die Zahlungsunfähigkeit eines einzelnen ESM-Mitglieds wegen möglicher psychologischer Folgewirkungen immer auch die Finanzstabilität des gesamten Euro-Währungsgebiets beeinträchtige. Damit verliere das einschränkend gemeinte Tatbestandsmerkmal der Unabdingbarkeit jeglichen Anwendungsbereich und werde durch eine allgemeine politische Maßgabe von Europäischer Kommission und Europäischer Zentralbank ersetzt, die sich einer juristischen Kontrolle entziehe. Art. 12 Abs. 1 Satz 1 ESMV erweise sich vor diesem Hintergrund als Blankettermächtigung, die einen verfassungsrechtlich unzulässigen Leistungsautomatismus begründe. Insofern bedürfe es einer verfassungskonformen Interpretation dahingehend, dass der Bundestag einer Stabilitätshilfe nur zustimmen dürfe, wenn die Voraussetzung der Unabdingbarkeit zur Wahrung der Finanzstabilität des gesamten Euro-Währungsgebiets durch konkretes und überprüfbares Zahlenmaterial über die Verflechtung der Finanzsysteme belegt sei.

jj)（憲法異議原告Ⅰ．の主張）欧州安定制度条約 3 条 1 文・12 条 1 項 1 文、ＥＵ運営条約 136 条 3 項により、欧州安定制度は金融援助を提供することは、明示的に「ユーロ地域全体」の金融安定のために不可欠である場合に限る。

すなわち、救済を求める加盟国の破綻が「制度的」な影響を及ぼす場合に限る。しかし、2013年4月にキプロスのために決定された安定援助の件で明らかになったように、欧州安定制度加盟国およびEUの機関は、相互の合意の基で、金融援助の提供のための客観的な制限でない形に解釈した。そのため、当該条件は、結果として無視されている。知られている指数のすべてから判断して、キプロスがユーロ地域全体に制度的な影響を及ぼすことはあり得ない。これらの報告書には何ら確認できるデータの根拠がないが、以下の議論を展開している。ある欧州安定制度の加盟国が支払い能力を失う場合、可能性として配慮すべき心理的な効果のため、常にユーロ地域全体の金融安定に支障を生じさせる、との議論である。その考えでは、制限の効果を有するはずの「不可欠」要件は、適用範囲を完全に失う。EU委員会および欧州中央銀行による一般的な政治判断になるが、当該政治判断に対する法的審査は不可能である。そのため、欧州安定制度条約12条1項1文は、白地授権であり、憲法上許されない給付の自動仕組みを成立させている。そのため、以下のような合憲解釈が必要である。連邦議会が安定援助政策を、以下の場合に限って承認できる。ユーロ領域全体の金融安定の維持のために不可欠であるとの条件について、金融制度の総合連携に関する具体的で審査が可能な指数により証明されている場合である。

47

kk) Nach § 4 Abs. 1 Nr. 1 und Nr. 2 ESMFinG in Verbindung mit Art. 13 Abs. 2 bis Abs. 4 ESMV sei für die Bewilligung von Finanzhilfen ein zweistufiges Zustimmungsverfahren vorgesehen: In einem ersten Schritt die Grundsatzentscheidung, in einem zweiten die Annahme einer konkreten Vereinbarung mit dem betroffenen ESM-Mitglied und die Zustimmung zum ausgehandelten Memorandum of Understanding (MoU). Wenn man wie bei der Beschlussfassung über die Stabilitätshilfen für Zypern diese - vertraglich vorgesehene - Zweistufigkeit umgehe, indem der

Grundsatzbeschluss erst nach der Aushandlung einer konkreten Vereinbarung mit dem betroffenen Mitgliedstaat sowie eines MoU gefasst und mit der Zustimmung zur konkreten Hilfsfazilität und zum MoU verbunden werde, könne der Bundestag über das „Ob" der Stabilitätshilfe nicht mehr frei entscheiden. Die in der Regel mit erheblichen Anstrengungen verbundene Aushandlung eines MoU schaffe in außenpolitischer Hinsicht vollendete Tatsachen und einen massiven, unausweichlichen Zustimmungsdruck. Die eigentlich vorrangig zu beantwortende Frage der Systemrelevanz eines ESM-Mitglieds trete so hinter den konkreten Finanzierungsbedarf und die Schuldentragfähigkeit des Mitgliedstaates vollkommen zurück. Das zur Begründung dieses Vorgehens vom Europäischen Stabilitätsmechanismus und der Bundesregierung vorgetragene Argument der Zeitersparnis laufe auf eine Vertragspraxis hinaus, die mit Wortlaut und Zweck des Vertrages nicht vereinbar sei. Auch insofern bedürfe es im Hinblick auf das Handeln der deutschen Staatsorgane einer verfassungskonformen Interpretation, die der völkerrechtlich verbindlichen Verfestigung einer solchen Vertragspraxis entgegenwirke.

　ｋｋ）（憲法異議原告Ⅰ．の主張）安定制度金融法4条1項1号2号および欧州安定制度条約13条2項から4項に従い、金融援助の提供に二段構えの承認手続きがある。第一の段階は原則的な判断であり、第二の段階は当該欧州安定制度加盟国との具体的な合意および交渉の結果である合意書面（Memorandum of Understanding）への承認である。キプロスのための安定援助に関する判断の場合のように、この条約で予定されている二段構えが迂回され、原則的判断が当該加盟国との具体的合意・合意書面の交渉の後に行う場合、連邦議会は安定援助の可否についてまはや自由に判断できない。本来なら優先的に判断すべき欧州安定制度加盟国の制度的重要性よりは、このやり方で加盟国

の具体的な金融要請・債務支払い能力が注目される。欧州安定制度および連邦政府は、「時間の節約」をこの手続きの理由として主張しているが、これでは条約の文言と目的と矛盾する条約実務が成立する。その点についても、ドイツの国家機関の行動が問題となる限り、国際法上に拘束力を有する当該条約実務の平常化を排除するための合憲解釈が必要である。

48

c) Der Vertrag über Stabilität, Koordinierung und Steuerung in der Wirtschafts- und Währungsunion („Fiskalpakt" - SKSV) verletze das Recht des Beschwerdeführers zu I. auf Teilhabe an der verfassunggebenden Gewalt des Volkes. Zwar berühre er die Haushaltsautonomie inhaltlich nicht intensiver als die im Grundgesetz bereits verankerten Regeln. Da der SKS-Vertrag nach völkerrechtlichen Regeln unkündbar sei, habe sich Deutschland aber verpflichtet, die einmal ins Grundgesetz aufgenommene Schuldenbremse nie wieder zu entfernen, wodurch diese der Sache nach in den unabänderlichen Verfassungskern aufgenommen werde.

c）（憲法異議原告Ⅰ．の主張）経済・通貨同盟における安定・強調・制作に関する条約（安定条約）は、憲法異議の原告Ⅰ．の国民の憲法制定権限への参加の権利を侵害する。確かに、憲法で既に制定されている規制より予算制定の自由を制限しない。しかし、安定条約は国際法上に解約できないため、ドイツは、一度憲法に取り入れた「債務ブレーク」を永久に維持する義務を引き受けた。この義務により、「債務ブレーク」が変更不能の憲法の根本原則に入れられたことになる。

49

d) Ebenso verletze die Bundesregierung das Recht des Beschwerdeführers zu I. auf Mitwirkung an der Legitimation der Staatsgewalt aus Art. 38 Abs. 1 Satz 1 GG durch ihr Unterlassen, auf eine Änderung des TARGET2-Systems sowie der Rahmenbedingungen für die Geldschöpfung hinzuwirken. Das TARGET2-System sei zwar ursprünglich in Übereinstimmung mit dem Primärrecht als transeuropäisches Zahlungsverkehrssystem entwickelt worden. Seit 2007 und verstärkt ab 2010 offenbare es jedoch erhebliche Konstruktionsfehler. dass das System es einem Mitgliedstaat des Euro-Währungsgebiets ermögliche, zulasten anderer Mitgliedstaaten „Überziehungskredite" in unbegrenzter Höhe aufzunehmen, um eigene Importe zu finanzieren. Dies begründe ein Risiko für den Bundeshaushalt in erheblicher Höhe, das allein aus dem Verhalten anderer Staaten resultiere und dem der Bundestag niemals zugestimmt habe. Es sei deshalb die Pflicht der Bundesregierung, alle erforderlichen Maßnahmen zu ergreifen, um die Verfassung und ihren identitätsprägenden Kern zu verteidigen. Zwar bestehe insoweit ein gewisser Einschätzungsspielraum; die völlige Untätigkeit der Bundesregierung sei jedoch verfassungswidrig.

　d）（憲法異議原告Ⅰ．の主張）同様に、連邦政府は、ＴＡＲＧＥＴ２制度の改正および金銭発行の法律条件の改正を目指さない不作為により、異議者の憲法３８条１項１文から生じる国家権力妥当化の権利を侵害する。確かに、ＴＡＲＧＥＴ２制度は最初にＥＵ一次法に従って前欧州の支払い処理制度として開発された。しかし、２００７以降、さらに２０１０年以降はより明確に、重大な設計瑕疵を露呈している。Das stetige Anwachsen der TARGET2-Salden zeige, TARGET2 の残高が継続的に増加していることにより、以下の点が明らかになっている。TARGET2制度は、あるユーロ領域加盟国が、自己の輸入の支払いのために、他の加盟国の負担となる一方的行動による消費貸借を成立させることを可能とする。この観点から、連邦予算に対する重大金額のリスクが発生する。当該リスクは専ら他国の行動から生じ、連邦議会は当該リスクを一切承認していない。そのため、連邦政府は、憲法およびその性質

を確定している基本原理を守るために必要な措置を採る義務がある。確かに、この点について連邦政府にある程度の判断裁量を認める必要があるが、連邦政府がこの問題を完全に無視している点は、違憲である。

50

2. Die Beschwerdeführer zu II. rügen, die angegriffenen Gesetze verletzten die politische Freiheit der Bürger und das in Art. 38 Abs. 1 GG verankerte Recht auf Demokratie.

2.憲法異議原告ⅠⅠ.は、本件立法は国民の政治的自由および憲法38条1項で保障されている民主主義への権利を侵害することを主張している。

51

a) Sie heben in ihrer Begründung insbesondere hervor, Art. 136 Abs. 3 AEUV vertiefe den Verbund des Euro-Währungsgebiets derart, dass ein Bundesstaat entstehe und Deutschlands Eigenstaatlichkeit und Souveränität weitgehend beendet werde. Dies verletze das Demokratie-, das Rechtsstaats- und das Sozialstaatsprinzip sowie die Garantie der Staatlichkeit und verstoße zugleich gegen Art. 146 GG, weil der weiteren Vertiefung der Europäischen Union als Bundesstaat der Weg geebnet werde, ohne dass sich das deutsche Volk durch Abstimmung über ein neues Verfassungsgesetz dafür habe entscheiden können.

a）理由で特に以下の点を強調している。ＥＵ運営条約１３６条３項は、ユーロ領域の結合を大幅に促進することにより、連邦国家が発生し、ドイツの独自の国家としての性質および主権がほとんど終了する。この点は民主主義、法治国家主義、社会国家主義および国家性の保障を侵害する。同時に憲法146条を侵害する。ＥＵが連邦国家に発展するところ、ドイツ国民が新たな憲法に関する投票により、その点について判断できなかった。

52

b) Der ESM-Vertrag verändere die Grundlagen der Europäischen Union. Das währungspolitische

Stabilitätsprinzip (Art. 88 Satz 2 GG), das im Sozialstaatsprinzip und in der Schuldenbremse nach Art. 109 Abs. 3 und Art. 115 Abs. 2 GG verankert sei, werde aufgehoben. Deutschland übernehme zeitlich unbegrenzt die Mithaftung für die Schulden fremder Staaten. Die Haushalte von Bund und Ländern würden durch den Kapitalanteil am Europäischen Stabilitätsmechanismus und das abrufbare Kapital auf unbegrenzte Zeit in erheblichem Ausmaß gebunden, die Finanz- und Haushaltshoheit dauerhaft eingeschränkt. Das Zustimmungsgesetz zum ESM-Vertrag verletze zudem das Sozialstaatsprinzip, das gemäß Art. 38 Abs. 1 in Verbindung mit Art. 2 Abs. 1 GG und Art. 1 Abs. 1 GG rügefähig sei, weil die Sozialleistungen und Pensions- und Rentenzahlungen für die Deutschen gekürzt werden müssten. Es verletze auch die Eigentumsgewährleistung aus Art. 14 Abs. 1 GG, weil die Verpflichtungen Deutschlands inflationäre Entwicklungen mit sich brächten. Der Europäische Stabilitätsmechanismus werde zu einem Finanzierungsinstitut mit Bankaufgaben und -befugnissen, unterliege jedoch keiner Bankenaufsicht. Der Ankauf von Staatsanleihen - unmittelbar oder mittelbar - sei mit Art. 123 AEUV und dem Stabilitätsprinzip der Währungsunion und des Grundgesetzes unvereinbar.

　b）（憲法異議原告ⅠⅠ．の主張）欧州安定制度条約は、EUの基礎を改正する。通貨政策上の安定主義（憲法88条2文）は放棄される。この安定主義は、社会国家主義および国際ブレーキ（憲法109条3項、115条2項）を根拠とする。ドイツは時間的制限なく他国の債務について共同責任を引き受ける。連邦および州の予算は、欧州安定制度の資本金持分および要請可能資本金により、時間的制限なく重大な拘束を受ける。金融および予算に関する主権は継続的に制限される。欧州安定制度条約への承認の法律はさらに社会国家主義を侵害する。憲法1条1項・2条1

項と関連して38条1項により、その点について憲法異議で主張できる。ドイツ人のための社会法上の給付および年金の支払いを削減する必要が生じるからである。ドイツの債務によりインフレが発生することになるため、この法律は憲法14条1項による所有権の保障も侵害している。欧州安定制度は銀行の課題および権限を有する金融機関であるが、銀行監督の対象でない。直接または関せたな国債購入は、EU運営条約123条および通貨同盟・憲法の安定主義と両立しない。

53

c) Auch das Zustimmungsgesetz zum SKS-Vertrag verletze das Grundrecht aller Bürger, über die Verfassung Deutschlands zu entscheiden. Art. 4 SKSV verpflichte Deutschland zu einer jährlichen Schuldenreduzierung von 26 Milliarden Euro. Das sei mit Art. 109 Abs. 3 GG, Art.115 Abs. 2 GG und Art. 143d Abs. 1 GG unvereinbar und verlange eine Änderung des Grundgesetzes, weil die Haushaltsverfassung nur den Defizitabbau, nicht aber den Abbau der Staatsverschuldung regle.

　c）（憲法異議原告ＩＩ．の主張）安定条約への承認の法律も、ドイツ憲法について決定するすべての国民の基本権を侵害する。安定条約4条は、ドイツに年間2兆6千億ユーロの国債残高削減の義務を負わせる。この点は、憲法109条3項、115条2項および143d条1項と両立しない。予算関連憲法規定は、毎年の財政悪事の削減についてのみ規定し、国債残高の削減については規定していないからである。

54

d) Ebenso beeinträchtigten die im sogenannten Sixpack enthaltenen Sekundärrechtsakte sowie der Euro-Plus-Pakt das Recht der Beschwerdeführer aus Art. 38 Abs. 1 GG, weil hierdurch eine Wirtschaftsregierung der Europäischen Union über alle Mitgliedstaaten des Euro-Währungsgebiets eingeführt werde. Die Bundesrepublik Deutschand werde so zum Gliedstaat eines Unionsbundesstaates und verliere zugleich ihre Haushalts-, Finanz- und Wirtschaftshoheit und damit ihre Souveränität insgesamt. Mit dem gegenwärtigen Grundgesetz sei dies nicht vereinbar; ein nach Art. 146 GG erforderliches neues Verfassungsgesetz sei nicht beschlossen.

d）（憲法異議原告ⅠⅠ．の主張）同様に、いわゆる６件立法に含まれているＥＵ二次立法行為およびユーロプラス協定も、憲法異議原告の憲法３８条１項から生じる権利を侵害する。この立法により、ＥＵがすべてのユーロ領域加盟国に対し、経済的に支配できるようになる。これでは、ドイツ連邦共和国が同盟連邦国家の州になる。予算・金融・経済についての主権を失うことにより、主権を全面的に失う。この点は現在の憲法と両立しない。憲法１４６条により必要な新しい憲法が制定されていない。

55

e) Schließlich verletze das Europäische System der Zentralbanken durch die Ausdehnung der Geldmenge, insbesondere durch die Gewährung von Darlehen zu niedrigen Zinsen bei Hereinnahme unzureichender Sicherheiten und durch das TARGET2-System, die Souveränität der Mitgliedstaaten und damit auch das Wahlrecht des Einzelnen. Gegebenenfalls sei die Bunderegierung zu verpflichten, vor dem Europäischen Gerichtshof Nichtigkeitsklage gegen diese Maßnahmen zu erheben.

e）（憲法異議原告ⅠⅠ．の主張）最後に、欧州中央銀行制度は通貨供給量の拡大により（特に不十分の担保を得て低い金利に消費貸借を与えることおよび TARGET2 制度により）加盟国の主権を侵害し、同時に個人の選挙権も侵害している。連邦政府は、場合によって、これらの措置に対してＥＵ裁判所で無効確認の訴えを提起する義務を負う。

56

3. Die Beschwerdeführer zu III. sehen sich in ihren Rechten aus Art. 38 Abs. 1 Satz 1 GG vor allem deshalb verletzt, weil mit den angegriffenen Gesetzen Strukturveränderungen im staatsorganisatorischen Gefüge ohne die erforderliche Beteiligung des Volkes beschlossen worden seien.

３．憲法異議原告ＩＩＩ.は、憲法３８条１項１文の権利を主に以下の理由で侵害されていることを主張している。本件立法により、国家統治の構成が必要である国民の参加なく決定されたからである。

57

a) Art. 136 Abs. 3 AEUV entwerte das für die Währungsunion grundlegende Bail-out-Verbot des Art. 125 AEUV. Dieser währungspolitische Richtungswechsel verändere den Charakter der Europäischen Union in Richtung auf eine Transfer- und Haftungsgemeinschaft ohne demokratische Legitimation. Art. 136 Abs. 3 AEUV hätte nicht im vereinfachten Änderungsverfahren nach Art. 48 Abs. 6 EUV beschlossen werden dürfen und stehe deshalb im Widerspruch zum Unionsrecht.

ａ）ＥＵ運営条約１３６条３項により、通貨同盟のために根本的であるＥＵ運営条約１２５条の救済の禁止の実効性を排除する。この通貨政策上の方針転換は、ＥＵの性質を民主的妥当性のない送金・責任共同体の方向に変更する。ＥＵ運営条約１３６条３項をＥＵ条約４８条６項に基づく簡易変更手続きで決定することが違法であるため、ＥＵ法を侵害する。

58

b) Mit der Zustimmung zum ESM-Vertrag entäußere sich der Deutsche Bundestag seiner Haushaltsautonomie. Der Vertrag setze einen Haftungsautomatismus in Gang, dem sich auch künftige Bundestage nicht entziehen könnten. Art. 3 ESMV ermächtige den Europäischen Stabilitätsmechanismus zu Maßnahmen mit unvorhersehbaren Konsequenzen für die Haushalte der Mitgliedstaaten. Nach Art. 21 ESMV dürfe der Europäische Stabilitätsmechanismus ohne Banklizenz sämtliche Bankgeschäfte tätigen und sich, ohne jegliche Mitwirkung der Parlamente, auch bei der Europäischen Zentralbank refinanzieren. Das Verbot des unmittelbaren Erwerbs von Schuldtiteln öffentlicher Einrichtungen durch die Europäische Zentralbank und das Verbot der Haftungsübernahme als entscheidende Eckpfeiler der Wirtschafts- und Währungsunion würden durch den ESM-Vertrag aus der Stabilitätsgemeinschaft herausgebrochen.

b) （憲法異議原告ＩＩＩ．の主張）ドイツ連邦議会が欧州安定制度条約を承認することにより、自分の予算に関する主権を失う。この条約は、将来の連邦議会も回避できない自動的な責任仕組みを発生させる。欧州安定制度条約３条は、欧州安定制度に、加盟国の予算に予測できない効果を生じさせる措置について授権する。欧州安定制度条約２１条により、欧州安定制度は銀行免許なくすべての銀行業務を行うことができる。さらに、議会の参加何らなく、欧州中央銀行を相手にも、証券を発行することができる。欧州中央銀行による公的機関発行証券の直接購入の禁止および責任引き受けの禁止が通貨同盟の決定的重要な柱であるが、欧州安定制度条約により、安定同盟から取り除かれる。

59
Im Rahmen des Europäischen Stabilitätsmechanismus gehe Deutschland verfassungsrechtlich nicht mehr vertretbare Risiken ein. Durch eine Ausgabe von Anteilen über dem Nennwert könne eine Hebelung der Mittel des Europäischen Stabilitätsmechanismus bewirkt werden. Art. 8 Abs. 5 ESMV begrenze die Haftung der Mitgliedstaaten nur unzureichend. Die Beschränkung des Haftungsrisikos werde durch die Bestimmungen über Kapitalabrufe und Verlustausgleich in Art. 9 und Art. 25 ESMV konterkariert; werde ein Mitgliedstaat zahlungsunfähig,

müssten die noch zahlungsfähigen Mitglieder erhöhte Zahlungen leisten, um den Ausfall auszugleichen. Mit Blick auf die Wahrscheinlichkeit solcher Ausfälle komme dem Gesetzgeber zwar ein Einschätzungsspielraum zu; aber auch unter Berücksichtigung dieses Einschätzungs- und Prognosespielraumes gehe der Gesetzgeber mit dem Europäischen Stabilitätsmechanismus ein nicht mehr zu verantwortendes Haftungsrisiko ein. Die problematischen verfassungsrechtlichen Wirkungen würden dadurch verstärkt, dass der ESM-Vertrag keine Kündigungsklausel enthalte. Dadurch sei der Vertrag faktisch unkündbar; die clausula rebus sic stantibus könne nur unter engen Voraussetzungen zur Anwendung kommen. Eine einseitige Beendigung durch eine der Vertragsparteien entlasse diese nicht ohne Weiteres aus ihren vertraglichen Pflichten; vielmehr sei von einer fortwirkenden Staatenverantwortlichkeit auszugehen.

（憲法異議原告ⅠⅠⅠ.の主張）欧州安定制度に伴いドイツが負うリスクは、認められる限度を超えている。欧州安定制度の持分を額面価格以上の価格で発行することにより、欧州安定制度の予算のテコ入り原理増幅を成立させることが可能である。欧州安定制度８条５項による加盟国の責任限定は不十分である。責任のリスクの限定は、資本金要請および損失補填に関する欧州安定制度９条および２５条の規定によって実効性を失っている。ある加盟国が支払い能力を失った場合、残る加盟国がその損失を補填するためにより高額な支払い義務を負う。このような展開の可能性について立法者に判断裁量が認められる。しかし、この判断および予測に関する裁量を配慮しても、立法者は欧州安定制度の導入により、受忍できる責任のリスクを超えている。欧州安定制度条約に解約に関する条文がないことは、憲法上の問題をさらに増加させる。そのため、条約を事実上、解約できない。状況大幅変更により条約からの脱退を認め

るには厳格な条件がある。ある加盟国が一方的に条約加盟を終了させることにより、簡単に条約上の義務がなくなることはない。むしろ、国家による責任が継続的に生じるように考えるべきである。

60

c) Über die Maßnahmen des Europäischen Stabilitätsmechanismus werde in einem nicht hinreichend demokratisch legitimierten Verfahren entschieden. Die nur mittelbare und zudem aufgrund völkerrechtlich begründeter Loyalitätspflichten zweifelhafte Verantwortlichkeit der deutschen Vertreter in den ESM-Organen gegenüber dem Parlament werde auch durch die - ihrerseits unvollkommen ausgestaltete - Beteiligung des Bundestages an Entscheidungen des Europäischen Stabilitätsmechanismus nicht ausgeglichen. So enthalte der Vertrag keine völkerrechtlich wirksamen Vorbehalte zugunsten des Bundestages. Die in §§ 4 ff. ESMFinG geregelten Beteiligungsrechte seien vor allem deshalb ungenügend, weil die konkrete Form der Beteiligung allein von der Einschätzung der Bundesregierung abhänge, ob im Einzelfall die haushaltspolitische Gesamtverantwortung betroffen sei. Letztlich müsse eine Festlegung der Beteiligungsrechte des Bundestages im Rahmen der Begleitgesetzgebung schon deshalb defizitär bleiben, weil angesichts der nahezu unbegrenzten Handlungsvollmachten des Europäischen Stabilitätsmechanismus eine abschließende Regelung solcher Beteiligungsrechte von vornherein ausgeschlossen erscheine. Die Immunitätsregeln des ESM-Vertrages trügen dazu bei, dass der Europäische Stabilitätsmechanismus weitgehend ohne demokratische Kontrolle agieren könne. Dies sei mit Art. 79 Abs. 3 GG unvereinbar.

ｃ）（憲法異議原告ＩＩＩ．の主張）欧州安定制度の運営について、民主主義的妥当性を欠ける手続きで判断する。

欧州安定制度機関のドイツ構成員には議会に対する間接的な責任しかない。これも国際法上の忠実義務により、疑問である。連邦議会が欧州安定制度の判断に参加することにより、その問題が解消されない。また、この参加の形成にも不備がある。条約に連邦議会のための国際法上に有効な留保がない。安定制度金融法４条以下に制定されている参加権は、特に以下の理由で不十分である。具体的な参加の形は、個別事例において予算に関する総括責任が問題となるか否かについての連邦政府の判断に従うからである。結局、国内立法により連邦議会の参加権を制定することは、完全な形ではできない。欧州安定制度のほとんど制限ない行動権限からみて、これらの参加権の包括的な規制が最初から無理である。欧州安定制度条約の外交特権に関する規定は、欧州安定制度がほとんど民主主義的監督なしに行動できる要因になる。このことは、憲法７９条３項と両立しない。

61
Dass die Beteiligungsrechte des Deutschen Bundestages nach dem ESM-Finanzierungsgesetz den Anforderungen des Demokratieprinzips nicht genügten und der Bundestag bei Entscheidungen über Finanzhilfen faktisch weitgehend auf den bloßen Nachvollzug der intergouvernemental getroffenen Entscheidungen beschränkt sei, belege auch das Verfahren über die Gewährung von Finanzhilfen für die Republik Zypern. Weder seien die materiellen Voraussetzungen des Art. 12 ESMV nachgewiesen noch sei das zweistufige Verfahren des Art. 13 ESMV beachtet worden. Vielmehr seien dem Deutschen Bundestag die Feststellungen der zuständigen Institutionen über die Voraussetzungen einer Finanzhilfe und der Beschluss über die Gewährung von Finanzhilfen sowie das Memorandum of Understanding zeitgleich vorgelegt worden. Unter den gegebenen politischen Bedingungen sei es dem Bundestag nicht möglich gewesen, auf der Einhaltung des zweistufigen

Verfahrens zu bestehen. Da mit einer Verfestigung dieser Vertragspraxis zu rechnen sei, werde der Bundestag dauerhaft auf die Rolle des Nachvollzugs beschränkt bleiben.

（憲法異議原告ⅠⅠⅠ.の主張）安定制度金融法に基づくドイツ連邦議会の参加権は民主主義の要請から足りないこと、連邦議会が事実上に金融援助に関する判断の場合に政府間で既に行われた決議の確認に限定されていることは、キプロスに金融援助を提供する件についての手続きからも明らかである。欧州安定制度条約 12 条の実体法上の条件について証明なかった。また欧州安定制度条約 13 条の二段構えの手続きも無視された。連邦議会に管轄を有する機関の金融援助の条件に関する説明と金融援助の提供および合意文書が同時に示された。現在の政治的な状況では、連邦議会が二段構えの手続きの遵守を確保できなかった。このような条約実務の継続が予測されるため、連邦議会は継続的に後手の判断に限定されることになる。

62

d) Der Abschluss des SKS-Vertrages verstoße mit Blick auf Verfahren wie Inhalte gegen demokratische Grundsätze der Europäischen Union. Dass der Vertrag angeblich keine wesentlichen Änderungen im Verhältnis zur bisherigen Rechtslage enthalte, sei ohne Belang. Denn die bestehenden Bindungen durch unionales Sekundärrecht sowie durch die im Grundgesetz bereits enthaltene „Schuldenbremse" erhielten durch ihre völkerrechtliche Festlegung im SKS-Vertrag eine neue rechtliche Qualität.

ｄ）（憲法異議原告ⅠⅠⅠ.の主張）安定条約の締結は手続きにおいても、内容においても、ＥＵの民主主義原則を侵害する。条約の内容が現行憲法と異なる規制を整備しないと言われているが、この点は、判断に影響しない。現行法にあるＥＵ二次法および憲法に既に含まれている「国債

ブレーク」は、安定条約で国際法上に固定することにより、あらたな法的性質を有するようになる。

63

Der SKS-Vertrag habe im Übrigen auch konstitutive Wirkungen. Aus Art. 3 Abs. 1 Buchstabe b Satz 1 SKSV folge mit dem 0,5%-Kriterium eine gegenüber dem Sekundärrecht strengere Vorgabe für das mittelfristige Haushaltsziel. Im Falle wesentlicher Abweichungen von diesem Ziel oder dem entsprechenden Anpassungspfad sei darüber hinaus ein automatischer Korrekturmechanismus vorgesehen, der auf von der Kommission vorgeschlagenen gemeinsamen Grundsätzen hinsichtlich Art, Umfang und Überwachung der zu ergreifenden Korrekturmaßnahmen beruhen müsse.

（憲法異議原告ⅠⅠⅠ.の主張）さらに、安定条約には改正法としての効果もある。安定条約3条1項b）1文からEU二次法と比べて中間予算目標についてより厳格な条件が導かれる（０．５％基準）。この目標からの重大な離脱の場合には、自動的な解決仕組みが予定されている。この仕組みは、EU委員会が提案する解決策の種類・程度・監督に関する共通の原則に従う必要がある。

64

Der SKS-Vertrag ändere zudem die materielle Verfassungslage, da das Grundgesetz keinen automatischen Korrekturmechanismus kenne. Zudem müssten die Staaten, deren Gesamtverschuldung das Maastricht-Kriterium von 60% des Bruttoinlandsproduktes (BIP) überschreite, den über 60% liegenden Anteil um durchschnittlich ein Zwanzigstel jährlich abbauen. Der eigentliche Verlust an haushaltspolitischer Souveränität liege jedoch darin, dass die Vertragsparteien, die sich in einem Defizitverfahren befinden, ihre „Haushalts- und Wirtschaftsprogramme" künftig von der Europäischen Union genehmigen lassen müssten. Dies bewirke einen nachhaltigen Verlust an Gestaltungsbefugnissen des Bundestages. Der SKS-Vertrag sei auf Dauer angelegt und nicht ohne Weiteres kündbar. Demokratie sei jedoch Herrschaft auf Zeit; der SKS-Vertrag installiere dagegen nicht nur dauerhaft angelegte Kontroll- und Sanktionsmechanismen, sondern enthalte auch eine irreversible Festlegung der Vertragsstaaten in ihrer Wirtschaftspolitik.

（憲法異議原告ⅠⅠⅠ.の主張）　安定条約はさらに憲法改正の意味も持つ。憲法には自動的な解決仕組みがないからである。また、国債残高がＧＤＰ６０％を超える加盟国は、６０％を超える部分を年間平均２０分の１削減しなければならない。過剰国債手続きの対象となる加盟国は、それ以来、「予算および経済政策」についてＥＵの承認を必要とする。この点は、明白に予算制作に関する主権を失うことになる。そのため、連邦議会の形成権限が継続的に失われることになる。安定条約は継続的に妥当するように設計され、解約は簡単にはできない。しかし、民主主義は一時的な支配を意味する。安定条約は継続的な監督・制裁仕組みを導入する上に、加盟国の経済政策についての不可逆的な固定も含む。

65

4. Auch die Beschwerdeführer zu IV. sehen sich durch die angegriffenen Gesetze in Art. 38 Abs. 1 Satz 1 GG in Verbindung mit Art. 20 Abs. 1 und Abs. 2, Art. 23 Abs. 1 und Abs. 2 sowie Art. 79 Abs. 3 GG verletzt. Es werde ein Finanzausgleichssystem geschaffen, mit dem die Schwelle zum europäischen Bundesstaat überschritten werde.

４．憲法異議原告ⅠⅤ．も本件立法により、憲法20条1項・2項、23条1項・2項、79条3項と関連して38条1項1文の権利が侵害されている、と主張する。欧州連峰国家への限度を超えることを意味とする金融調整制度が成立する。

66

a) Das Gesetz zur Änderung des Art. 136 AEUV verstoße schon deshalb gegen die Verfassung, weil der zugrunde liegende Beschluss des Europäischen Rates unwirksam sei: Der neue Art. 136 Abs. 3 AEUV hätte zum einen nicht im vereinfachten Vertragsänderungsverfahren beschlossen werden dürfen, da er in der Sache zu einer Ausdehnung der Kompetenzen der Europäischen Union führe; zum anderen widerspreche er materiell dem in Art. 125 Abs. 1 Satz 2 AEUV geregelten Bail-out-Verbot. Schließlich genüge er im Hinblick auf Zweck und Ausmaß der Ermächtigung auch nicht dem rechtsstaatlichen Bestimmtheitsgebot.

　a）（憲法異議原告Ⅳ．の主張）EU運営条約 136 条改正の法律は、その根拠となる欧州理事会決定が無効である点からしても既に違憲である。新EU運営条約 136 条 3 項は、実質的にEUの権限を拡大する効果があるため、簡易条約改正手続きで決定することは許されなかった。さらに、実体法法上、EU運営条約 125 条 1 項 2 文が規定する救済の禁止とも矛盾する。授権の目的および範囲について、法治国家条の明確性の要請をも満たしていない。

67
b) Mit dem völkerrechtlich irreversiblen ESM-Vertrag entäußere sich der Bundestag dauerhaft seiner Budgetverantwortung. Der Vertrag begründe - im Zusammenhang mit dem ESM-Finanzierungsgesetz - unübersehbare Zahlungspflichten gegenüber einer demokratisch nicht hinreichend legitimierten, kontrollierten und parlamentarisch rückgekoppelten Finanzeinrichtung. Der Bundestag habe im Hinblick auf einzelne Zahlungen keine Entscheidungsfreiheit mehr und könne sich insbesondere nicht mehr auf fehlende Haushaltsmittel berufen. Der ESM-Vertrag verstoße auch gegen das Verbot eines Haftungsautomatismus, da der Umfang von Zahlungspflichten nicht vollständig absehbar sei und

vom Bundestag nicht hinreichend verantwortet werden könne. So bestehe eine hohe Wahrscheinlichkeit für Nachschusspflichten nach Art. 25 Abs. 2 ESMV, da mehrere Mitgliedstaaten aller Voraussicht nach die von ihnen erwarteten Einzahlungen nicht leisten könnten. Auch sei nicht auszuschließen, dass der frei auf den Finanzmärkten agierende Europäische Stabilitätsmechanismus mit Spekulationen Verluste erwirtschaften werde, ohne dass der Bundestag in der Lage sei, dies zu beeinflussen. Zudem sei der Europäische Stabilitätsmechanismus als „freischwebende" Finanzorganisation auf intergouvernementaler Grundlage nicht ausreichend demokratisch legitimiert. Lediglich die Finanzminister als Mitglieder des Gouverneursrats verfügten über eine - wenn auch schwache - demokratische Legitimation. Bei Maßnahmen des Europäischen Stabilitätsmechanismus sei der Deutsche Bundestag auf den bloßen Nachvollzug von an anderer Stelle getroffenen Entscheidungen angewiesen. Angesichts dieses Legitimationsdefizits falle das Fehlen politischer oder fachlicher Kontrollinstrumente erschwerend ins Gewicht. Wie die Bundesregierung trotz der den Organmitgliedern des Europäischen Stabilitätsmechanismus auferlegten Schweigepflicht (Art. 34 ESMV) ihre Informationspflichten aus Art. 23 Abs. 2 GG erfüllen könne, sei nicht erkennbar.

b）（憲法異議原告ⅠV．の主張）国際法上に不可逆的である欧州安定制度条約により、連邦議会は継続的に、その予算についての責任を放棄している。この条約は、安定制度金融法と関連して、民主主義的妥当性・監督・議会との連結が不十分である金融機関に対し、予測できない支払い義務を成立させている。連邦議会は個別的な支払いについて判断の自由を有しない。特に、予算がないことを主張することができない。欧州安定制度は責任の自動的成立の禁止に違反する。支払い義務の範囲を予測できない。連邦

議会はその範囲について充分に責任を持つことができない。複数の加盟国が自分の負担分の支払いをできないことが予測されるため、欧州安定制度条約 25 条に基づく追加支払い義務が成立する可能性が大きい。金融市場で自由に行動できる欧州安定制度は、投機によって損失を出す可能性も否定できない。連邦議会はその点について、影響を及ぼすことができない。欧州安定精度はさらに、政府間合意を根拠とする「浮けている」金融機関であり、民主主義的妥当性が足りない。理事会の構成員である大蔵大臣のみが（弱いだが）民主主義的妥当性を有する。欧州安定制度の措置が問題となる場合、連邦議会は他の機関が既に行った決定の実施しかできない。この妥当性の欠如をみると、政治的・専門的な監督手段が欠けている点も、更に重大な問題である。欧州安定制度条約 34 条が欧州安定制度機関の構成員に守秘義務を負わせているが、連邦政府がこの点を考えて憲法 23 条 2 項から生じる報告義務をどのように履行できるかの点は、不明である。

68

c) Die Regeln zur Beteiligung des Bundestages in den §§ 3 bis 7 ESMFinG genügten nicht den verfassungsrechtlichen Anforderungen, da in zahlreichen, für die haushaltspolitische Gesamtverantwortung wichtigen Angelegenheiten lediglich der Haushaltsausschuss und nicht das Plenum mitwirke. Besonders gravierende Entscheidungen, etwa Beschlüsse über eine Erhöhung des Stammkapitals, bedürften darüber hinaus nicht nur einer einfachen, sondern im Hinblick auf Art. 23 Abs. 1 Satz 3 GG einer Zweidrittelmehrheit in Bundestag und Bundesrat.

ｃ）（憲法異議原告Ⅳ．の主張）安定制度金融法 3 条から 7 条までの連邦議会の参加に関する規定は、憲法上の要求を満たしていない。予算に関する総括責任のために重要の多くの案件について、全会ではなく予算委員会のみの参加とされているからである。資本金の増加に関する決議のような特に重要な決議について、憲法 23 条 1 項 3 文を

配慮して単純化本数ではなく、連邦議会および連邦参議院での三分の二の過半数を必要とする。

69

d) Durch den SKS-Vertrag werde die verfassungsgebende Gewalt des Volkes verletzt, an der teilzuhaben Art. 146 GG garantiere. Die Verpflichtung, die Schuldenbremse nicht mehr aus der Verfassung zu entfernen, ohne sie jedoch in die Ewigkeitsgarantie aufzunehmen, verletze die Verfassungsidentität des Grundgesetzes. Diese völkerrechtliche Bindung bei der Gestaltung der konstitutionellen Grundlagen des Staates bedeute einen Verlust der Kompetenz-Kompetenz. Die Gesetzgebungsverpflichtungen aus dem SKS-Vertrag reichten zudem deutlich über die grundgesetzlich geregelte Schuldenbremse hinaus: Eine gesamtstaatliche Verschuldungsgrenze, die Kommunen und Sozialversicherungsträger einbeziehe, ein „automatischer Korrekturmechanismus", die Rechte der „unabhängigen Institution" nach Art. 3 Abs. 2 SKSV und fehlende Übergangsfristen ührten - bei Einhaltung der völkerrechtlichen Verpflichtungen - zu deutlich schärferen Anforderungen, als sie die Schuldenbremse enthalte. Insoweit sei auch Art. 79 Abs. 1 GG nicht beachtet.

ｄ）（憲法異議原告Ⅳ．の主張）安定条約は、国民の憲法制定の権限を侵害する。その参加は憲法 146 条で保障されている。永久保障に取り入れないままに国債ブレークを憲法からもはや削除しない義務は、憲法の基本原則を侵害する。国家の憲法原則を制定する際の国際法上の拘束は、権限制定に関する権限の喪失を意味する。安定条約から生じる立法義務は、憲法上の国債ブレークを超える。地方自治体および社会保障機関も含む全国家的な債務限度額、自動的な問題解決仕組み、安定条約 3 条 2 項の「独立機関」の権限、経過機関の欠如は、ｆ 国際法上の義務を履行する場合に、国債ブレークと比べて明白により厳格な要求

を成立させる。その限り、憲法 79 条 1 項も侵害されている。

70
Die im Demokratieprinzip wurzelnde Haushaltsautonomie werde durch die Regelung des Art. 5 SKSV ausgehöhlt. Dort sei zwar nicht vorgesehen, dass die Kommission Haushaltspläne genehmigen müsse, wohl aber Haushalts- und Wirtschaftspartnerschaftsprogramme, die über einen längeren Zeitraum als eine Legislaturperiode liefen und geeignet seien, die Entscheidungsmöglichkeiten des Parlaments einzuschränken. Dies gehe über die geltenden sekundärrechtlichen Vorgaben und Sanktionsmöglichkeiten hinaus. Auch der automatische Korrekturmechanismus werde dazu führen, dass Vorgaben der Kommission die durch Art. 79 Abs. 3 GG in Verbindung mit Art. 20 GG geschützten Staatsstrukturprinzipien aushöhlten.

（憲法異議原告Ⅳ．の主張）安定条約 5 条は、民主主義を根拠とする予算に関する主権を空洞化している。確かに、この規定はＥＵ委員会の予算に関する承認を必要としない。しかし、議員任期二つ以上に妥当する予算・経済協力政策方針であり、議会の判断の自由を制限するものについては、承認が必要である。この点は、現行法のＥＵ二次立法および制裁の可能性を超えている。自動的解決仕組みも、ＥＵ委員会の命令が憲法 20 条と関連して憲法 79 条 3 項で保障されている統治の原則が空洞化する。

71
Schließlich verstoße die Irreversibilität der Verpflichtung gegen Art. 38 Abs. 1 Satz 1 in Verbindung mit Art. 20 und Art. 79 Abs. 3 GG. Nach allgemeinen Regeln des Völkerrechts könne der Vertrag nicht einseitig beendet werden.

（憲法異議原告Ⅳ．の主張）。さらに、義務の不可逆性も、憲法 20 条・79 条 3 項と関連して 38 条 1 項 1 文を

侵害する。国際法の一般原則に従い、条約から一方的に脱退することができない。

72

5. Der Beschwerdeführer zu V. macht, soweit er an seinen Anliegen festhält, geltend, die Einrichtung des Europäischen Stabilitätsmechanismus gefährde die haushaltspolitische Gesamtverantwortung des Bundestages. Zur Begründung trägt er unter anderem vor, dass ein Stimmrechtsverlust Deutschlands in den Organen des Europäischen Stabilitätsmechanismus drohe, da abrufbares Kapital unter Umständen nicht rechtzeitig bereitgestellt werden könne. Diese Gefahr könne weder durch einen Nachtragshaushalt noch durch einen Nothaushalt nach Art. 112 GG mit hinreichender Sicherheit abgewendet werden. Zudem könnten nicht nur wechselnde oder instabile Mehrheitsverhältnisse im Bundestag, sondern auch die Schuldenbremse aus Art. 115 GG einer kurzfristigen Bereitstellung von Kapital in erheblichem Umfang entgegenstehen. Im Hinblick auf das Risiko eines Kapitalabrufs müssten Bundesregierung und Bundestag eine tatsachenbasierte Analyse vornehmen und diese ihrer Haushaltsplanung zugrunde legen. Soweit die Bundesregierung demgegenüber darauf hinweise, die Vorhaltung von Kapital zur sicheren Vermeidung eines Stimmrechtsausschlusses sei mit dem Grundsatz der Wirtschaftlichkeit und Sparsamkeit nicht vereinbar, gehe die Wahrung der Verfassungsidentität dem vor. Hilfsweise sei zumindest sicherzustellen, dass beim Europäischen Stabilitätsmechanismus ein effektives und für den Bundestag jederzeit nachvollziehbares Risikomanagement eingerichtet werde, und dass der Jahresabschluss im Wesentlichen den Kriterien des Handelsgesetzbuches oder eines anderen anerkannten Rechnungslegungssystems entspreche.

5．憲法異議原告Ｖ．は、その申請を維持している限り、欧州安定制度の設置が予算に関する連邦議会の総括責任に支障を生じさせることを主張している。その理由としては、他の理由と並んで、欧州安定制度機関におけるドイツの議決権が凍結されるおそれがある、と主張する。要請可能資本金は場合によって期限内に整備できないからである。この危険は、追加予算によっても、緊急予算（憲法 112条）によっても充分に確実に排除できない。さらに、連邦議会における安定でない過半数状況のみならず、憲法 115条の国債ブレークも短期間で大金を用意することを困難とする場合がある。資本金余生のリスクについて、連邦政府および連邦議会は事実に基づく分析を行い、この分析を予算の計画の根拠としなければならない。連邦政府はその点について、議決権の凍結を回避する目的で資本を用意することは経済性・節約の原則と矛盾することを指摘している。しかし、憲法の基本原理を維持することは、経済性・節約の原則より優先する。予備的は最低限でも以下の点について確保する必要がある。欧州安定制度段階で実効的で連邦議会もいつでも検討できるリスク管理体制を整備すること、欧州安定制度の決算が概ねに商法その他の一般的に認められている会計基準を順守していることである。

73

Mit den Rechten des Beschwerdeführers aus Art. 38 Abs. 1 GG unvereinbar sei auch die Zuweisung verschiedener Entscheidungsbefugnisse an den Haushaltsausschuss durch § 5 Abs. 2 Satz 1 Nr. 1 bis Nr. 4 ESMFinG. Das durch Art. 40 Abs. 1 Satz 2 GG gewährleistete Selbstorganisationsrecht des Bundestages lasse eine Aufgabenverteilung durch ein zustimmungsbedürftiges Gesetz nicht zu, soweit die delegierten Kompetenzen, wie hier, zumindest mittelbare Haushaltsrelevanz aufwiesen.

（憲法異議原告Ｖ．の主張）安定制度金融法 5 条 2 項 1 文 1 号から 4 号により、一定の決定権限が予算委員会に移転されている点も、憲法異議原告Ｖ．の憲法 38 条から生

じる権利と両立しない。憲法 40 条 1 項 2 文で保障されている連邦議会の自己組織決定権は、本件のように委託される権限が最低限でも間接的に予算について重要である場合、同意を必要とする法律に基づいて課題の配分を可能とするものではない。

74

Der Beschwerdeführer zu V. bezweifelt außerdem die völkerrechtliche Wirksamkeit der aufgrund des Urteils vom 12. September 2012 abgegebenen Auslegungserklärungen zum Haftungsumfang der Mitgliedstaaten. Um die Wirksamkeit der Haftungsbegrenzung sicherzustellen, sei vielmehr – über die Auslegungserklärungen hinaus, deren Rechtsnatur und Wirkung unklar seien – eine allseitig ratifizierte Vertragsänderung zwingend.

憲法異議原告Ⅴ．はさらに、本法廷の 2012 年 9 月 12 日判決に従って行った加盟国の責任範囲に関する解釈宣言の国際法上の有効性について疑問を持っている。解釈宣言の法律上の性質および効果が不明であるため、責任の限定を保障するためには全加盟国が批准する条約変更が必要である。

75

6. Die Beschwerdeführer zu VI. rügen eine Verletzung ihrer Rechte aus Art. 38 Abs. 1 Satz 1 in Verbindung mit Art. 20 Abs. 1 und Abs. 2 GG sowie aus Art. 14 GG.

憲法異議原告ⅤⅠ．は、憲法 20 条 1 項・2 項と関連して憲法 38 条 1 項 1 文から生じる権利および憲法 14 条から生じる権利の侵害を主張している。

76

Die angegriffenen Rechtsakte verletzten nicht nur die normativen Grundlagen der Europäischen Wirtschafts- und Währungsunion, sondern auch und insbesondere die haushaltspolitische Gesamtverantwortung des Bundestages. Vor allem die Kapitalaufbringung des Europäischen Stabilitätsmechanismus sei ungenügend geregelt; realistischerweise müsse man von einer substantiellen Nachschusspflicht der finanzkräftigen Mitgliedstaaten ausgehen. Der Europäische Stabilitätsmechanismus begründe erhebliche finanzielle Risiken, die im Eintrittsfall nicht mehr refinanzierbar seien und in Kumulation mit den weiteren im Rahmen der Staatsschuldenkrise eingegangenen Verpflichtungen die Budgetautonomie des Bundestages weitgehend leerlaufen ließen. Zudem wirkten die mit den angegriffenen Rechtsakten übernommenen Risiken langfristig inflationsfördernd.

（憲法異議原告Ⅵ．の主張）本件法律は、欧州経済・通貨同盟の規範的基礎を侵害している。連邦議会の予算に関する総括責任も侵害している。特に欧州安定制度の資本金確保についての規制が不十分である。現実的に考えると、支払い能力のある加盟国が大幅に追加支払い義務を負うことになる。欧州安定制度により重大な金融リスクが発生する。このリスクが実現した場合、支払いに必要な予算を確保することは不可能である。国債危機の関連でドイツが引き受けた他の義務と合わせて、連邦議会の予算に関する主権がほとんど空転することになる。本件法的措置により引き受けたリスクは長期的に見てインフレを促進させる効果を有する。

77
Die Entscheidung des Bundestages über die Zypernhilfe und ihre Vorbereitung durch die Bundesregierung zeigten exemplarisch die Grenzen der verfassungsrechtlichen Einhegbarkeit des Europäischen Stabilitätsmechanismus auf. Die Bundesregierung habe gegenüber dem Bundestag im Hinblick auf den Finanzbedarf und die Schuldentragfähigkeit der Republik Zypern lediglich auf fragwürdige, nicht nachvollziehbar begründete und zudem widersprüchliche Einschätzungen der sogenannten „Troika" - eines jeglicher demokratischen Kontrolle entzogenen Gremiums - verwiesen, ohne diese Einschätzungen selbst überprüft zu haben. Der

Bundestag, dem die Vorlage mit insgesamt 26 Anlagen nur drei Tage vor der Beschlussfassung zugeleitet worden sei, habe seine haushaltspolitische Gesamtverantwortung daher nicht wahrnehmen können. Zudem habe er über die Gewährung einer Stabilitätshilfe und das ausgehandelte Memorandum of Understanding in einer einzigen Sitzung entschieden; die vom Senat angemahnte Konditionalität im Einzelfall drohe damit in der Praxis unterlaufen zu werden.

（憲法異議原告ⅤⅠ．の主張）連邦議会のキプロス援助に関する決定および連邦政府のその決定の準備を見ると、欧州安定制度を憲法で限定することに限界があることを、具体例で明らかにしている。連邦政府は連邦議会に対し、キプロスの金融需要および支払い能力の説明として、単に疑問であり、確認できる理由を欠け、その上に矛盾しているいわゆる「三機関」（Troika）の判断を参照しただけであった。これらの判断に対して連邦政府は自分で検討したことがない。「三機関」は、民主主義的関東くを一切受けない機関である。連邦議会には提案と 26 件の付属書が決定の三日前に提出されたので、予算に関する包括責任を行使することができなかった。連邦議会は安定援助の提供および交渉結果である合意文書について、一度の会議で決定した。本法廷が要求している具体事例における厳格な条件の要件は、実務で空転するおそれがある。

78

Der Verordnung (EU) Nr. 1176/2011 fehle eine primärrechtliche Emächtigung; zudem beeinträchtige sie in unzulässiger Weise die unantastbare Wirtschafts- und Haushaltskompetenz des Bundestages, indem sie eine europäische Wirtschaftsregierung einführe.

（憲法異議原告ⅤⅠ．の主張）ＥＵ規則 1176/2011 には一次法上の立法権限を欠けている。さらに、連邦議会の不可侵である経済・予算管轄を欧州経済政府を導入する形で侵害する。

79
7. Die Antragstellerin zu VII. sieht sich durch den Beschluss des Deutschen Bundestages über die angegriffenen Gesetze in ihren Rechten aus Art. 38 Abs. 1 Satz 2 GG und Art. 20 Abs. 1 und Abs. 2, Art. 23 Abs. 1 und Abs. 2 sowie Art. 79 Abs. 3 GG verletzt; der Deutsche Bundestag werde in seinem in Art. 23 Abs. 2 Satz 1 GG verankerten Recht auf Mitwirkung und Information in Angelegenheiten der Europäischen Union beeinträchtigt. Ihr Vortrag entspricht im Wesentlichen dem Vorbringen der Beschwerdeführer zu IV. (siehe oben Rn. 65).

　７．機関訴訟の原告ＶＩＩ．は、本件立法の連邦議会決定により、憲法38条1項2文、20条1項・2項、23条1項・2項および79条3項から生じる権利の侵害を主張する。ドイツ連邦議会の憲法23条2項1文で保障されているＥＵ案件に関する参加する権利、情報を受ける権利が侵害されている。機関訴訟の原告ＶＩＩ．の主張は、概ねに憲法異議原告ＩＶ．と同様である（上記６５項参照）。

80
Ergänzend trägt die Antragstellerin zu VII. unter anderem vor, durch die Beschlussfassung über die Änderung des Art. 136 AEUV im vereinfachten Verfahren sei das Beteiligungsrecht des Bundestages aus Art. 48 Abs. 2 Satz 2 EUV „ausgehebelt" worden.

　機関訴訟の原告ＶＩＩ．はさらに、ＥＵ運営条約136条の変更が簡易手続きに行われたことにより、ＥＵ条約48条2項2文から生じる連邦議会の参加権が迂回されたことを主張する。

81
Angesichts der Gesamtsumme der Gewährleistungen werde durch die Einrichtung des Europäischen Stabilitätsmechanismus die Haushaltsautonomie des Bundestages auf Jahre, vielleicht sogar Jahrzehnte hinaus praktisch aufgehoben. Dabei sei zu berücksichtigen, dass die Schuldenbremse des Art. 115

Abs. 2 GG es dem Bundestag ab 2016 verbiete, Haushaltsdefizite mittels Kreditaufnahme zu decken.

（機関訴訟の原告ⅤⅠⅠ.の主張）保証の総額を考えると、欧州安定制度の設置により、連邦議会の予算に関する主権が数年間、場合によっては数十年間の間に、事実上になくなる。その際、憲法115条2項の国債ブレークが2016年以降、予算の赤字を国債発行により処理することを禁止していることも、配慮しなければならない。

82

Im Hinblick auf die Maßnahmen des Europäischen Stabilitätsmechanismus gerate der Bundestag schon aufgrund der vertraglichen Konstruktionen in die Rolle des bloßen Nachvollzugs andernorts bereits getroffener Entscheidungen. Auch die im ESM-Finanzierungsgesetz geregelten Beteiligungsrechte genügten nicht den verfassungsrechtlichen Anforderungen. So werde der Haushaltsausschuss nach § 5 Abs. 3 ESMFinG etwa bei Kapitalabrufen nach Art. 9 Abs. 2 und Abs. 3 ESMV lediglich „beteiligt", habe aber kein Vetorecht; in Anbetracht der potentiellen Auswirkungen auf die Budgethoheit des Bundestages bedürfe es in diesen Fällen jedoch eines konstitutiven Plenarbeschlusses. Auch im Übrigen sicherten die §§ 3 bis 7 ESMFinG dem Bundestag keinen hinreichenden Einfluss auf einzelne Dispositionen und auf die Art und Weise des Umgangs mit bewilligten Finanzfazilitäten.

（機関訴訟の原告ⅤⅠⅠ.の主張）欧州安定制度の措置について、条約の基本設計からして既に連邦議会が単なる他のところで行われた決定を後で実施する役割になる。安定制度金融法が規定している参加権も、憲法上の要求を満たしていない。安定制度金融法5条3項によると、欧州安定制度条約9条2項・3項による資本金の要請の場合、予算委員会が単に「参加する」ことになり、拒否権を有しない。連邦議会の予算主権に及ぼす可能性がある影響を配慮すると、この場合でも全会による承認決定が必要である。

その他も、安定制度金融法の3条から7条までは、連邦議会の承認された金融枠に関する具体的な処分に関する充分な影響を確保していない。

83

Der SKS-Vertrag verstoße gegen die organschaftlichen Rechte der Antragstellerin zu VII. aus Art. 38 Abs. 1 Satz 2 GG, weil dem Bundestag - insbesondere aufgrund des automatischen Korrekturmechanismus bei Überschreiten der Kreditobergrenze - im Hinblick auf die Mittelverwendung seine haushaltspolitische Gesamtverantwortung entzogen werde.

（機関訴訟の原告ⅤⅠⅠ．の主張）安定条約は、機関訴訟の原告ⅤⅠⅠ．の憲法38条1項2文から生じる機関としての権利を侵害する。連邦議会は、特に国債限度額の超過で発動する自動的解決仕組みにより、税金の使い方に関する予算に関する総括責任を失うからである。

IV.

84

Der Bundespräsident, der Deutsche Bundestag, der Bundesrat, die Bundesregierung und alle Landesregierungen hatten Gelegenheit zur Äußerung. Im Rahmen der mündlichen Verhandlung wurden Vertreter des Europäischen Stabilitätsmechanismus, der Europäischen Zentralbank und der Deutschen Bundesbank als sachkundige Dritte (§ 27a BVerfGG) angehört.

連邦大統領・連邦参議院・連邦政府およびすべての州政府は、意見を述べる機会を得た。公判において、欧州安定制度・欧州中央銀行・ドイツ中央銀行の代表は専門家として意見を述べた。

85

1. Die Bundesregierung hält die Verfassungsbeschwerden sowie den Antrag im Organstreitverfahren für unzulässig, jedenfalls für unbegründet.

1．連邦政府は、憲法異議および機関訴訟の申請が不適法であると考えている。最低限でも、理由がない、と主張する。

86

a) Art. 136 Abs. 3 AEUV stelle lediglich klar, dass die Hilfsmaßnahmen des Europäischen Stabilitätsmechanismus wirtschaftspolitische Vorgänge seien, die in der Zuständigkeit der Mitgliedstaaten lägen. Art. 136 Abs. 3 AEUV richte die Währungsunion nicht neu aus. Bei Abfassung der primärrechtlichen Vorschriften über die Wirtschafts- und Währungsunion habe man die Situation nicht vorhergesehen oder jedenfalls nicht in dem erforderlichen Maße einbezogen, dass die Zahlungsunfähigkeit eines Mitgliedstaates die Finanzstabilität des Euro-Währungsraumes insgesamt und damit die gemeinsame Währung gefährden könne. Auch seien die an strenge Auflagen geknüpften Finanzhilfen als ultima ratio zur Sicherung der Finanzstabilität konzipiert und daher mit Art. 125 AEUV vereinbar.

（連邦政府の主張）ＥＵ運営条約 136 条 3 項は単に、欧州安定制度の救済措置が加盟国の管轄に属する経済政策である点を、確認している。ＥＵ運営条約 136 条 3 項は、通貨同盟の本質を変更するものではない。経済・通貨同盟に関する一次法の規定を制定する際、以下の状況を予測しなかった、または最低限でも充分に対象としなかった。加盟国の支払い能力喪失がユーロ領域全体の金融安定、これにより共通の通貨に危険を生じさせる可能性が生じる、という状況である。厳格な条件のもとに行う金融援助は金融安定の確保のための最終手段として設計されているため、ＥＵ運営条約 125 条と両立する。

87

b) Der Vertrag zur Einrichtung des Europäischen Stabilitätsmechanismus erfülle die Vorgaben, die das Bundesverfassungsgericht in seinen Urteilen vom 7. September 2011 und vom 28. Februar 2012 für die deutsche Beteiligung an internationalen Finanzhilfemechanismen aufgestellt habe. Der ESM-Vertrag bedeute nicht den Einstieg in eine Transferunion im Sinne eines europäischen Finanzausgleichssystems; die haushaltspolitische Gesamtverantwortung des Deutschen Bundestages bleibe gewahrt und die deutsche Haftung sei der Höhe nach begrenzt. Dies werde durch die völkerrechtlichen Erklärungen entsprechend dem Urteil des Senats vom 12. September 2012 auch klar und verbindlich zum Ausdruck gebracht. Der Verzicht auf ein Vetorecht für Deutschland in den Fällen des Kapitalabrufs nach Art. 9 Abs. 2 und Abs. 3 ESMV sei notwendig, weil er die Kreditwürdigkeit des Europäischen Stabilitätsmechanismus sichere. Die innerstaatliche Absicherung des abrufbaren Kapitals durch Gewährleistungsermächtigungen nach Art. 115 Abs. 1 GG entspreche der Staatspraxis.

　ｂ）（連邦政府の主張）欧州安定制度条約は、連邦憲法裁判所の2011年9月7日および2012年2月28日の判決でドイツが国債金融援助制度に参加するために示された条件を満たしている。欧州安定制度は欧州段階金融調整制度の意味の「送金同盟」への第一歩ではない。ドイツ連邦議会の予算に関する総括責任は維持されている。ドイツの責任の金額には限度がある。本法廷の2012年9月12日判決に従う国際法上の宣言により、明白で拘束力を有する形で、この点が表示されている。ドイツには欧州安定制度条約9条2項・3項に基づく資本金要請について拒否権がないが、その扱いは、欧州安定制度の信頼を確保するために必要である。要請可能資本金を国内で保証引き受け授権により確保することは、国家の実務に従っている。

88
c) Das ESM-Finanzierungsgesetz sei weder in formeller noch in materieller Hinsicht zu beanstanden.

　ｃ）（連邦政府の主張）安定制度金融法は、手続き法上も、実体法上も問題ない。

89

aa) Trotz des zunächst vorhandenen Platzhalters für die Beteiligungsrechte des Bundestages sei das ESM-Finanzierungsgesetz formell verfassungsgemäß, denn im Übrigen habe es sich um einen vollständigen Gesetzesentwurf gehandelt. Die spätere Einfügung der Beteiligungsregeln halte sich im Rahmen zulässiger Ergänzungen während des Gesetzgebungsverfahrens.

ａａ）（連邦政府の主張）確かに、連邦議会の参加権については最初の段階で空白であったが、完全な法案であった。参加に関する規定の追加は、立法手続きで許される補完の範囲内である。

90

bb) Auf der Grundlage des ESM-Finanzierungsgesetzes seien die Maßnahmen des Europäischen Stabilitätsmechanismus hinreichend demokratisch legitimiert.

ｂｂ）（連邦政府の主張）安定制度金融法を根拠として、欧州安定制度の措置には充分な民主主義的妥当性がある。

91

(1) Angesichts des nicht abschließenden Charakters von § 4 Abs. 1 ESMFinG, der alle Angelegenheiten des Europäischen Stabilitätsmechanismus mit Bedeutung für die haushaltspolitische Gesamtverantwortung des Bundestages unter den Zustimmungsvorbehalt des Plenums stelle, sei eine ausdrückliche Regelung der Bundestagsbeteiligung für die Ausgabe neuer Anteile am Stammkapital des Europäischen Stabilitätsmechanismus über dem Nennwert gemäß Art. 8 Abs. 2 Satz 4 ESMV nicht erforderlich. Entscheide der Gouverneursrat bei einer Erhöhung des Stammkapitals nach Art. 10 Abs. 1 Satz 2 ESMV, neue Anteile über dem Nennwert auszugeben, sei die Zustimmung des deutschen Vertreters nach vorheriger Zustimmung des Bundestages gemäß § 4 Abs. 1 Satz 2 Nr. 3 ESMFinG notwendig. Der Beschluss des

Gouverneursrats selbst würde zudem entsprechend Art. 10 Abs. 1 Satz 3 ESMV erst nach Abschluss der nationalen Notifikationsverfahren wirksam werden, was in Deutschland eine bundesgesetzliche Ermächtigung voraussetze (Art. 2 Abs. 1 ESMVertrG). Würden hingegen beim Beitritt eines neuen Mitglieds, wofür eine Zustimmung des Bundestages notwendig wäre, Anteile am Stammkapital zu einem höheren Wert als dem Nennwert ausgegeben, müsste der Gouverneursrat nach Art. 5 Abs. 6 lit. k, Art. 44 ESMV über den Beitritt entscheiden, woraufhin sich das genehmigte Stammkapital nach Art. 10 Abs. 3 ESMV automatisch erhöhen würde. Einer zusätzlichen Beteiligung des Bundestages bedürfe es jedoch nicht, weil durch den Beitritt keine Ausdehnung der bisherigen Haftung der „alten" ESM-Mitglieder eintreten könnte. Die Ausgabe der neuen Anteile zu einem höheren Ausgabekurs als dem Nennwert wäre, da die Anteile am bisherigen Stammkapital wertmäßig unverändert blieben, für Deutschland ohne Folgen. Somit fehle es in beiden Fällen an einer Berührung der haushaltspolitischen Gesamtverantwortung des Bundestages, die allein eine explizite Regelung erfordern könnte.

（１）（連邦政府の主張）安定制度融資法４条１項は、連邦議会の予算に関する包括責任に重要なすべての案件について全会の承認を必要とし、限定的な列挙でない。そのため、欧州安定制度条約８条２項４文により欧州安定制度の持分を額面価格以上の価格で発行する場合のための明示的な規定が不要である。理事会が欧州安定制度条約10条１項２文のよる資本金増加の際、新規持分を額面価格以上の価格で発行するように決定する場合、安定制度金融法４条１項２文３号により、連邦議会の事前承認を受けてのドイツ代表の承認が必要である。理事会の決定は欧州安定制度条約10条１項３分により、国内の報告鉄続きの終了後しか発効しない。ドイツでは、連邦法上の授権が必要と

なる（欧州安定制度条約承認法 2 条 1 項）。欧州安定制度に新加盟国が加盟する場合（連邦議会の承認を必要とするが）に持分を額面より高い価格で発行する場合もある。その場合には、理事会が欧州安定制度条約 5 条 6 項 k）・44 条に従って、かめいについて決定する。承認した場合、授権資本金が欧州安定制度条約 10 条 3 項により自動的に増加することになる。しかし、連邦議会の参加が不要である。加盟により、旧加盟国の今までの責任の拡大が成立する可能性がないからである。新持分を額面価格より高い価格で発行しても、ドイツには影響を及ぼさない。今までの資本金の持分の価値には変更がないからである。従って、両方の場合に明示的な規定を必要とする連邦議会の予算に関する総括責任への影響が欠けている。

92

(2) Besondere haushalterische Maßnahmen, um eine Anwendung von Art. 4 Abs. 8 ESMV auf Deutschland und einen Stimmrechtsentzug wegen fehlender oder nicht rechtzeitiger Erfüllung eines Kapitalabrufs zu vermeiden, wie dies vom Senat in der Entscheidung vom 12. September 2012 gefordert worden sei, seien nicht erforderlich.

（2）（連邦政府の主張）本法廷が 2012 年 9 月 12 日に要求したが、欧州安定制度条約 4 条 8 項をドイツに適用して、資本金要請について履行がない、または遅れているために、議決権が凍結されることに対する特別な予算政策措置が不要である。

93

(a) Um die Einzahlung des abrufbaren Kapitals sicherzustellen, sei es nicht erforderlich, von vornherein und auf Dauer Zugriff auf die Gesamtsumme von rund 168,3 Milliarden Euro zu haben. Vielmehr reiche ein Umfang aus, der aufgrund der potentiellen Verluste und Zahlungspflichten realistisch erscheine. Die Regelungen und Bedingungen für Kapitalabrufe („terms and conditions of capital calls for ESM" vom 9. Oktober

2012) verpflichteten den Europäischen Stabilitätsmechanismus zu einer umsichtigen „Risikopolitik", um die Risiken von Kapitalabrufen einzudämmen. Verluste des Europäischen Stabilitätsmechanismus könnten zudem nur dann entstehen, wenn Mitgliedstaaten empfangene Finanzhilfen nicht zurückzahlten. Aufgrund unterschiedlicher Rückzahlungstermine könne insoweit jedoch stets nur ein Teilbetrag betroffen sein. Es sei daher ausgeschlossen, dass ein Kapitalabruf den Betrag von 168,3 Milliarden Euro erreiche. Für unrealistische Szenarien müsse keine Vorsorge getroffen werden.

（ａ）（連邦政府の主張）要請可能資本金の支払いを確保するためには、最初から継続艇に１６８３億ユーロ全額の確保が必要でない。可能な損失および支払い義務からみて現実的である範囲で充分である。欧州安定制度の資本金要請に関する２０１２年１０月９日内部細則は、資本金要請のリスっくを制限するために、欧州安定制度に慎重な「リスク政策」に従う義務を負わせている。加盟国が受けた金融援助を返還しない場合のみに、欧州安定制度の損失が成立する。返還日が異なるために、常に部分的な金額だけが問題となる。そのため、資本金要請が１６８３億ユーロの金額に及ぶことは、不可能である。現実的でない場合のために準備する必要がない。

94
(b) Auch in Fällen kurzfristigerer Kapitalabrufe, die eine Berücksichtigung im Rahmen des regulären Haushaltsaufstellungsverfahrens entsprechend Art. 110 GG nicht zuließen, sei ein Stimmrechtsverlust nicht zu befürchten. In Betracht komme entweder ein Nachtragshaushalt oder die Bewilligung von über- beziehungsweise außerplanmäßigen Ausgaben im Sinne von Art. 112 GG und § 37 BHO. Der für eine solche Bewilligung nach Art. 112 GG erforderliche unvorhergesehene und unabweisbare Bedarf liege vor. Ein Kapitalabruf sei unvorhersehbar in diesem Sinne,

da er bei der regulären Haushaltsaufstellung weder dem Grunde noch der Höhe nach festgestanden habe. Wegen der bestehenden rechtlichen Verpflichtung zur Bedienung des Abrufes sei der Bedarf auch sachlich unabweisbar. Ein Nachtragshaushalt sei im Übrigen auch unter den Voraussetzungen des Notbewilligungsrechts nicht ausgeschlossen und könne bei entsprechender Bereitschaft aller Beteiligten in sehr kurzer Zeit beschlossen werden. Dabei sei auch zu berücksichtigen, dass die verfassungsrechtliche Pflicht, einen Stimmrechtsausschluss zu vermeiden, alle beteiligten Verfassungsorgane treffe. Gemeinsam seien sie rechtlich und tatsächlich in der Lage, einen Verlust der Stimmrechte auszuschließen.

（ｂ）（連邦政府の主張）短期間の資本金要請の場合には、憲法１１０条に基づく通常予算手続きでは間に合わないが、この場合でも、議決権の喪失の可能性がない。この場合においては追加予算または予算を超過する、または予算外の支出の許可で対応できる（憲法１１２条、連邦予算法３７条）。憲法１１２条がこの場合に必要とする予測できない不可欠な需要は、成立する。通常の予算手続きでは、その理由もその金額も確定されていないので、資本金要請は予測できない条件を満たす。要請に従う法的義務があるために、需要が不可欠でもある。追加予算はその場合でも不可能ではない。関係者にその意思があれば、極めて短期間の中でも成立させることが可能である。議決権の凍結を回避する憲法上の義務が関係するすべての憲法機関にある点も、配慮する必要がある。協力すれば、法律上も事実上も、議決権の喪失を回避することができる。

95
(c) Mit einem Kapitalabruf sei nicht jederzeit zu rechnen. Im Rahmen des Risikomanagements des Europäischen Stabilitätsmechanismus seien frühzeitige Informationen für mögliche Verluste und drohende Kapitalabrufe vorgesehen. Ein Kapitalabruf nach Art. 9 Abs. 3 ESMV mit einer Frist von sieben Tagen sei nur

zur Abwendung eines unmittelbaren Zahlungsausfalls vorgesehen; eine Wiederauffüllung des eingezahlten Kapitals könne hierüber nicht erfolgen. Auch im unwahrscheinlichen Fall des Ausfalls mehrerer Mitgliedstaaten sei keine Nachforderung in voller Höhe aller ausgefallenen Verpflichtungen anzunehmen, sondern nur nach Maßgabe der konkreten Fälligkeiten des Europäischen Stabilitätsmechanismus im Verhältnis zu Dritten.

c）（連邦政府の主張）資本金の要請は、いつでも予測されることはない。欧州安定制度のリスク管理体制において、可能な損失および資本金の要請について、早期に報告することになっている。欧州安定制度条約９条３項に基づく７日間の期限の資本金要請は、直前の支払い不能を回避するための場合にのみ予定されている。支払い済み資本金の補填は、この方法で行うことができない。最悪の場合である複数の加盟国の支払い能力がなくなるときも、すべての支払い能力なくなった分の請求が成立しない。欧州安定制度が第３者に具体的に義務を負う範囲内になる。

96

(d) Art. 9 Abs. 2 ESMV räume dem Direktorium für einen Kapitalabruf Ermessen („kann") ein, so dass ein Absinken des eingezahlten Kapitals abgewartet werden könne. Ein Kapitalabruf nach Art. 9 Abs. 3 ESMV sei äußerst unwahrscheinlich, da Verluste aus Operationen des Europäischen Stabilitätsmechanismus vorrangig aus dem Reservefonds und dem eingezahlten Kapital und erst an letzter Stelle aus dem genehmigten Kapital zu begleichen seien. Auch sei der Europäische Stabilitätsmechanismus zu einer umsichtigen „Risikopolitik" verpflichtet, die Kapitalabrufe nach Art. 9 Abs. 2 und Abs. 3 ESMV gerade verhindern solle. Umstrittene Zahlungspflichten auf Grundlage von Art. 9 Abs. 2 ESMV, gegebenenfalls in Verbindung mit Art. 25 Abs. 2 ESMV, könnten schließlich unter dem Vorbehalt der Rückforderung erfüllt werden.

d）（連邦政府の主張）欧州安定制度条約９条２項は、資本金要請について、常務理事会の裁量を認めている。そのため、払い込み済みの資本金の減少を待つことができる。欧州安定制度条約９条３項に基づく資本金要請の発生は、極めて可能性が少ない。欧州安定制度の運営から生じる損失は、第一予備金および払い込み済み資本金から解消し、最後の手段のみ授権資本権を使うからである。欧州安定制度は、慎重な「リスク政策」に関する義務を負う。これにより、欧州安定制度条約９条２項・３項による資本金の要請が回避されることがその目的である。欧州安定制度条約９条２項、場合によっては２５条２項の支払い義務に争いがある場合、返還請求を留保する形で履行することも可能である。

97
(e) Zwar lasse sich theoretisch nicht ausschließen, dass ein Abruf extrem hoher Beträge zu Schwierigkeiten bei der rechtzeitigen Beschaffung des erforderlichen Kapitals führen könne; allerdings dürfte dies dann auch für alle anderen Mitglieds g taaten gelten. Dass eine solche Situation von anderen Mitgliedstaaten in den Gremien des Europäischen Stabilitätsmechanismus ausgenutzt würde, sei politisch undenkbar und im Hinblick auf den völkerrechtlichen Grundsatz von Treu und Glauben (Art. 31 WVK) auch unzulässig. Insgesamt könne somit davon ausgegangen werden, dass ein Stimmrechtsverlust für die Bundesrepublik Deutschland nach Art. 4 Abs. 8 ESMV praktisch ausgeschlossen sei.

e）（連邦政府の主張）確かに、理論的に極めて高額の要請が必要な資金を確保するに問題を起こす可能性も排除できない。しかし、その場合には、すべての他の加盟国も同様になる。このような状況が他の加盟国により欧州安定制度機関において悪用されることは、政治的にみてあり得ない。国際法上の信義誠実の原則（ウィーン条約法条約３１条）からみて許されないことでもある。従って、ドイツ

連邦共和国の議決権が欧州安定制度条約4条8項に基づいて凍結されることは、実際上、ありえないことになる。

98

(3) Soweit sich die Verfassungsbeschwerden gegen die im ESM-Finanzierungsgesetz geregelte Aufgabenverteilung zwischen Plenum und Haushaltsausschuss richteten, seien sie unzulässig. Das Bundesverfassungsgericht habe dem Wähler aus Art. 38 Abs. 1 GG Schutz gegenüber einer Aushöhlung des Wahlrechts durch eine Entleerung der Verantwortung des Bundestages aufgrund von Kompetenzübertragungen auf inter- oder supranationale Einrichtungen eingeräumt, jedoch keine Prozessstandschaft für die Geltendmachung einzelner Abgeordnetenrechte aus Art. 38 Abs. 1 Satz 2 GG begründet.

（3）（連邦政府の主張）安定制度金融法の規定に基づく全会と予算委員会の管轄分配を対象とする限り、憲法異議は不適法である。連邦憲法裁判所は、管轄を国際機関に移転することにより、連邦議会の責任の空洞化による選挙権の空洞化に対し、有権者に憲法38条1項から保護を与えた。しかし、個別的な議員権限についての主張の権利を、国民に認めていない。

99

In jedem Fall seien diese Rügen unbegründet. Im Urteil vom 12. September 2012 habe das Bundesverfassungsgericht keine grundsätzlichen Bedenken gegen die Zuweisung weniger bedeutsamer Entscheidungen an den Haushaltsausschuss erkennen lassen, zumal § 5 Abs. 5 ESMFinG ein Revokationsrecht des Plenums vorsehe. Nach § 4 Abs. 1 Satz 1 ESMFinG müsse das Plenum ohnehin tätig werden, wenn die haushaltspolitische Gesamtverantwortung des Bundestages berührt werde. Somit sei sichergestellt, dass alle wesentlichen Entscheidungen durch das Plenum getroffen würden. Lediglich in der bereits vom

Bundesverfassungsgericht in der Entscheidung vom 28. Februar 2012 in dem Verfahren 2 BvE 8/11 anerkannten Ausnahmekonstellation eines vertraulich zu behandelnden Ankaufs von Staatsanleihen entfalle das Zugriffsrecht des Plenums und werde die Entscheidung gemäß § 6 ESMFinG einem Sondergremium aus Mitgliedern des Haushaltsausschusses übertragen.

（連邦政府の主張）どっちみち、これらの主張には理由がない。連邦憲法裁判所は２０１２年９月１２日の判決でより重要でない判断を予算委員会に移転することについて、原則として問題ないと判断した。安定制度融資法５条５項が全会の権限取り戻し権を制定している点からみても、なおさらそうである。安定制度金融法４条１項１文に従って、連邦議会の予算に関する総括責任が問題となる案件では、全会が常に行動しなければならない。従って、すべての重要な判断が全会によることが、充分に確保されている。既に連邦憲法裁判所の２０１２年２月２８日判決で既に記録番号 2 BvE 8/11 の手続きで認められている例外的な場合、すなわち国債の購入について秘密の扱いが必要である場合、全会の取り戻し権がなくなり、当該判断が安定制度金融法６条によって、予算委員会の構成員からなる特別委員会に委託する。

100

Unbedenklich sei auch die Regelung des § 5 Abs. 2 Satz 1 Nr. 2 ESMFinG, wonach Beschlüsse über den Abruf von Kapital nach Art. 9 Abs. 1 ESMV sowie über die Annahme oder wesentliche Änderung der Regelungen und Bedingungen für Kapitalabrufe nach Art. 9 Abs. 4 ESMV nur der vorherigen Zustimmung des Haushaltsausschusses bedürften, nicht aber der des Plenums. Durch die im ESM-Vertrag vorgesehenen Durchführungsbestimmungen würden keine Regelungen mit grundlegender haushaltspolitischer Bedeutung getroffen, weil die Durchführungsbestimmungen nicht über die

Regelungen und Vorgaben des ESM-Vertrages hinausgehen könnten. Soweit die Durchführungsbestimmungen neben rein technischen Regelungen auch inhaltliche Vorgaben enthielten, trage das ESM-Finanzierungsgesetz dem durch abgestufte Beteiligungsrechte Rechnung: Die in § 5 Abs. 2 ESMFinG angeführten Durchführungsbestimmungen bedürften der Zustimmung des Haushaltsausschusses, wohingegen für die in § 5 Abs. 3 ESMFinG angeführten sonstigen Bestimmungen ein Recht zur Stellungnahme und deren Berücksichtigung durch die Bundesregierung vorgesehen sei, soweit die („einfache") Haushaltsverantwortung des Parlaments berührt werde. Andernfalls sei eine bloße Unterrichtung ausreichend. Schließlich könne das Plenum nach § 5 Abs. 5 ESMFinG Angelegenheiten bei besonderem Interesse oder vermuteter Bedeutung für die haushaltspolitische Gesamtverantwortung jederzeit an sich ziehen. Selbst wenn Durchführungsbestimmungen die haushaltspolitische Gesamtverantwortung des Deutschen Bundestages berühren könnten, müsse dies nicht zur Verfassungswidrigkeit des § 5 Abs. 2 Satz 1 Nr. 2 ESMFinG führen, da eine verfassungskonforme Auslegung von § 4 Abs. 1 ESMFinG möglich und dann auch geboten wäre.

（連邦政府の主張）安定制度金融法5条2項1文2号の規定にも問題ない。この規定によると、欧州安定制度条約9条1項による資本金の要請に関する決定、欧州安定制度条約9条4項による資本金要請の規制および条件の重大な変更に関する決定は、予算委員会の事前承認を必要とするが、全会の事前承認を必要としなう。欧州安定制度条約が予定している実施細則により予算に関する原則的な政策意味を有しない。実施細則は欧州安定制度条約の規制および条件を超えることができないからである。細則に単なる技術的な規定と並んで内容的な側面もある限り、安定制度融資法はその点について段階的な参加権を用意することによ

り配慮している。安定制度金融法5条2項の実施細則については予算委員会の承認が必要だが、議会の「単純」予算責任が問題となる限り、安定制度5条3項がいうその他の規定については意見を述べる権利、連邦政府がその意見を配慮することが予定されている。そうでない場合、単なる報告で充分である。さらに、全会は安定制度金融法5条5項により、特に関心がある場合、または予算に関する総括責任に関係する案件の場合、それらの案件について判断の権限をいつでも全会に取り戻すことができる。仮に実施細則がドイツ連邦議会の予算に関する包括責任に関わる場合でも、安定制度金融法5条2項1文2号が必ずしも違憲となるとは限らない。安定制度金融法4条1項の合憲解釈は可能であり、その場合に必要である。

101
(4) Die Umsetzung der Entscheidungen des Bundestages im Direktorium des Europäischen Stabilitätsmechanismus sei durch die Entsendung eines Staatssekretärs sichergestellt. Dies sei mit dem ESM-Vertrag vereinbar, der die Unabhängigkeit der Direktoren nicht fordere. Es sei wirklichkeitsfremd anzunehmen, ein weisungsgebundener Beamter des Bundesministeriums der Finanzen werde einem Votum des Deutschen Bundestages zuwiderhandeln.

（4）（連邦政府の主張）欧州安定制度の常務理事会における連邦議会の決定の尊重は、議会次官を代表とすることにより確保されている。欧州安定制度条約は常務理事の独立を必要としないので、条約違反でない。大蔵省の上司命令に従う義務を有する公務員がドイツ連邦議会の決議と逆に行動することを想定することは、非現実的である。

102
(5) Die bloße Möglichkeit, dass sich der deutsche Anteil durch künftige Entwicklungen so verringern könnte, dass das Vetorecht Deutschlands entfiele, begründe jedenfalls derzeit keine Beeinträchtigungen des Demokratieprinzips. Es sei nicht absehbar, dass

insbesondere Großbritannien, dessen Beitritt die Beteiligungsverhältnisse wesentlich verschieben könnte, in absehbarer Zeit bereit sei, den Euro einzuführen. Die Einführung des Euro in einem weiteren Staat erfordere darüber hinaus ebenso eine einstimmige Entscheidung der Staaten der Eurozone wie die darauf folgende Aufnahme dieses Staates in den Europäischen Stabilitätsmechanismus.

（5）（連邦政府の主張）（連邦政府の主張）ドイツの持分が将来的な展開により、ドイツの拒否権がなくなるまで減少する単なる可能性は、現時点で民主主義の侵害にならない。イギリスが加盟する場合には持分の割合が大幅に変わるが、イギリスが近年でユーロを導入する用意があることは、予測できない。新たにある国家でユーロを導入することは、当該国家が欧州安定制度に加盟することも、ユーロ採用加盟国の全員一致の承認を必要とする。

103

d) In Bezug auf den SKS-Vertrag trägt die Bundesregierung im Wesentlichen vor, dass dieser die Vertragsparteien zu stärkerer Haushaltsdisziplin verpflichte und übermäßiger Verschuldung vorbeuge. Er schränke die Haushaltsautonomie nicht unzulässig ein, entspreche im Wesentlichen den grundgesetzlichen Vorgaben und konkretisiere bereits bestehende unionsrechtliche Bestimmungen. Der Vertrag beuge übermäßiger staatlicher Verschuldung vor und verhindere somit künftige weitere Staatsschuldenkrisen, womit er den ESM-Vertrag auch inhaltlich-funktional ergänze. Die Limitierung der staatlichen Kreditaufnahme sei mit dem Grundgesetz vereinbar, da es sich insoweit nur um die Vorgabe eines von den Mitgliedstaaten auszufüllenden Rahmens handele und dieser auch dem Vorbild der deutschen Schuldenbremse entspreche. Die nach Art. 3 Abs. 2 SKSV von der Europäischen Kommission abzugebenden Vorschläge zu gemeinsamen Grundsätzen für nationale

Korrekturmechanismen und zum Zeitrahmen für die Anpassung an das mittelfristige Haushaltsziel nach Art. 3 Abs. 1 Buchstabe b Satz 3 SKSV seien lediglich normkonkretisierende Auslegungshilfen. Die unbefristete Dauer des SKS-Vertrages begründe keinen Verfassungsverstoß. Auch ein unbefristet geschlossener Vertrag könne jederzeit von allen Vertragsparteien einvernehmlich aufgehoben werden. Bei grundlegenden Änderungen der Umstände könne außerdem die Lösung aus der vertraglichen Bindung auf der Grundlage von Art. 62 WVK erfolgen.

d）（連邦政府の主張）安定条約は、当事者により厳格な赤字回避の義務を負わせ、過剰国債発行を予防する。安定条約は予算主権を許されない程度に制限しない。憲法上の条件に合致する。既存のＥＵ法上の規制を具体化する。安定条約は過剰国債発行を予防することにより、将来の国債危機を回避する。欧州安定制度を内容と機能において補充する。国家による国債発行の制限は憲法と両立する。その点は、単に加盟国が具体化すべき枠組みであり、この枠組みもドイツの国債ブレーキの制度と同様である。安定条約３条２項に基づいてＥＵ委員会は国内解決仕組みおよび安定条約３条１項ｂ）３文の中期的予算目標への近づきに関する共同原則の提案は、単なる規定具体化の解釈援助にすぎない。安定条約が無期限であることは、憲法侵害の原因とならない。無期限に締結された条約でも、すべての当事者の同意により廃止することができる。事情の頻幅の変更により、さらにウェーん条約法条約６２条に基づき、条約の拘束力から解放される可能性もある。

104
2. Der Deutsche Bundestag hält die Verfassungsbeschwerden und den Antrag im Organstreitverfahren teilweise für unzulässig, insgesamt jedenfalls für unbegründet.

2．ドイツ連邦議会は、憲法異議および機関訴訟における申請が部分的に不適法である、と主張する。全体としては、どっちみち理由がない、と主張する。

105

a) Das Zustimmungsgesetz zu dem Beschluss des Europäischen Rates zur Änderung des Art. 136 AEUV beeinträchtige die im Grundgesetz verankerte Stellung des Deutschen Bundestages nicht. Art. 125 AEUV stehe nach einvernehmlicher Auffassung der Mitgliedstaaten einer freiwilligen Hilfegewährleistung nicht entgegen. Art. 136 Abs. 3 AEUV stelle diese Rechtslage insoweit nochmals klar und sei auch hinreichend bestimmt. Die Norm diene der Sicherung der Stabilität der Währungsunion und ermögliche gerade nicht die Einführung einer umfassenden Haftungs- und Transferunion, sondern ermächtige punktuell in einer hinreichend klar definierten Situation zu zeitlich begrenzten Hilfsaktionen; zudem sehe die Vorschrift eine strenge Konditionalität vor. Die Rüge, es hätte ein Konventverfahren durchgeführt werden müssen, gehe fehl, weil mit Art. 136 Abs. 3 AEUV keine Ausdehnung der Zuständigkeit der Europäischen Union bewirkt werde.

ａ）（連邦議会の主張）ＥＵ運営条約１３６条の変更に関する欧州理事会決定に関する承認立法は、憲法を根拠とする連邦議会の地位を妨害するものではない。加盟国の一致する見解により、ＥＵ運営条約１２５条は、任意的な救済を排除しない。ＥＵ運営条約１３６条３項はこの法律上の状況を再確認するものであり、充分に明確である。この規定は通貨同盟の安定を確保する。包括的な責任・送金同盟を導入することを可能とするものではない。充分に明白に定義されている状況において、部分的に時限的な救済措置を可能とするだけである。この規定はさらに厳格な条件を必要とする。通常条約改正手続きが必要であったとの主張は失当である。ＥＵ運営条約１３６条３項により、ＥＵの権限の拡大の効果が発生しないからである。

106

b) Seinen Vortrag im Verfahren über die einstweilige Anordnung (vgl. BVerfGE 132, 195 <227>, Rn. 73 ff.) ergänzend führt der Deutsche Bundestag mit Blick auf den Europäischen Stabilitätsmechanismus aus:

b）仮処分に関する手続きにおける主張（BverfGE 132, 195 <227> Rn. 73 ff.）を補充する形で、連邦議会は欧州安定制度について、以下のように述べている。

107

aa) Im Hinblick auf die Begleitgesetzgebung zum Europäischen Stabilitätsmechanismus, insbesondere im Hinblick auf die Zuständigkeitsverteilung zwischen Plenum und Haushaltsausschuss, seien die Verfassungsbeschwerden unzulässig. Eine Verletzung der Rechte der Beschwerdeführer aus Art. 38 Abs. 1 in Verbindung mit Art. 20 Abs. 1 und Abs. 2 und Art. 79 Abs. 3 GG komme in diesem Zusammenhang nicht in Betracht, so dass es ihnen an der Beschwerdebefugnis fehle. Die Kompetenzverteilung innerhalb des Bundestages sei, anders als die Übertragung von Hoheitsrechten auf die Europäische Union, nicht geeignet, den materiellen Gehalt des Wahlrechts aus Art. 38 Abs. 1 GG erodieren zu lassen. Durch die Organisation der parlamentsinternen Aufgabenverteilung sei die im Folgenden zu treffende Sachentscheidung dem demokratischen Prozess nicht entzogen. Es handele sich hierbei zudem um einen jederzeit reversiblen Vorgang, der lediglich den Binnenbereich eines Verfassungsorgans betreffe und daher nicht im Wege der Verfassungsbeschwerde angegriffen werden könne. Eine individuelle Beschwerdemöglichkeit gegen parlamentarische Zuständigkeitsverteilungen sei zudem unvereinbar mit dem Selbstorganisationsrecht des Deutschen Bundestages.

ａａ）（連邦議会の主張）欧州安定制度に関する国内立法について、特に全会と予算委員会の間の管轄配分が問題となる限り、憲法異議は不適法である。憲法異議の原告の憲法２０条１項・２項、７９条３項との関連での３８条１項から生じる権利の侵害はその限りあり得ない。そのため、憲法異議の原告に原告適格が欠けている。ＥＵへの主権の移転と異なり、連邦議会内部の管轄配分は、憲法３８条１項の選挙権の実体的内容を空洞化するものではない。議会内部の課題配分の組織により、この配分に基づいて行う決定が民主主義的手続きから排除されることはない。この過程はいつでも逆戻りさせることが可能であり、憲法機関の内部領域のみを対象とするものである。そのため、憲法異議で争うことができない。議会内の管轄配分に対する個人の憲法異議を認めることは、ドイツ連邦議会の内部組織に関する権限と両立しない。

108

bb) Jedenfalls seien die Anträge unbegründet.

ｂｂ）（連邦議会の主張）どっちみち、申請には理由がない。

109

（１）Die haushaltspolitische Gesamtverantwortung des Deutschen Bundestages werde durch die im ESM-Finanzierungsgesetz geregelte Zuständigkeitsverteilung zwischen Plenum und Haushaltsausschuss nicht beeinträchtigt. Für die wesentlichen Entscheidungen des Europäischen Stabilitätsmechanismus, insbesondere für Entscheidungen nach Art. 10 ESMV (Erhöhung des Stammkapitals) und Art. 13 Abs. 2 ESMV (Entscheidung über die Gewährung von Finanzhilfen), sei die Mitwirkung des Plenums vorgesehen. Nur für die weniger bedeutsamen, eher technischen Entscheidungen unterhalb der Wesentlichkeitsschwelle sei der Haushaltsausschuss zuständig. So habe dieser nach Art. 5 Abs. 2 Satz 1 Nr. 2 ESMFinG über Kapitalabrufe nach Art. 9 Abs. 1

ESMV zu befinden, da hierdurch keine neue Verpflichtung begründet, sondern nur eine bestehende Verpflichtung erfüllt werde, der das Plenum - durch das Zustimmungsgesetz zum ESM-Vertrag und die Absicherung aller Veränderungen des Kapitalbestandes - bereits zugestimmt habe. Gleiches gelte für die ebenfalls dem Haushaltsausschuss zugewiesene Entscheidung über die Regelungen und Bedingungen für Kapitalabrufe nach Art. 9 Abs. 4 ESMV (§ 5 Abs. 2 Satz 1 Nr. 2 ESMFinG). Diese „terms and conditions" gestalteten lediglich das interne Verfahren und die Zahlungsart, begründeten jedoch keine Verpflichtungen der Bundesrepublik Deutschland, die über die im ESM-Vertrag bereits geregelten Verpflichtungen hinausgingen. Mithin handele es sich bei den Entscheidungsbefugnissen des Haushaltsausschusses um rein operative Aufgaben.

（１）（連邦議会の主張）安定制度金融法が制定している全会と予算委員会の間の管轄配分は、ドイツ連邦議会の予算に関する総括的責任に支障を生じさせるものではない。欧州安定制度の重大判断、特に欧州安定条約１０条（資本金の増加）および１３条２項（金融援助の提供についての判断）については、全会の参加が予定されている。重要性の限度以下のより技術的な判断についてのみ、予算委員会の管轄になる。予算委員会は安定制度金融法５条２項１文２号により、欧州安定制度条約９条１項について判断する管轄を有する。この決定により、新たな義務が成立しない、単に既存の義務が履行されるに過ぎない。当該義務については、全会が既に承認した。欧州安定制度条約を承認する法律により、資本金残高の変更に関する確保によっての承認である。欧州安定制度９条４項による資本権要請の規制および条件に関する判断も予算委員会の管轄となるが、この点についても同様である。これらの「規制と条件」は単に内部的な手続きおよび支払い方法を問題としている。欧州安定制度に既に規定されている義務を超えるドイツ連邦

共和国の新たな義務を成立させるものではない。従って、予算委員会の決定権限は、単なる運営上の課題にすぎない。

110

Auch die verfassungsrechtlich anerkannte Rolle des Haushaltsausschusses in der Staatspraxis spreche für die Verfassungskonformität der Aufgabenverteilung des ESM-Finanzierungsgesetzes. Die Aufgaben des Haushaltsausschusses gingen - jedenfalls soweit er über qualifizierte Sperrvermerke nach § 22 Satz 3 und § 36 Satz 2 BHO entscheide - über eine bloß beratende und vorbereitende Funktion hinaus. Dieser Fall sei mit der hier vorliegenden Konstellation vergleichbar, da in beiden Fällen ein bereits durch das Plenum gebilligter Ausgabenposten durch den Ausschuss konkret zugewiesen, aber in seiner demokratisch legitimierten Bestimmung nicht mehr verändert werde.

（連邦議会の主張）国家実務における憲法上に認められている予算委員会の地位も、安定制度融資法による課題配分の合憲性の理由である。予算委員会の権限は、単なる諮問または準備の機能を超えている。連邦予算法２２条３文・３６条２文による特殊制限条件について判断する場合は、その点を証明している。この場合は本件で問題となる場合と比較できる。両方の場合、既に全会により承認された予算項目について、委員会が具体化するが、民主主義的妥当性を有する決定それ自体には変更がない。

111

Schließlich müsse dem Deutschen Bundestag bei der Ausgestaltung der eigenen Binnenorganisation und Verfahren ein weiter Entscheidungsspielraum verbleiben. Die hier in Rede stehenden Zustimmungstatbestände zum Gegenstand einer politischen Auseinandersetzung im Plenum zu machen, erscheine schwer denkbar, da diese letztlich auf die kontrollierte und effiziente Erreichung politisch bereits definierter Zwecke abzielten.

（連邦議会の主張）さらに、ドイツ連邦議会が自己の内部組織および手続きを制定する際、幅広い裁量を認める必要がある。ここで問題となる承認案件を全会で政治的な争いの対象とすることは考えにくい。これらの案件は、既に政治的に確定している目的を監督されている実効的な形で達成することを目的にしている。

112
Selbst wenn die Regelung des § 5 Abs. 2 Satz 1 ESMFinG mit der Verantwortung des Plenums für die Haushaltspolitik nicht vereinbar wäre, lasse das Gesetz zumindest eine verfassungskonforme Auslegung zu. Insofern könne man zum einen aus Art. 5 Abs. 5 ESMFinG eine Revokationspflicht des Plenums ableiten, zum anderen eine Zuständigkeit aus der Generalklausel des § 4 Abs. 1 Satz 1 ESMFinG. Entsprechendes gelte im Ergebnis auch für § 5 Abs. 2 Satz 1 Nr. 3 ESMFinG. Die dort genannten Entscheidungsbefugnisse seien Ausdruck einer funktionsgerechten Arbeitsteilung zwischen Plenum und Haushaltsausschuss und begründeten gerade keine neuen Verpflichtungen im Hinblick auf den Europäischen Stabilitätsmechanismus.

（連邦議会の主張）仮に安定制度融資法5条2項1文が予算政策に関する全会の責任と両立しない場合でも、法律はその限り合憲解釈を可能としている。この場合、第一安定制度金融法5条5項から全会に権限を取り戻す義務がある考えを導くことも可能だが、安定制度金融法4条1項1文の一般条項からの管轄を導くこともできる。安定制度金融法5条2項1文3号についても、結果として同様である。この規定が定める決定権限は、全会と予算委員会の間の機能的な協力を形成している。欧州安定制度に関連する新たな義務を成立させるものではない。

113
Insgesamt gehe die Beteiligung eines demokratisch legitimierten Organs an internen Prozeduren des Europäischen Stabilitätsmechanismus · wenn auch aus guten Gründen · über die Standards für die

parlamentarische Kontrolle öffentlicher Finanzinstitutionen im innerstaatlichen Bereich hinaus. Der Ausbau dieser Beteiligung des sachkundigen Haushaltsausschusses zu einem Plenarvorbehalt sei vor diesem Hintergrund nicht überzeugend.

（連邦議会の主張）欧州安定制度の内部手続きに関する民主主義的妥当性を有する機関の参加は、良い理由に基づいて、国内の公金融機関の議会監督の水準を超えている。専門的知識を有する予算委員会の参加を全会留保に拡大する考えは、その背景で説得力がない。

114

(2) Die Möglichkeit zur Ausgabe neuer Anteile am Kapital des Europäischen Stabilitätsmechanismus über dem Nennwert nach Art. 8 Abs. 2 Satz 4 ESMV sei mit Blick auf die haushaltspolitische Gesamtverantwortung unbedenklich, da hierdurch die institutionelle Stellung der Bundesrepublik Deutschland im Europäischen Stabilitätsmechanismus nicht verändert werde. Nach Art. 4 Abs. 7 ESMV richteten sich die Stimmrechte im Gouverneursrat und im Direktorium nach der Zahl - und nicht dem Wert - der Anteile, die jedem Vertragsstaat nach Anhang II des ESM-Vertrages zugeteilt worden seien. Die Ausgabe von Anteilen über dem Nennwert könne sich auf das Stimmgewicht daher nicht auswirken. Für die Ausgabe der Anteile des bereits genehmigten Stammkapitals in Höhe von 700 Milliarden Euro komme Art. 8 Abs. 2 Satz 4 ESMV seinem eindeutigen Wortlaut nach nicht in Betracht. Soweit die Vorschrift auf nachträglich genehmigtes Kapital anwendbar sei, falle nicht nur die Entscheidung über die Erhöhung des genehmigten Stammkapitals (Art. 10 Abs. 1 ESMV), sondern auch die Entscheidung über den Wert der neu geschaffenen Anteile in die Verantwortung des Plenums. Dabei handele es sich weder um eine untergeordnete Entscheidung noch sei ihr eine bereits im Plenum behandelte und

vorstrukturierte Entscheidung vorausgegangen. Folgerichtig seien Entscheidungen über den Ausgabekurs unter §4 Abs. 1 Satz 1 ESMFinG zu fassen, den der Gesetzgeber bewusst so offen formuliert habe, um Raum für notwendige Plenarentscheidungen zu schaffen. Entsprechendes müsse für die Ausgabe von Kapitalanteilen nach einem Beitritt weiterer ESM-Mitglieder gelten, da die Entscheidung über deren Ausgabekurs die relative Werthaltigkeit der deutschen Kapitalanteile und damit mittelbar die haushaltspolitische Gesamtverantwortung des Bundestages berühre.

（２）（連邦議会の主張）欧州安定制度条約 8 条 2 項 4 文により欧州安定制度の持分を額面価格以上の価格で発行する可能性は、予算に関する総括責任の観点で問題ない。ドイツ連邦共和国の欧州安定制度における議決権地位に変更を加えるものではないからである。欧州安定制度条約 4 条 7 項により、理事会および常務理事会における加盟国おの議決権は、欧州安定制度条約付属書ＩＩで各加盟国について指定されている持分の数を基準とする（持分の価値ではない）。従って、持分を額面価格以上の価格で発行しても、議決権には影響が生じない。既に授権済みである７０００億ユーロ分の資本金については、欧州安定制度条約 8 条 2 項 4 文は明白な文言からみて適用があり得ない。この規定がこれから授権される資本金について適用される限り、欧州安定制度条約 10 条 1 項に基づき授権資本金の増加に関する判断も、新規持分の価格に関する判断も全会の管轄にある。その場合は重要でない判断ではない、または既に全会で決議済み前提判断もない。従って、発行価格に関する判断については安定制度金融法 4 条 1 項 1 文が適用される。立法者は意識して必要の場合に全会の管轄になるように、この規定を広く規制した。欧州安定制度に新規加盟がある場合の持分の発効についても同様である。価格に関する判断は、ドイツの持分の相対的な価値に影響するので、

間接的に連邦議会の予算に関する総括的責任に関わるからである。

115

(3) Auch die Möglichkeit einer Suspendierung der Stimmrechte nach Art. 4 Abs. 8 ESMV sei verfassungsrechtlich unbedenklich. Zwar wären die rechtlichen Auswirkungen einer Suspendierung nicht unerheblich, da weitreichende Entscheidungen ohne Mitwirkung des betroffenen Staates getroffen werden könnten.

（３）（連邦議会の主張）欧州安定制度条約 4 条 8 項による議決権の凍結の可能性は、憲法上問題ない。確かに、凍結の法的効果が重大である。当該加盟国の参加なく重大な判断を行う可能性があるからである。

116

Art. 4 Abs. 8 ESMV diene freilich in erster Linie dem Schutz der Mitgliedstaaten, die ihren Verpflichtungen aus dem ESM-Vertrag nachkämen. Diese sollten vor überproportionalen Lasten geschützt werden. Insofern schütze Art. 4 Abs. 8 ESMV als Sanktionsmechanismus unter anderem gerade auch die haushaltspolitische Gesamtverantwortung des Bundestages.

（連邦議会の主張）しかし、欧州安定条約 4 条 8 項は、欧州安定制度条約から生じる義務を遵守する加盟国を保護することを最大の目的とする。これらの加盟国は、比例以上の負担から保護されるべきである。そのため、欧州安定制度条約 4 条 8 項の制裁仕組みは、逆に連邦議会の予算に関する総括責任を保護している。

117

Eine Anwendung des Art. 4 Abs. 8 ESMV auf die Bundesrepublik Deutschland sei zudem praktisch ausgeschlossen. Der verfassungsrechtliche und gesetzliche Rahmen ermögliche jederzeit die rechtzeitige Erfüllung der Verpflichtungen nach Art. 8, Art. 9 und Art. 10 ESMV oder die Rückzahlung von Finanzhilfen nach Art. 16 oder Art. 17 ESMV. Die zur

Aufbringung der eingezahlten Anteile im Sinne von Art. 8 Abs. 2 ESMV notwendigen Maßnahmen seien zum Teil bereits oder würden jedenfalls noch durchgeführt. Eine weitergehende haushaltsrechtliche Absicherung sei gegenwärtig nicht möglich und wäre auch untunlich. Eine (vorsorgliche) Einstellung von Mitteln in den Haushaltsplan, die Gegenstand eines Kapitalabrufs nach Art. 9 ESMV werden könnten, sei nach Art. 110 GG weder vorgesehen noch möglich. Die tatsächliche Unsicherheit, wann ein Mitgliedstaat in die Situation schwerwiegender Finanzierungsprobleme gerate oder wann ein auszugleichender Verlust des Europäischen Stabilitätsmechanismus eintrete, lasse eine antizipierende Haushaltsplanung nicht zu. Das Haushaltsverfassungsrecht ermögliche es jedoch, in der Situation eines Kapitalabrufs zügig zu reagieren, in erster Linie im Wege eines Nachtragshaushalts gemäß Art. 110 GG oder - wenn die Einzahlungsfrist hierfür nicht ausreichen sollte - auf der Grundlage einer Bewilligung durch den Bundesminister der Finanzen nach Art. 112 GG. Der Bundestag werde nach bewährter Praxis verständigt. Im Lichte dieser Rechtslage bedürfe es keiner besonderen haushalterischen Vorkehrungen, um die Anwendung von Art. 4 Abs. 8 ESMV auszuschließen. Das Liquiditätsmanagement der Finanzagentur GmbH sei zudem so umsichtig und leistungsfähig, dass die für Kapitaleinzahlungen notwendige Liquidität vorhanden sei oder jedenfalls fristgerecht beschafft werden könne.

（連邦議会の主張）ドイツ連邦共和国に対し欧州安定制度条約4条8項が適用されることは、事実上にほとんどあり得ない。憲法上および法律上の枠組みにより、欧州安定制度条約8条・9条・10条から生じる支払義務および安定援助の返済がいつでも期限内に可能であることを保障している。欧州安定制度条約8条2項の支払済み持分に関する支払に必要な措置は部分的に既に実施され、またはこれ

から実施される。それ以上の予算法上の保障は現時点で不可能であり、適切でもない。憲法 110 条の基準では、予備的に場合によって欧州安定制度条約 9 条の資本金要請の対象となる資金を予算案に取り入れることは、予定されていない、または不可能である。ある加盟国にいつ重大な金融問題が生じるのか、またはいつ欧州安定制度の補填すべき損失が発生するかに関する事実上の予測困難性は、それらの事情を予測する予算に関する計画を不可能とする。しかし、資本金要請が発生した場合、予算に関する憲法は、迅速な反応を可能とする。第一、憲法 110 条に基づく追加予算が可能である。支払の期限を配慮して追加予算で間に合わない場合、連邦大蔵大臣の憲法 112 条に基づく許可の可能性もある。連邦議会には、従来の実務に従い、報告する。この法律上の状況をみて、欧州安定制度条約 4 条 8 項の適用を排除するために特別な予算措置が不要である。Finanzagentur 有限会社[3]の現金支払い能力管理は慎重で優秀であるため、資本金の支払に必要な予算が既にある、または期限内に確保できる。

118

Selbst wenn zwischen Deutschland und einem anderen Vertragsstaat oder dem Europäischen Stabilitätsmechanismus Streit über das Vorliegen der Voraussetzungen eines Stimmrechtsentzugs nach Art. 4 Abs. 8 ESMV entstünde, wäre die haushaltspolitische Gesamtverantwortung des Deutschen Bundestages nicht gefährdet. Bei Streitigkeiten über die Auslegung oder Anwendung des ESM-Vertrages sei zunächst eine Entscheidung des Direktoriums herbeizuführen (Art. 37 Abs. 1 ESMV). Aufgrund der Vetoposition des deutschen Direktors könne die Feststellung einer Vertragsverletzung durch das Direktorium verhindert werden. Im Rahmen einer Streitbeilegung im Gouverneursrat nach Art. 37 Abs. 2 ESMV bedürfe es

---

[3] ドイツ連邦共和国の国債発行を実施・管理するために委託されている法人。

im Hinblick auf Art. 37 Abs. 2 Satz 2 ESMV der Herbeiführung einer politisch-diplomatischen Lösung.

（連邦議会の主張）仮にドイツと他の加盟国の間、または欧州安定制度との関係で欧州安定制度4条8項に基づく議決権凍結に関する紛争が発生しても、ドイツ連邦議会の予算に関する包括的責任に支障が生じるおそれがない。欧州安定制度の解釈または運営について紛争が生じる場合、先に常務理事会の判断を受けることになる（欧州安定制度条約37条1項）。常務理事会のドイツ代表は拒否権を有するため、常務理事会の条約侵害確認を阻止できる。常務理事会で欧州安定制度37条2項により紛争を解決する際、欧州安定制度条約37条2項2文からみても、政治的・外交的な解決が必要となる。

119
c) Die Vorgaben des SKS-Vertrages stellten keine Verkürzung der parlamentarischen Budgethoheit dar, sondern dienten der Begrenzung des deutschen Haftungsrisikos. Der Vertrag begründe keine unmittelbaren Rechtswirkungen für die Haushalte der Mitgliedstaaten; solche entstünden nur mittelbar über die Sanktionen. Ein Haushaltsgesetz, das gegen den SKS-Vertrag verstoße, verliere nicht seine Rechtswirksamkeit.

ｃ）（連邦議会の主張）安定条約の要求は、ドイツの予算主権を制限するものではない。ドイツの責任のリスクを制限するものである。安定条約は加盟国の予算に直接法的効果を及ぼすものではない。これらの法的効果は、制裁を通じて間接的にしか生じない。予算案法が仮に安定条約を侵害しても、無効にならない。

120
Wegen der föderalen Gliederung der Bundesrepublik Deutschland weise der Vertrag gegenüber der Schuldenbremse im Grundgesetz Unterschiede auf, die allerdings nicht zu einem davon wesentlich

abweichenden Regelungskonzept führten. Verpflichtet sei der Gesamtstaat, also Bund, Länder und Gemeinden sowie alle weiteren öffentlichen Haushalte. Sanktionen der EU-Organe könnten sich ausschließlich an den Bund richten; für einen Durchgriff auf Länder oder Gemeinden sei kein Raum. Den im Grundgesetz vorgesehenen Pfad der Entschuldung definiere Art. 143d Abs. 1 GG, während der SKS-Vertrag ihn der Europäischen Kommission zur Konkretisierung überlasse. Es sei zwar nicht sicher, dass die Europäische Kommission im Ergebnis zu einem identischen Entschuldungspfad kommen werde, wie ihn das Grundgesetz vorsehe; sie sei allerdings verpflichtet, auf länderspezifische Risiken Rücksicht zu nehmen und dürfe sich insoweit an der Rechtslage des jeweiligen Mitgliedstaates orientieren.

（連邦議会の主張）ドイツが連邦と州の構成であるため、安定条約は憲法の国債ブレーキと異なる側面がある。しかし、根本的に異なる規制設計ではない。国家全体が義務を負う、すなわち連邦・州・地方自治体およびその他のすべての公の予算主体である。ＥＵ機関の制裁は専ら連邦に対して可能である。州または地方自治体に及ぶことはできない。憲法では、143ｄ１項により国債削減方法が規定されているが、安定条約は、ＥＵ委員会に具体化を委ねている。確かに、ＥＵ委員会が憲法と同様の国債削減方法を採用するとは限らない。しかし、ＥＵ委員会は加盟国特殊のリスクを配慮する義務を負うので、加盟国の国内法を配慮することになると思われる。

121

Die inhaltlichen Vorgaben des SKS-Vertrages brächten kaum Zuwachs an materiellen Bindungen. Die Mitgliedstaaten übernähmen die Verpflichtungen aus eigenem Antrieb und würden zur Teilnahme nicht - auch nicht faktisch - gezwungen. Der Vertrag veranlasse die autonome Durchsetzung vertraglich eingegangener Selbstverpflichtungen und decke sich mit bereits bestehenden unionsrechtlichen Vorgaben. Zwar bedeute Art. 7 SKSV mit seiner „umgekehrten" qualifizierten Mehrheitsregel eine Neuerung, die jedoch ohne verfassungsrechtliche Relevanz für die Budgethoheit der nationalen Parlamente bleibe; die Vereinbarung eines bestimmten Abstimmungsverhaltens modifiziere das Defizitverfahren inhaltlich nicht. Es finde auch keine Übertragung von materiellen Definitionskompetenzen auf andere Hoheitsträger statt. Dem Gerichtshof sei in Art. 8 SKSV lediglich in Bezug auf die Einhaltung von Art. 3 Abs. 2 SKSV die Kompetenz eingeräumt, über Klagen der Vertragsparteien zu entscheiden und im Fall eines Verstoßes gegen eine Vertragspartei ein Zwangsgeld zu verhängen. Zwar enthalte der Vertrag keine ausdrückliche Klausel zu seiner Beendigung oder Kündigung; doch schließe dies die Anwendung der allgemeinen Kündigungsregeln des Völkerrechts nicht aus.

　（連邦議会の主張）安定条約の内容的要求は、実態法上の拘束の追加をほとんど成立させない。加盟国はこれらの義務を任意的に引き受けている。加盟について事実上も強制されることはない。安定条約は、条約上の自己拘束の自律的な実施を内容とする。既存のEU法上の条件と同様である。確かに、安定条約7条の「逆」特殊過半数規定が新しい発想である。しかし、国内議会の予算に関する主権には憲法上の影響を生じさせるものではない。ある投票行動について合意が成立しても、過剰国債残高手続きの内容が変わらない。実体的な定義管轄が他の主権主体に移転されることもない。安定条約8条は、EU裁判所に単に安定条約3条2項について、当事者の訴えについて判断し、違反の場合に強制金処分を行う権限を与えている。確かに、安定条約には終了または脱退に関する明示的な規定がない。しかし、このことは国際法の脱退に関する一般原則を排除しない。

B.

I.
122

Die Verfassungsbeschwerden sind zulässig, soweit die Beschwerdeführer rügen, dass durch das Gesetz zu dem Beschluss des Europäischen Rates vom 25. März 2011 zur Änderung des Art. 136 des Vertrages über die Arbeitsweise der Europäischen Union hinsichtlich eines Stabilitätsmechanismus für die Mitgliedstaaten, deren Währung der Euro ist, das Gesetz zu dem Vertrag vom 2. Februar 2012 zur Einrichtung des Europäischen Stabilitätsmechanismus, das Gesetz zur finanziellen Beteiligung am Europäischen Stabilitätsmechanismus und das Gesetz zu dem Vertrag vom 2. März 2012 über Stabilität, Koordinierung und Steuerung in der Wirtschafts- und Währungsunion sowie durch unzureichende haushalterische Vorsorge für den Fall von Kapitalabrufen unkalkulierbare Risiken eingegangen und demokratische Entscheidungsprozesse auf die supranationale oder intergouvernementale Ebene verlagert würden, so dass eine Wahrnehmung der haushaltspolitischen Gesamtverantwortung durch den Bundestag nicht länger möglich sei. Sie legen hinreichend substantiiert dar, dass die Haushaltsautonomie des Bundestages beeinträchtigt werde und sie in ihren Rechten aus Art. 38 Abs. 1 Satz 1, Art. 20 Abs. 1 und Abs. 2 in Verbindung mit Art. 79 Abs. 3 GG verletzt seien (vgl.BVerfGE 132, 195 <234>, Rn. 91; zur Zulässigkeit und zu den Anforderungen an die Substantiierung dieser Rüge vgl. BVerfGE 129, 124 <167 ff.>).

憲法異議は、原告の以下の主張が問題となる限り適法である。ユーロを採用した加盟国のための安定制度に関する欧州理事会2011年3月25日決議に関する法律、欧州安定制度を設置するための2012年2月2日法律、欧州安定制度に金融参加するための法律、経済・通貨同盟における安定・調和・政策に関する2012年3月2日条約に関する

法律、資本金要請の場合に関する不十分な予算上の準備により、予測できないリスクが発生し、民主主義的な判断手続きが国際段階に移転し、その結果として連邦議会が予算に関する包括的責任をもはや持つことができない、との主張である。充分に充実した理由を述べて、連邦議会の予算主権に支障が生じること、憲法異議の原告の 38 条 1 項 1 文、20 条 1 項・2 項（79 条 3 項と関連して）から生じる権利が侵害されていることを説明している。（BverfGE 132, 195 <234>, Rn. 91 参照；この主張の適法性およびその理由の充実に関する要求については BverfGE 129, 124 <167 ff.>参照）。

II.
123
Im Übrigen sind die Verfassungsbeschwerden unzulässig. Das gilt zum einen, soweit sie unter Berufung auf Art. 38 Abs. 1 Satz 1 GG die formelle Verfassungswidrigkeit des ESM-Finanzierungsgesetzes, die funktionale Zuständigkeitsverteilung zwischen Plenum, Ausschüssen und sonstigen Untergliederungen des Bundestages sowie das fehlende Erfordernis einer Zwei-Drittel-Mehrheit rügen, und zum anderen für die gegen die unter B.I. genannten Gesetze erhobenen Grundrechtsrügen (1.). Unzulässig sind die Verfassungsbeschwerden ferner, soweit sich die Beschwerdeführer zu I. und zu II. gegen Handlungen oder Unterlassungen im Zusammenhang mit dem TARGET2-System und der Refinanzierung der Geschäftsbanken (3.) sowie die Beschwerdeführer zu II. und zu VI. gegen die Anwendbarkeit bestimmter sekundärrechtlicher Rechtsakte der Europäischen Union in der Bundesrepublik Deutschland (4.) wenden. Das gilt auch, soweit der Beschwerdeführer zu V. rügt, dass ein koordiniertes Vorgehen von Europäischem Stabilitätsmechanismus und Europäischer Zentralbank nicht ausgeschlossen sei und dass es an einem

ausreichenden Risikomanagement und entsprechenden Rechnungslegungsvorschriften fehle (5.).

その他の観点を主張する限り、憲法異議は不適法である。一方、憲法38条1項1文を根拠に安定制度融資法の手続き法上の違憲を主張し、連邦議会の全会・委員会・その他の下部組織の間の管轄配分および三分の二の過半数の条件の欠如を違憲とする観点についてである。他方は、上記ＢⅠ．で列挙した法律に対して基本権侵害を主張する観点についてである（1．）。以下の観点についても、憲法異議は不適法である。(2.)憲法異議原告Ⅰ．およびⅡ．がＴＡＲＧＥＴ２制度関連の行為・不作為の違憲を主張する点、普通銀行の資金確保関連の行為・不作為の違憲を主張する点（3．）憲法異議原告ⅡおよびⅥ．が一定のＥＵ二次立法がドイツで適用されることに反対している点である。憲法異議原告Ⅴ．が欧州安定制度と欧州中央銀行の協調行動が排除されない上に、充分なリスク管理体制および会計に関する規定が整備されていない点を問題とする限り、憲法異議が不適法である（5．）。

124

1. Die Verfassungsbeschwerden sind unzulässig, soweit die Beschwerdeführer unter Berufung auf Art. 38 Abs. 1 Satz 1 GG die formelle Verfassungswidrigkeit des ESM-Finanzierungsgesetzes (a), die funktionale Zuständigkeitsverteilung zwischen dem Plenum des Bundestages, seinen Ausschüssen und Untergliederungen (b) und das fehlende Erfordernis einer Zwei-Drittel-Mehrheit (c) rügen sowie eine Verletzung anderer Grundrechte als Art. 38 Abs. 1 Satz 1 GG durch die unter B.I. genannten Gesetze geltend machen (d-g).

1．憲法異議お原告あ憲法38条1項1文を根拠い以下の点いついて違憲を主張している限り、不適法である。安定制度融資法の手続き法上の違憲（ａ）、連邦議会の全会・委員会・その他の下部組織の間の管轄配分（ｂ）、三分の二の過半数の条件が欠如している点（ｃ）、およびＢ．

Ⅰ．で列挙した法律により、憲法 38 条 1 項 1 文以外の基本権が侵害されている主張（d-g）である。
125
(a) Die Rüge des Beschwerdeführers zu I., das ESM-Finanzierungsgesetz sei mangels ordnungsgemäßer Einbringung in den Deutschen Bundestag formell verfassungswidrig, ist unzulässig, weil es insoweit an der Darlegung einer mit der Verfassungsbeschwerde rügefähigen Grundrechtsposition fehlt (vgl. BVerfGE 132, 195 <235>, Rn. 94). Der materielle Gehalt des Wahlrechts wird durch Art. 38 Abs. 1 Satz 1 GG nur insoweit geschützt, als er in einem für die politische Selbstbestimmung des Volkes wesentlichen Bereich leerzulaufen droht, das heißt wenn die demokratische Selbstregierung des Volkes dauerhaft derart eingeschränkt wird, dass zentrale politische Entscheidungen nicht mehr selbstständig getroffen werden können (vgl. BVerfGE 89, 155 <172>; 123, 267 <330>; 129, 124 <168>). Dieser materielle Schutzgehalt von Art. 38 Abs. 1 Satz 1 GG kommt vor allem in Konstellationen zum Tragen, in denen die Kompetenzen des Bundestages auf eine Art und Weise ausgehöhlt werden, die eine parlamentarische Repräsentation des Volkswillens, gerichtet auf die Verwirklichung des politischen Willens der Bürger, rechtlich oder praktisch unmöglich macht (vgl.BVerfGE 129, 124 <170>). Einen „Anspruch auf Demokratie" vermittelt Art. 38 Abs. 1 Satz 1 GG jenseits von Ultra-vires-Konstellationen (vgl. BVerfG, Beschluss des Zweiten Senats vom 14. Januar 2014 - 2 BvR 2728/13 u. a. -, juris, Rn. 53) nur insoweit, als durch einen Vorgang demokratische Grundsätze berührt werden, die Art. 79 Abs. 3 GG auch dem Zugriff des verfassungsändernden Gesetzgebers entzieht (vgl. BVerfGE 123, 267 <340>; 129, 124 <177>; 132, 195 <238>, Rn. 104).

憲法異議原告Ⅰ．が、連邦議会への法案提出の不備により安定制度金融法が手続き上に違憲である主張は、不適法

である。その限り、憲法異議で主張できる基本権上の地位が欠けているからである（BverfGE 132, 195 <235> Rn. 94参照）。憲法38条1項1文が選挙権の実体的内容を保護する範囲は、国民の政治的な自己決定について重要である分野で空洞化されている限りである。国民による民主主義的自己支配が、中心的な政治判断をもはや自律的に行うことが不可能となるほど、継続的に制限される場合である。憲法38条1項1文のこの実体的保護内容は、特に以下のような場合に問題となる。国民の政治的意思の実現を目的とする議会による国民意思の代表を法律上または事実上に不可能となるほど、連邦議会の権限が空洞化される場合である（BverfGE 129, 124 <170>参照）。権限踰越の場合（BVerfG 第2法廷 2014年1月14日決定 2-BvR 2727/13 など Rn. 53 参照）を別にして、「民主主義を請求する権利」が憲法38条1項1文から生じるのは、憲法79条3項が憲法改正立法者の判断も不可能となるような民主主義の原則に支障が生じる場合のみである。

126

b) Unzulässig sind die Verfassungsbeschwerden ferner, soweit die Beschwerdeführer zu I., III., IV. und V. eine Verletzung ihres Wahlrechts damit begründen, dass für bestimmte Maßnahmen des Europäischen Stabilitätsmechanismus die Mitwirkung lediglich des Haushaltsausschusses und nicht des Plenums des Bundestages vorgesehen ist.

ｂ）憲法異議原告Ⅰ．、ⅠⅠⅠ．、ⅠⅤ．およびⅤ．が、欧州安定制度の一定の措置のために連邦議会の全会ではなく、単に予算委員会の参加が予定されていることが選挙権を侵害していることを主張する限りも、憲法異議は不適法である。

127

Die parlamentsinterne, funktionale Zuständigkeitsverteilung zwischen dem Plenum des Bundestages, seinen Ausschüssen und anderen

Untergliederungen kann nicht mit der Verfassungsbeschwerde angegriffen werden.

議会内部の全会・委員会・その他の下部組織の機能的管轄配分は、憲法異議で争うことができない。

128

Die Zuständigkeitsverteilung innerhalb des Bundestages zählt grundsätzlich nicht zum rügefähigen Kern des Art. 38 Abs. 1 Satz 1 GG. Demokratische Mindesterfordernisse im Sinne von Art. 79 Abs. 3 GG sind auch bei Mehrheitsentscheidungen des Haushaltsausschusses gewahrt. Das Grundgesetz selbst sieht plenarersetzende Ausschussentscheidungen in Art. 45, Art. 45c, Art. 45d und Art. 53a GG vor. Es würde zudem den Ausnahmecharakter der auf Art. 38 Abs. 1 Satz 1 GG gestützten Verfassungsbeschwerde verkennen und den Unterschied zum Organstreitverfahren verwischen, wenn unter Berufung auf den demokratischen Kern des Wahlrechts die innerparlamentarische Aufgabenverteilung gerügt werden könnte.

連邦議会内部の管轄廃部は、原則として憲法38条1項1文の憲法異議の対象となる核心に属していない。予算委員会による過半数決定の場合でも、憲法79条3項の意味の民主主義から生じる最低提言の要求が満たされている。憲法自体に、全会の判断に代わる委員会決定を45条、４５ｃ条、４５ｄ条および53ａ条で予定している。選挙権の民主主義的核心を主張して議会内部の管轄配分について憲法異議を可能とする場合、憲法38条1項1文を根拠とする憲法異議の例外的本質を否定すること、および機関訴訟との相違を相対化することになる。

129

c) Die Verfassungsbeschwerde der Beschwerdeführer zu IV. ist auch insoweit unzulässig, als mit ihr geltend gemacht wird, zur Sicherung der haushaltspolitischen Gesamtverantwortung müssten Bundestag und Bundesrat über besondere Maßnahmen des

Europäischen Stabilitätsmechanismus, etwa eine Erhöhung des Stammkapitals, entsprechend Art. 79 Abs. 2 GG mit qualifizierter Mehrheit beschließen. Der Verfassungsbeschwerde lässt sich keine schlüssige Begründung für das Bestehen eines dahingehenden Rechts der Wahlberechtigten entnehmen. Art. 79 Abs. 2 GG - auch in Verbindung mit Art. 23 Abs. 1 Satz 3 GG - ist eine Regel des objektiven Verfassungsrechts, die die Willensbildung innerhalb des Bundestages und des Bundesrates betrifft (vgl. BVerfGE 2, 143 <161>; 90, 286 <341>). Sie vermittelt den Wahlberechtigten und damit auch den Beschwerdeführern zu IV. - abgesehen von den Fällen einer Ultra-vires-Konstellation (vgl. BVerfG, Beschluss des Zweiten Senats vom 14. Januar 2014 - 2 BvR 2728/13 u. a. -, juris, Rn. 25) - keine Rechte, weil der Umfang der Entscheidungsbefugnisse des Bundestages, mithin die Substanz des Wahlrechts, nicht davon abhängt, mit welcher Mehrheit der Bundestag seine Beschlüsse fasst. Davon abgesehen, lässt sich aus der haushaltspolitischen Gesamtverantwortung des Bundestages kein grundrechtlicher Anspruch auf ein qualifiziertes Mehrheitserfordernis ableiten. Die haushaltspolitische Gesamtverantwortung wird grundsätzlich durch Verhandlung und Beschlussfassung im Plenum wahrgenommen, durch den Beschluss über das Haushaltsgesetz, durch finanzwirksame Gesetze oder durch sonstige konstitutive Beschlüsse des Bundestages (vgl. BVerfGE 130, 318 <347>). Dafür ist - soweit das Grundgesetz nichts anderes bestimmt - entsprechend Art. 42 Abs. 2 Satz 1 GG die Mehrheit der abgegebenen Stimmen erforderlich. Anhaltspunkte dafür, dass es je nach Höhe der Verpflichtungen oder Gewährleistungsübernahmen abgestufte Anforderungen an die parlamentarische Legitimation gäbe, sind nicht ersichtlich. Eine Erhöhung des Stammkapitals des Europäischen

Stabilitätsmechanismus stellte weder eine Änderung des Grundgesetzes (vgl. Art. 79 Abs. 1 und Abs. 2 GG) noch eine Übertragung von Hoheitsrechten auf die Europäische Union dar, die das Grundgesetz seinem Inhalt nach ändern würde (vgl. Art. 23 Abs. 1 Satz 2 und Satz 3 i.V.m. Art. 79 Abs. 2 GG).

c）憲法異議原告Ⅳ．の以下の主張も、不適法である。連邦議会の予算に関する総括責任を保障するために、欧州安定制度の特別な措置（例えば資本金の増加）について、連邦議会および連邦参議院が特殊過半数で決議する必要がある、との主張である。憲法異議には、有権者のこの権利の成立についての最低限の理由がが説明されてない。憲法79条2項は、仮に憲法79条3項と23条1項3文と関連してみても、連邦議会および連邦参議院内部の意思決定に関する客観的憲法の規定である。有権者（憲法異議原告Ⅳを含む）に、権限踰越（BVerfG 第2法廷2014年1月14日決定・2・BvR 2727/13など Rn.25参照）の場合を除いて、権利を与えていない。連邦議会の決定管轄にある選挙権の範囲が、連邦議会の決議に必要な過半数とは関係ないからである。さらに、連邦議会の予算に関する総括責任から特殊過半数の要求を導くことはできない。予算に関する総括責任は、原則として全会での議論・決議によって実施されている。予算法、予算に影響を及ぼす法律、その他の連邦議会の法律制定決議によってである。憲法に他の規定がない限り、憲法42条2項1文により、票の単純過半数が必要である。義務および保証の引き受けの金額により、議会による妥当性に段階がある考えのための憲法上の根拠は見当たらない。欧州安定制度の資本金増加は憲法改正でも（憲法79条1項・2項）でもなければ、憲法の内容に変更を加えるEUへの主権移転でもない（憲法23条1項2文・3文、憲法79条2項と関連して）。

130

d) Soweit die Beschwerdeführer zu I., zu II. und zu VI. rügen, Art. 35 Abs. 1 ESMV verletze den allgemeinen Gleichheitssatz des Art. 3 Abs. 1 GG, weil es für die den

Organ- und Amtswaltern des Europäischen Stabilitätsmechanismus zuerkannte persönliche Immunität von der Gerichtsbarkeit hinsichtlich ihrer in amtlicher Eigenschaft vorgenommenen Handlungen keine sachliche Rechtfertigung gebe, sind sie durch diese Regelung nicht selbst nachteilig betroffen. Eine Verletzung von Art. 3 Abs. 1 GG kommt von vornherein nicht in Betracht (vgl. BVerfGE 63, 255 <265 f.>). Der Beschwerdeführer zu I. macht insoweit der Sache nach einen allgemeinen Gesetzesvollziehungsanspruch geltend, der sich aus dem allgemeinen Gleichheitssatz ebenso wenig ableiten lässt wie aus Art. 19 Abs. 4 GG oder Art. 2 Abs. 1 GG (vgl. BVerfGE 132, 195 <235>, Rn. 95).

d）憲法異議原告Ⅰ.、ⅠⅠ.、ⅤⅠ.は、欧州安定制度条約35条1項が憲法3条1項の一般平等原則を侵害すると主張している。欧州安定制度の機関構成員およびその他の職員の裁判権からの免除のために正当な理由がない、との主張である。憲法異議の原告はこの規定の影響を受けない。そのため、憲法3条1項の侵害は最初から論外である。憲法異議原告Ⅰ.はその限り、法律の執行に関する一般的な権利を主張している。しかし、その権利は、一般的平等権からも、憲法19条4項または2条1項からも、生じない（BverfGE 132, 195 <235>, Rn. 95）。

131
e) Soweit die Beschwerdeführer zu II. und zu VI. eine Verletzung ihres Grundrechts aus Art. 14 Abs. 1 GG im Hinblick auf inflationäre Entwicklungen durch den Vertrag zur Einrichtung des Europäischen Stabilitätsmechanismus und die Begleitgesetzgebung geltend machen, haben sie diese Rüge nicht hinreichend substantiiert. Der Geldwert ist in besonderer Weise gemeinschaftsbezogen und gemeinschaftsabhängig (BVerfGE 97, 350 <371>; 129, 124 <174>). Es ist regelmäßig nicht Aufgabe des Bundesverfassungsgerichts, im Rahmen eines

Verfassungsbeschwerdeverfahrens wirtschafts- und finanzpolitische Maßnahmen auf negative Folgewirkungen für die Geldwertstabilität zu überprüfen. Eine solche Kontrolle kommt allenfalls in Grenzfällen einer evidenten Minderung des Geldwerts durch Maßnahmen der öffentlichen Gewalt in Betracht (vgl. BVerfGE 129, 124 <174>). Tatsachen, die zu einer solchen Kontrolle Anlass geben könnten, sind nicht vorgetragen (§ 23 Abs. 1 Satz 2, § 92 BVerfGG; vgl. BVerfGE 132, 195 <236>, Rn. 96).

e）憲法異議原告ⅠⅠ．およびⅥ．が欧州安定制度条約および関連国内立法によりインフレが発生するため、憲法14条1項から生じる基本権の侵害を主張している限り、その理由には充分な説得力がない。通過の価値は、特に共同体に関連して、共同体に依存している（BverfGE 97, 350 <371>; 129, 124 <174>）。原則として、憲法異議手続きにおいて経済・金融措置について通貨価値の安定に関する消極的な効果を検討することは、連邦憲法裁判所の課題ではない。このような審査は、公権力の措置による通貨価値の極めて明白な削減の限界事例でのみ、可能となる。本件でこのような審査を必要とするような事実は、主張されていない（連邦憲法裁判所法 23 条 1 項 2 文、92 条；BverfGE 132, 195 <236>, Rn. 96）。

132

f) Mangels Beschwerdebefugnis unzulässig ist schließlich die Rüge einer Verletzung des grundrechtsgleichen Rechts aus Art. 20 Abs. 4 GG durch die Beschwerdeführer zu II. Das Widerstandsrecht ist ein subsidiäres Ausnahmerecht, dessen Verletzung nicht in einem Verfahren gerügt werden kann, in dem gegen die behauptete Beseitigung der verfassungsmäßigen Ordnung gerade gerichtliche Abhilfe gesucht wird (vgl. BVerfGE 89, 155 <180>; 123, 267 <333>; 132, 195 <236>, Rn. 97).

f）憲法異議原告ⅠⅠ．が憲法20条4項から生じる基本権に類似する権利の侵害を主張しているが、この主張も原

告適格を欠けているために不適法である。抵抗権は、補充的な例外権である。憲法的秩序に対する救済を求める訴訟では、抵抗権の侵害を主張できない（BverfGE 89, 155 <180>; 123, 267 <333>; 132, 195 <236>, Rn. 97）。

133
g) Soweit die Verfassungsbeschwerde der Beschwerdeführer zu IV. im Hinblick auf die funktionale Zuständigkeitsverteilung innerhalb des Deutschen Bundestages und im Hinblick auf die im ESM-Vertragsgesetz und im ESM-Finanzierungsgesetz vorgesehenen Mehrheitserfordernisse unzulässig ist, kann sie nicht in eine Organklage umgedeutet werden.

ｇ）憲法異議原告ⅠⅤ．の連邦議会内部管轄配分および欧州安定制度条約法と安定制度金融法が要求する過半数の条件に関する憲法異議が不適法である限り、適法な機関訴訟として取り扱うこともできない。

134
Zwar hat das Bundesverfassungsgericht - nicht nur bei der Auslegung unklarer Anträge - den eigentlichen Sinn des mit einem Antrag verfolgten Begehrens zu erfassen und diesem, soweit prozessual möglich, Geltung zu verschaffen (vgl. BVerfGE 54, 53 <54>; 68, 1 <64>). Auch ist die Umdeutung einer Verfassungsbeschwerde in eine Organklage grundsätzlich möglich. Dies setzt voraus, dass der Antrag im Organstreit zulässig wäre (vgl. BVerfGE 13, 54 <94 f.>). Das ist hier nicht der Fall.

確かに、連邦憲法裁判所は不明瞭の申請の解釈の場合だけではなく、常に申請が目的とする要求を把握し、訴訟法上でそれが可能である限り、当該要求に応じる義務を負う。また、憲法異議を機関訴訟として扱うことは、原則として可能である。但し、機関訴訟が適法であることが前提である。本件では、その前提が成立しない。

135
Als Abgeordnete des Deutschen Bundestages hätten die Beschwerdeführer im Organstreit möglicherweise geltend machen können, dass die angegriffenen

Regelungen gegen ihre parlamentarischen Beteiligungsrechte gemäß Art. 38 Abs. 1 Satz 2 GG verstoßen (vgl. BVerfGE 64, 301 <313>; 108, 251 <266 f.>; 118, 277 <320>; 130, 318 <340>). Insofern fehlt es jedoch an einer hinreichenden Begründung des Antrags. Die Beschwerdeführer berufen sich lediglich auf ihr Wahlrecht aus Art. 38 Abs. 1 Satz 1 GG. Art. 38 Abs. 1 Satz 1 GG ist im Organstreit jedoch keine rügefähige Rechtsposition. Die Verletzung von Grundrechten und grundrechtsgleichen Rechten kann insoweit nicht geltend gemacht werden (vgl. BVerfGE 94, 351 <365>; 99, 19 <29>; 118, 277 <320>).

憲法異議の原告は、連邦議会の議員の地位に基づいて、本件規制が憲法３８条１項２文から生じる議会参加権を侵害することを主張できた可能性がある（BverfGE 64, 301; 108, 251 <266f.>; 130, 318 <340>参照。しかし、その点についての申請の充分な理由説明が欠けている。憲法異議の原告は憲法３８条１項１文の選挙権のみを主張している。しかし、機関訴訟では、憲法３８条１項１文から主張できる権利が導かれない。基本金および基本権に類似する権利の侵害は、その場合に主張できない（BVerfGE 94, 351 <365>; 99, 19 <28>; 118, 277 <320>参照）。

136

2. Unzulässig sind die Verfassungsbeschwerden ferner, soweit sich die Beschwerdeführer zu II. gegen „die Einrichtung des TARGET2-Systems" wenden (a) und - gemeinsam mit dem Beschwerdeführer zu I. - verschiedene Unterlassungen deutscher Verfassungsorgane in Bezug hierauf beanstanden (b).

２．憲法異議原告ＩＩ．が「ＴＡＲＧＥＴ２制度の設置」の違憲を主張する限り（ａ）およびドイツの憲法機関の関連する不作為の違憲を問題とする限り（ｂ）も、憲法異議が不適法である。

137

a) Die Beschwerdeführer zu II. wenden sich gegen die „Einrichtung des TARGET2-Systems", weil sein Vollzug durch das Unionsrecht nicht gedeckt sei und sich daraus Gefährdungen für die haushaltspolitische Gesamtverantwortung des Bundestages ergäben. Dabei bleibt allerdings unklar, ob sie sich gegen die Leitlinie der Europäischen Zentralbank vom 26. April 2007 über ein trans-europäisches automatisiertes Echtzeit-Brutto-Express-Zahlungsverkehrssystem (TARGET2) EZB/2007/2 (ABl EU Nr. L 237 vom 8. September 2007, S. 1), geändert durch die Leitlinie der EZB vom 7. Mai 2009 EZB/2009/9 (ABl EU Nr. L 123 vom 19. Mai 2009, S. 94) und die Leitlinie EZB/2009/21 vom 17. September 2009 (ABl EU Nr. L 260 vom 3. Oktober 2009, S. 31) wenden oder ob der Antrag gegen die tatsächliche Durchführung des Systems gerichtet ist (bb). Das kann jedoch dahinstehen, weil die Verfassungsbeschwerde in beiden Fällen unzulässig ist.

a）憲法異議の原告ⅠⅠ．は、「ＴＡＲＧＥＴ２制度の設置」を問題にしている。その制度の運営がＥＵ法上の根拠を欠けている。それにより、連邦議会の予算に関する総括責任に支障が生じるおそれがある。その際、欧州中央銀行の関連方針（欧州自動同時グロス即時支払い制度（ＴＡＲＧＥＴ２）に関する２００７年９月８日の方針 EZB/2007/2、Abl EU Nr. L 237 vom 8. September 2007, S. 1; 欧州中央銀行２００９年５月７日方針、Abl EU Nr. L 123 vom 7. Mai 2009 EZB 2009/9 および欧州中央銀行２００９年９月１７日方針 EZB/2009/21、Abl EU Nr. L 260 vom 3. Oktober 2009, S. 31 により改正）か、それとも制度の実際の実施を対象とするかの点が不明である。しかし、この点について判断する必要がない。両方の場合に憲法異議が不適法であるからである。

138

aa) Versteht man die Verfassungsbeschwerde als gegen die Leitlinie EZB/2007/2 gerichtet, ist sie - unabhängig von der Frage, ob diese überhaupt zum Gegenstand einer Verfassungsbeschwerde gemacht werden könnte - jedenfalls verfristet (§ 93 Abs. 3

BVerfGG). Zwar wurde die Leitlinie aus dem Jahr 2007 zuletzt durch die Leitlinie der Europäischen Zentralbank vom 5. Dezember 2012 über ein transeuropäisches automatisiertes Echtzeit-Brutto-Express-Zahlungsverkehrssystem (Neufassung) EZB/2012/27 (ABl EU Nr. L 30 vom 30. Januar 2013, S. 1 ff.) geändert. Die Änderungen betreffen ausweislich des ersten Erwägungsgrundes der Leitlinie vor allem den Informationsaustausch im System der Europäischen Zentralbanken und die Sanktionsmöglichkeiten gegen Banken. Da weder vorgetragen noch ersichtlich ist, dass die Neufassung eine Beschwer für die Beschwerdeführer begründet hat (vgl.BVerfGE 79, 1 <14>; 122, 63 <74 ff.>; 129, 208 <235>), konnte der Erlass der Neufassung die - bezogen auf die letzte vorangegangene Änderung im Oktober 2010 abgelaufene - Frist zur Erhebung der Verfassungsbeschwerde nicht erneut eröffnen.

　ａａ）憲法異議が方針 EZB/2007/2 を対象とするように理解する場合、憲法異議はとにかく期間終了により不適法となる。欧州中央銀行の方針がそもそも憲法異議の対象とすることができる点は、別に問題である。確かに、２００７年方針は最後に欧州中央銀行の２０１２年１２月５日の欧州自動同時グロス即時支払い制度（ＴＡＲＧＥＴ２）に関する方針により改正された（Abl EU Nr. L 30 vom 30 Januar 2013, S. 1 ff.）方針の理由第１項によると、改正は主に欧州中央銀行制度における情報交換および銀行に対する制裁を対象とする。この改正により、憲法異議の原告の権利が侵害さえる点についての説明が憲法異議にない（BVerfGE 79, 1 <14>; 122, 63 <74 ff.>; 129, 208 <235> 参照）。また、その点が明らかであるとも言えない。従って２０１２年改正は、その前の最後の改正から起算して２０１０年１０月に終了した憲法異議を提起する期間を再度に開始することは、できなかった。

139

bb) Soweit mit der Verfassungsbeschwerde die Durchführung der TARGET2-Leitlinie angegriffen werden soll, ist sie ebenfalls unzulässig, weil die Beschwerdeführer zu II. bereits nicht hinreichend substantiiert dargelegt haben (§ 23 Abs. 1 Satz 2, § 92 BVerfGG), dass sie in eigenen Rechten verletzt werden (vgl. BVerfGE 123, 267 <329> m.w.N.). Das TARGET2-System dient der technischen Abwicklung von grenzüberschreitenden Zahlungsvorgängen. Die Deutsche Bundesbank beschreibt es insoweit als das Zahlungssystem der Zentralbanken des Eurosystems für die Abwicklung eilbedürftiger Überweisungen in Echtzeit, bei dem Kreditinstitute gegen eine monatliche Fixgebühr ihren Zahlungsverkehr über eine einheitliche Plattform abwickeln. TARGET2-Salden entstehen durch die tägliche Saldierung der grenzüberschreitenden Transaktionen. Sie stellen Forderungen oder Verbindlichkeiten gegenüber der Europäischen Zentralbank dar. Die Beschwerdeführer haben nicht aufgezeigt, auf welche Weise und in welchem Umfang von der Durchführung des TARGET2-Systems eine Beeinträchtigung der haushaltspolitischen Gesamtverantwortung des Deutschen Bundestages und damit ihrer Rechte aus Art. 38 Abs. 1 Satz 1 GG ausgehen könnte.

　ｂｂ）憲法異議を TARGET2 方針の実施を問題とするように解釈した場合でも、憲法異議は不適法である。憲法異議の原告ＩＩ．が既に充分に充実した形で（連邦憲法裁判所法２３条１項２文、９２条）、自己の権利が侵害されている点を説明していないからである（BVerfGE 123, 267 <329>参照、他の出典情報を含む）。TARGET2 制度は、国境を超える支払い案件を処理することを目的とする。ドイツ連邦銀行の説明によれば、ユーロ域内で中央銀行が急ぐ振り込みを同時に処理する支払い制度である。銀行は毎月の固定料金を支払い、自己の支払い案件を統一的な制度で処理する。TARGET2 残高は、国境を超える取引の毎日

の清算により発生する。当該残高は、欧州中央銀行に対する債権または債務である。憲法異議の原告は、TARGET2制度の実施により、どの方法で、またはどの程度で、ドイツ連邦議会の予算に関する総括責任が生じ、それによって原告の憲法３８条１項１文から生じる権利の侵害が成立する点について、説明しなかった。

140

b) Soweit sich der Beschwerdeführer zu I. mit Blick auf das TARGET2-System gegen das Unterlassen der Bundesregierung wendet, darauf hinzuwirken, dass die TARGET2-Salden der Höhe nach begrenzt, regelmäßig ausgeglichen und abgebaut werden, sowie gegen das Unterlassen, auf eine Änderung der rechtlichen Rahmenbedingungen des Systems der Europäischen Zentralbanken in dem Sinne hinzuwirken, dass die Geldschöpfung einer nationalen Zentralbank prozentual nicht ihren Kapitalanteil an der Europäischen Zentralbank übersteigen darf, hat er eine mögliche Verletzung von Art. 38 Abs. 1 Satz 1 GG durch die gerügte Untätigkeit nicht aufgezeigt. Er trägt insoweit lediglich vor, dass sich das TARGET2-System aufgrund eines Konstruktionsfehlers der Währungsunion zu einem Mechanismus entwickelt habe, der auf die Haftungsübernahme für Willensentscheidungen fremder Staaten hinauslaufe und überdies das Demokratieprinzip verletze, weil die bestehenden TARGET2-Salden die Entscheidungsfreiheit der Bundesrepublik Deutschland - etwa mit Blick auf ein Verlassen des Euro-Währungsgebiets - erheblich beeinträchtigten. Er legt jedoch nicht dar, warum die Entstehung der Salden gleichbedeutend mit einem Haftungsmechanismus im Sinne der Rechtsprechung des Bundesverfassungsgerichts ist und wie und in welcher Höhe sich aufgrund des vermeintlichen Mechanismus Haftungsrisiken für den Bundeshaushalt ergeben.

b）憲法異議原告Ⅰ．がＴＡＲＴＥＴ２制度に関する連邦政府の不作為（ＴＡＲＧＥＴ２残高の金額を制限し、定期的に解消しまたは削減するように行動する不作為国内中央銀行の通貨発行が欧州中央銀行の持分の割合を超えてならないように、欧州中央銀行制度の法的枠組みに変更を加えるように行動する不作為）当該不作為による憲法 38 条1項1文の侵害を説明していない。単に、TARGET2 制度が通解同盟の設計瑕疵により、他の国家の意思決定に対し責任を引き受ける効果が生じていること、既存のTARGET2 残高がドイツ連邦共和国の判断の自由をユーロ廃止について大幅に制限しているため、民主主義を侵害していることを主張しているにすぎない。しかし、当該残高の成立が連邦憲法裁判所の判例で問題にしている自動責任と同様である点、この原告が主張する仕組みによりどのように、またはどの程度の金額で連邦予算の責任問題が生じる点について、説明していない。

141

Entsprechendes gilt, soweit die Beschwerdeführer zu II. die Feststellung begehren, das Unterlassen der Bundesregierung, Nichtigkeitsklage gemäß Art. 263 Abs. 1 und Abs. 2 AEUV beim Gerichtshof der Europäischen Union gegen das TARGET2-System zu erheben, verletze Art. 38 Abs. 1 in Verbindung mit Art. 20 Abs. 1 und Abs. 2, Art. 79 Abs. 3 GG. Allerdings machen die Beschwerdeführer zu II. auch geltend, die unkorrigierte Fortführung des TARGET2-Systems stelle einen ausbrechenden Rechtsakt dar, der mit dem unionsrechtlichen Prinzip der begrenzten Einzelermächtigung unvereinbar sei und daher der demokratischen Legitimation entbehre. Insoweit fehlt es indes an Darlegungen dazu, inwiefern das Europäische System der Zentralbanken, indem es, wie behauptet, aus der Kreditvergabe einzelner Notenbanken resultierende übermäßige TARGET2-Salden nicht regelmäßig abbaue oder kompensiere, in rechtlicher Hinsicht · nicht nur in bestimmter ökonomischer Perspektive - jenseits seines Mandats handelt. Bereits deshalb gibt das Beschwerdevorbringen keinen Anlass, der Frage nachzugehen, inwieweit die im Senatsbeschluss vom 14. Januar 2014 - 2 BvR 2728/13 u. a. - aus der Integrationsverantwortung der Verfassungsorgane entwickelten Handlungspflichten hier von Bedeutung sein könnten.

憲法異議原告ⅠⅠ．が、連邦政府の不作為（ＥＵ裁判所でTARGET2制度に対して無効確認の訴えを提起しない不作為）が憲法38条1項を憲法20条1項・2項、79条3項と関連して侵害しているように、確認を求めている限り、同様である。確かに、憲法異議原告ⅠⅠは部分的にTARGET2制度の制限ない継続が権限踰越行為である、と主張している。ＥＵ法の限定されている個別管轄の原則を侵害し、民主主義的妥当性を欠けている主張である。しかし、その点については、欧州中央銀行制度が法的にみて（単にある一定の経済的見方に従ってではなく）権限を越えている説明が欠けている。憲法異議原告ⅠⅠ．が主張しているように、一部の中央銀行の信用提供により発生している過剰なTARGET2残高を定期的に解消・削減しない行動である。その理由だけで既に、本法廷の2014年1月14日（2 BvR 2728/13）で検討した憲法機関のＥＵ統合に関する責任が本件で問題となるか否かについて、追求する必要がない。

142

3. Die Verfassungsbeschwerde der Beschwerdeführer zu II. ist auch insoweit unzulässig, als sie Maßnahmen der Europäischen Zentralbank im Zusammenhang mit der Refinanzierung der Geschäftsbanken beanstandet.

3．憲法異議原告ⅠⅠ．は、欧州中央銀行の普通銀行への融資に関連する措置を問題とする限りでも、不適法である。

143

Der Beschwerdevortrag genügt bereits nicht den Mindestanforderungen an die Begründung einer Verfassungsbeschwerde (§ 23 Abs. 1 Satz 2, § 92 BVerfGG). Sie behaupten lediglich pauschal, die Europäische Zentralbank akzeptiere ungeeignete Sicherheiten.

憲法異議の説明は、既に憲法異議の理由に最低限に要請される水準に達していない（連邦憲法裁判所法 23 条 1 項 2 文、92 条）。単に、概略的に、欧州中央銀行が不十分な担保を融資の根拠にしている、と主張している。

144

4. Unzulässig sind die Verfassungsbeschwerden der Beschwerdeführer zu II. und zu VI. schließlich, soweit sie sich gegen die Anwendung bestimmter sekundärrechtlicher Rechtsakte der Europäischen Union und des Euro-Plus-Paktes in der Bundesrepublik Deutschland wenden.

４．憲法異議原告ⅠⅠ．およびⅥ．の憲法異議がＥＵの一定の二次法上の立法およびユーロプラス協定のドイツ連邦共和国での適用を問題とする限りも、不適法である。

145

a) Die Beschwerdeführer zu II. rügen, die Rechtsakte des sogenannten Sixpack (vgl. oben Rn. 19) seien ausbrechende Rechtsakte im Sinne der Rechtsprechung des Bundesverfassungsgerichts, weil sie eine Wirtschaftsregierung der Europäischen Union begründeten und damit ein wesentlicher Baustein eines Bundesstaates seien. Zugleich entleerten sie das Wahlrecht der Deutschen, weil die Wähler nicht länger über ihr wirtschaftliches Schicksal bestimmen könnten.

ａ）憲法異議原告ⅠⅠ．は、いわゆる「6 件」立法は連邦憲法裁判所の判例でいう権限踰越行為であると主張している。ＥＵの経済政府を成立させ、連邦国家の重要な要素を整備している。同時にドイツ人の選挙権を空洞化している、と主張している。有権者はもはや自己の経済的運命を決定できないからである。

146

Mit diesem Vortrag legen die Beschwerdeführer zu II. eine Verletzung in ihrem Wahlrecht aus Art. 38 Abs. 1 Satz 1 GG weder unter dem Gesichtspunkt eines Eingriffs in die von Art. 79 Abs. 3 GG geschützte Verfassungsidentität noch unter dem Gesichtspunkt einer Verletzung von Reaktionspflichten deutscher Staatsorgane auf qualifizierte Ultra-vires-Akte dar (vgl. BVerfG, Beschluss des Zweiten Senats vom 14. Januar 2014 - 2 BvR 2728/13, 2 BvR 2729/13, 2 BvR 2730/13, 2 BvR 2731/13, 2 BvE 13/13 -). Die pauschale Behauptung, die sechs Sekundärrechtsakte des Sixpacks begründeten eine Wirtschaftsregierung der Europäischen Union, genügt weder zur Darlegung einer Entleerung des Wahlrechts durch Verlust unverzichtbarer Entscheidungsbefugnisse des Deutschen Bundestages noch zur Darlegung eines etwaigen Anspruchs auf Feststellung eines Ultra-vires-Handelns der Europäischen Union. Die Beschwerdeführer zu II. befassen sich weder mit den Einzelheiten der von ihnen angegriffenen Regelungen noch damit, dass diese sich eng an Art. 126 AEUV und die entsprechende Staatspraxis anlehnen. Über die Behauptung der Errichtung einer „Wirtschaftsdiktatur" der Europäischen Union hinaus tragen sie zudem nichts Greifbares zu erwartbaren Auswirkungen der im Sixpack gebündelten Maßnahmen vor. Insbesondere bleibt offen, weshalb der Deutsche Bundestag durch die Umsetzung der angegriffenen Regelungen daran gehindert werden könnte, eigenständige wirtschaftspolitische Entscheidungen zu treffen.

この主張では、憲法異議原告が憲法38条1項1文から生じる選挙権の侵害を説明していない。憲法79条3項で保護されている憲法の基本原則に対する侵害の点についても、またはドイツの国家機関が特殊な権限踰越行為に対し

て反応する義務の点についても、充分な説明がない。
（BVerfG, 2014 年 1 月 14 日第 2 法廷決定　2 BvR 2728/13, 2 BvR 2729/13, 2 BvR 2730/13, 2 BvR 2731/13, 2 Bv# 13/13 参照）。単に、「6件」二次法立法がEUの経済政府を整備していると概略的に主張することは、連邦議会の譲渡できない決定権限の喪失による選挙権の空洞化の説明としても、または、EUによる権限踰越行動に関する確認の申請の説明としても、不十分である。憲法異議原告ⅠⅠ．は、問題にしている規定の詳細について検討していない。これらの詳細がEU運営条約 126 条およびこれに関連する国家実務を近いモデルにしている点も、検討していない。単にEUの「経済独裁」の成立を主張しているが、「6件」でまとめられた措置の予測される効果についても、具体的な説明を欠けている。特に、ドイツ連邦議会が本件規制の実施により、独自の経済政策に関する決定ができなくなる点に関する説明が、明らかにされていない。

147

b) Auch soweit sich die Beschwerdeführer zu Ⅵ. gegen die Verordnung (EU) Nr. 1176/2011 des Europäischen Parlaments und des Rates vom 16. November 2011 über die Vermeidung und Korrektur makroökonomischer Ungleichgewichte wenden, legen sie eine mögliche Verletzung von Art. 38 Abs. 1 Satz 1 GG nicht hinreichend substantiiert dar. Die Rüge, die Ermächtigungsgrundlage (Art. 121 Abs. 6 AEUV) sei unzutreffend gewählt und dadurch seien zugleich wesentliche Rechte des Deutschen Bundestages verkürzt worden, genügt dafür nicht. Insbesondere ist nicht vorgetragen, welche Mitwirkungs- und Informationsrechte des Deutschen Bundestages verletzt worden sein sollen.

ｂ）憲法異議原告Ⅵ．が欧州議会および閣僚理事会の 2011 年 11 月 16 日のマクロ経済的不均衡の回避および解消に関する規則 1176/2011 を問題とする限りも、憲法 38 条 1 項 1 文の侵害についての説明が不十分である。立法権

限の根拠（EU運営条約 121 条 6 項）の選定に問題があるため、ドイツ連邦議会の重大な権利が侵害されているとの主張は、その説明として足りない。特に、ドイツ連邦議会のどの参加権・報告を受ける権利に対する侵害がある点について、説明がない。

148

c) Ebenso wenig substantiiert ist der Antrag der Beschwerdeführer zu II. auf Feststellung einer Verletzung ihrer Rechte durch den Euro-Plus-Pakt. Sie halten diesen für einen ausbrechenden Rechtsakt, der dazu beiträgt und beitragen soll, die Europäische Union zu einem Bundesstaat zu entwickeln. Inwiefern der Euro-Plus-Pakt, der selbst Sanktionen nicht vorsieht (vgl. BVerfGE 131, 152 <224 f.>) und zudem von den Beschwerdeführern zu II. als „Augenwischerei" bezeichnet wird, gleichwohl dem Deutschen Bundestag in einem Art. 38 Abs. 1 Satz 1 GG berührenden Umfang Kompetenzen entziehen könnte, erschließt sich nach dem Beschwerdevortrag nicht. Die Beschwerdeführer zu II. begründen im Wesentlichen mit ökonomischen Argumenten lediglich, warum aus ihrer Sicht der Euro-Plus-Pakt einen weiteren Schritt auf dem Weg zu einer mit der Souveränität des Deutschen Volkes unvereinbaren Schulden- und Finanzunion darstellt.

憲法異議原告ⅠⅠ．がユーロプラス協定により権利が侵害されたことの確認を求める申請も、充分に説明されていない。当該協定が権限踰越行為と主張する。EUを連邦国家に発展させるに貢献する目的の行為であり、実際に貢献している、との主張である。ユーロプラス協定それ自体は制裁を整備していない（BVerfGE 131, 152 <224 f.>参照）。憲法原告 II．は、当該協定を「国民騙し」と批判している。それでも、この協定が連邦議会の権限を憲法３８条１項１文を侵害する程度に喪失させる点は、憲法異議の説明では判明しない。憲法異議の原告ⅠⅠ．は、主に経済的な理由により、彼らの考えでユーロプラス協定がドイ

ツ国民の主権と両立しない国債・金融同盟へのさらなる一歩である点を説明している。

149

5. Unzulässig ist die Verfassungsbeschwerde des Beschwerdeführers zu V. ferner, soweit er rügt, dass ein koordiniertes Vorgehen von Europäischem Stabilitätsmechanismus und Europäischer Zentralbank durch den Gesetzgeber nicht ausgeschlossen (vgl. dazu BVerfG, Beschluss des Zweiten Senats vom 12. September 2012 - 2 BvR 1390/12 u. a. -, juris) und ein ausreichendes Risikomanagement und entsprechende Rechnungslegungsvorschriften mit Blick auf den Europäischen Stabilitätsmechanismus nicht geschaffen worden seien. Es ist nicht erkennbar, inwieweit allein dadurch sein Wahlrecht aus Art. 38 Abs.1 Satz 1 GG entleert sein könnte.

5．憲法異議の原告Ｖ．の以下の主張も、不適法である。欧州安定制度および欧州中央銀行の協調行動が立法者により阻止されていない点（BVerfG, Beschluss des Zweiten Senats vom 12. September 2012 – 2 BvR 1390/12 u.a. ·, juris 参照）、および欧州安定制度に関する充分なリスク管理体制が整備されていない点である。これだけで憲法異議の原告Ｖ．の憲法３８条１項１文から生じる選挙権が空洞化されているかについての説明が欠けている。

III.

150

1. Der Antrag im Organstreitverfahren ist nur zulässig, soweit die Antragstellerin zu VII. geltend macht, durch die angegriffenen Gesetze entäußere sich der Deutsche Bundestag seiner haushaltspolitischen Gesamtverantwortung; als Fraktion des Deutschen Bundestages ist sie insoweit antragsbefugt (Art. 20 Abs.1 und Abs. 2, Art. 23 Abs. 1, Art. 110 GG, vgl. BVerfGE 123, 267 <338 f.>; 132, 195 <237>, Rn. 102).

1．機関訴訟における申請は、以下の範囲内のみ適用である。原告ⅤⅡ．が、本件立法により連邦議会が予算に関する総括責任を放棄している点を主張している範囲である。その点について、原告ⅤⅡ.はドイツ連邦議会内派として申請適格を有するう。

151

2. Soweit die Antragstellerin zu VII. geltend macht, sie sei im Zusammenhang mit dem Gesetz zu dem Beschluss des Europäischen Rates vom 25. März 2011 zur Änderung des Art. 136 AEUV in ihrem Recht aus Art. 38 Abs. 1 Satz 2 GG verletzt worden, an einem Konvent im Rahmen des ordentlichen Vertragsänderungsverfahrens nach Art. 48 Abs. 2 bis Abs. 5 EUV teilzunehmen, ist der Antrag mangels Darlegung einer Rechtsverletzung im Sinne des § 64 Abs. 1 BVerfGG unzulässig (vgl. BVerfGE 132, 195 <237>, Rn. 101).

2．原告ⅤⅡ．が、EU運営条約１３６条改正のための欧州理事会の２０１１年３月２５日決定により、憲法３８条１項２文から生じるEU条約４８条２項から５項に従う通常の条約改正手続きにおける会議に参加する権利が侵害されたことを主張している限り、当該申請は、連邦憲法裁判所法６４条１項が必要とする権利侵害の説明を欠けているため、不適法である（BverfGE 132, 195, <237>, Rn. 101参照）。

152

3. Auch soweit die Antragstellerin zu VII. die im ESM-Finanzierungsgesetz vorgesehene funktionale Zuständigkeitsverteilung zwischen Haushaltsausschuss und Plenum rügt, hat sie die Möglichkeit einer Rechtsverletzung nicht substantiiert dargelegt. Die Zuweisung von Entscheidungsbefugnissen an einen Ausschuss des Deutschen Bundestages kann weder das Recht einer Fraktion (a) noch ein Recht des Deutschen Bundestages verletzen, das die Fraktion im Wege der Prozessstandschaft geltend machen könnte (b).

3．原告ⅤⅡ．が安定制度金融法で制定されている予算委員会と全会の機能的管轄配分を問題とする限りも、権利侵害の可能性について充分に説明していない。ドイツ連邦議会の委員会に決定管轄を委ねることは、議会内派の権利（ａ）も、議会内派が代表として主張できるドイツ連邦議会の権利（ｂ）も、侵害することがあり得ない。

153

a) Fraktionen im Deutschen Bundestag sind Zusammenschlüsse von Abgeordneten, deren Rechtsstellung - ebenso wie der Status der Abgeordneten - aus Art. 38 Abs. 1 GG abzuleiten ist (vgl.BVerfGE 70, 324 <362 f.>; 112, 118 <135>). Dementsprechend haben die Fraktionen ein aus Art. 38 Abs. 1 GG abgeleitetes Recht auf gleiche Teilhabe an der parlamentarischen Willensbildung (vgl.BVerfGE 84, 304 <325>; 96, 264 <278>; 112, 118 <133>); es gilt der Grundsatz der Gleichbehandlung der Fraktionen (vgl. BVerfGE 93, 195 <204>). Die gleichberechtigte Mitwirkung der Fraktionen an der parlamentarischen Willensbildung wird unter anderem durch den verfassungsrechtlichen Grundsatz der Spiegelbildlichkeit abgesichert, der dann zum Tragen kommt, wenn der Bundestag seine verfassungsrechtliche Stellung als Repräsentationsorgan nicht durch die Mitwirkung aller seiner Mitglieder wahrnimmt (vgl. BVerfGE 80, 188 <218>; 130, 318 <342>). Nach dem Grundsatz der Spiegelbildlichkeit muss jede Untergliederung des Bundestages ein verkleinertes Abbild des Plenums sein und in ihrer Zusammensetzung die Zusammensetzung des Plenums in seiner politischen Gewichtung widerspiegeln (vgl. BVerfGE 80, 188 <222>; 112, 118 <133>; 130, 318 <354>).

ａ）ドイツ連邦議会の議会内派は、議員の終結で、議員の地位と同様に、議会内派の法的地位は、憲法３８条１項を根拠とする（BverfGE 70, 324 <362.; 112, 118 <135>

参照）。従って、議会内派は憲法３８条１項を根拠とする議会意思決定への参加の権利を有する（BVerfGE 84, 304 <325>; 96, 264 <278>; 112, 118 <133>参照）;議会内派の平等扱いの原則が妥当する（BVerfGE 93, 195 <204>参照）。議会内派の議会意思決定への平等参加は、「反映原則」の憲法原理で確保されている。反映原則は、連邦議会が代表機関としての地位を全議員の参加によらない形で行使している場合に問題となる。反映原則により、連邦議会の全ての下部組織は、全会の縮小反映でなければならない。下部組織の構成は、全会の政治的構成を反映しなければならない（BVerfGE 80, 188 <222>; 112, 118 <133>; 130, 318 <354>参照）。

154

aa) Dem Anspruch einer Fraktion auf Gleichbehandlung mit den anderen Fraktionen ist mit Blick auf die funktionale Zuständigkeitsverteilung innerhalb des Parlaments allerdings Genüge getan, wenn der Ausschuss gemäß § 12 GOBT der Gewichtung der im Plenum vertretenen Fraktionen entsprechend besetzt und dem Grundsatz der Spiegelbildlichkeit Rechnung getragen ist (vgl. BVerfGE 112, 118 <133>; 130, 318 <353 f.>). Weitergehende Rechte ergeben sich für die Fraktionen aus Art. 38 Abs. 1 GG insoweit nicht. Die im ESM-Finanzierungsgesetz vorgesehene Zuweisung von Entscheidungsbefugnissen an den Haushaltsausschuss berührt die Antragstellerin zu VII. daher nicht in ihren verfassungsmäßigen Rechten.

ａａ）但し、議会内派が他の議会内派と平等に扱われる権利は、議会内部の機能的管轄配分について、当該委員会が連邦議会規則１２条に従って全会を構成している議会内派の比率と同様に構成員を選定していることにより、反映原則が遵守されていることで充分に守られている（BVerfGE 112, 118 <133>; 130, 318 <353 f.>参照）。議会内派がその点について憲法３８条１項から反映原則を超

える権限を有しない。従って、安定制度金融法が予算委員会に決定権限を委ねている点は、原告ⅤⅠⅠ.の憲法上保障されている権利を侵害しない。

155

 bb）Die Antragstellerin zu VII. kann aber auch nicht die durch diese Zuweisung berührten Rechte ihrer Mitglieder im Weg der Prozessstandschaft durchsetzen. Zwar führt jede Delegation von Aufgaben und Befugnissen auf eine Untergliederung des Parlaments dazu, dass das Recht der ihr nicht angehörenden Abgeordneten, als Vertreter des ganzen Volkes gleichermaßen an der Legitimation und Kontrolle der Staatsgewalt teilzuhaben (Art. 38 Abs. 1 Satz 2 GG), berührt wird. Dies kann jedoch nur von den betroffenen Abgeordneten selbst geltend gemacht werden. Eine Prozessstandschaft der Fraktion würde auch dem freien Mandat widersprechen. Sie würde es ermöglichen, dass die Ausübung der Abgeordnetenrechte nicht von der Gewissensentscheidung des einzelnen Abgeordneten abhinge, sondern von einem Mehrheitsbeschluss der Fraktion oder gar nur einer Entscheidung der Fraktionsführung (vgl. zur Stellung der Abgeordneten im Verhältnis zu den Fraktionen BVerfGE 10, 4 <14>; 114, 121 <150>; Badura, in: Bonner Kommentar, Bd. 7, Art. 38 Rn. 89, 91 <Februar 2008>; Klein, in: Maunz/Dürig, GG; Art. 38 Rn. 201 <Oktober 2010>; Magiera, in: Sachs, GG, 6. Aufl. 2011, Art. 38 Rn. 49; Trute, in: v.Münch/Kunig, GG, Bd. 1, 6. Aufl. 2012, Art. 38 Rn. 89, jeweils m.w.N.).

　ｂｂ）原告ⅤⅠⅠ.は、その構成員（議員）の当該委託によって侵害されている権利を代表として主張することもできない。確かに、ある課題または権限を議会の下部組織に委ねる場合、当該下部組織に属していない議員の全国民の代表として、国家権力の妥当化および監督について平等に参加する権利（憲法３８条１項２文）が侵害されることになる。しかし、この点は、当該議員によりのみ主張できる。

議会内派が代表としてその点を主張できる場合、議員の判断が自由であり、代表している国民から拘束を受けない原則とも矛盾することになる。それでは、議員権利の行使が個別議員の良心に従う判断ではなく、議会内派の多数決、場合によっては議会内派の指導者の判断によることになる（出典情報は、翻訳で省略、上記ドイツ語文書参照）。

156

b) Die Zuweisung einer parlamentarischen Aufgabe an einen Ausschuss verletzt auch kein Recht des Deutschen Bundestages, das die Antragstellerin im Wege der Prozessstandschaft für diesen geltend machen könnte, auch wenn die Zuweisung die verfassungsrechtlichen Anforderungen (vgl. BVerfGE 130, 318 <350 ff.>) nicht erfüllte und deshalb gegen das Demokratieprinzip verstieße. Das von Art. 20 Abs. 1 und Abs. 2 GG geschützte Demokratieprinzip ist kein Recht des Deutschen Bundestages, auch nicht, soweit es durch Art. 79 Abs. 3 GG für unantastbar erklärt wird (vgl. BVerfGE 123, 267 <339>). Für einen Organstreit ist insoweit kein Raum, weil dieses Verfahren auf die Auslegung des Grundgesetzes aus Anlass von Streitigkeiten über Rechte und Pflichten von Verfassungsorganen zielt. Das Organstreitverfahren dient der gegenseitigen Abgrenzung von Kompetenzen der Verfassungsorgane oder ihrer Teile in einem Verfassungsrechtsverhältnis, nicht der davon losgelösten Kontrolle der objektiven Verfassungsmäßigkeit eines bestimmten Organhandelns (vgl. BVerfGE 68, 1 <69 ff.>; 73, 1 <30>; 104, 151 <193 f.>; 123, 267 <339>).

ｂ）議会の課題を委員会に委ねることは、原告ＶＩＩ．が代表として連邦議会のために主張できる連邦議会の権利にも該当しない。仮に当該委託が憲法上の要求を満たしていないために民主主義を侵害することを前提としても（BVerfGE 130, 318 <350 ff.>参照）、その点は変わらな

い。憲法２０条１項２項が保障している民主主義は、ドイツ連邦議会の権利ではない。憲法７９条３項により不可侵とされている限りでも、その点は変わらない。機関訴訟は憲法機関の権利と義務に関する紛争の際に、憲法を解釈することを目的しているので、その限り、機関訴訟は認められない。機関訴訟は憲法機関またはその下部組織の相互の管轄を峻別することを目的としている。一定の機関の行動を上記の目的から離れて客観的合憲性について審査することは、機関訴訟ではできない（BverfGE 68, 1 <69 ff.>; 73, 1 <30>; 104, 151 <193 f.>; 123, 267 <339>参照）。

157

Der Antrag ist schließlich unzulässig, soweit die Antragstellerin zu VII. mit Blick auf das ESM-Finanzierungsgesetz geltend macht, besonders bedeutsame Maßnahmen des Europäischen Stabilitätsmechanismus wie die Erhöhung des Stammkapitals bedürften wegen ihrer Bedeutung für die haushaltspolitische Gesamtverantwortung entsprechend Art. 23 Abs. 2 in Verbindung mit Abs. 1 Satz 1 und Satz 3 und Art. 79 Abs. 2 GG der Zustimmung von zwei Dritteln der Mitglieder von Bundestag und Bundesrat. Eine Verletzung eigener Rechte oder von Rechten des Deutschen Bundestages, die im Organstreit geltend gemacht werden könnten, ist damit nicht vorgetragen. Art. 79 Abs. 2 GG - auch in Verbindung mit Art. 23 Abs. 1 Satz 3 GG - ist eine Regel des objektiven Verfassungsrechts, die die Willensbildung innerhalb des Bundestages und des Bundesrates betrifft (vgl. BVerfGE 2, 143 <161>; 90, 286 <341>). Sie verleiht der Antragstellerin zu VII. - abgesehen von den Fällen einer Ultra-vires-Konstellation (vgl. BVerfG, Beschluss des Zweiten Senats vom 14. Januar 2014 - 2 BvR 2728/13 u. a. -, juris, Rn. 25) keine eigenen oder abgeleiteten Rechte, weil der Umfang der Rechte der Fraktionen und des

Bundestages nicht davon abhängt, mit welcher Mehrheit der Bundestag seine Beschlüsse fasst.

原告ⅤⅡ．の金融安定制度法についての以下の主張も、不適法である。欧州安定制度の一定の特に常用な措置、例えば資本金の増加は、予算に関する総括責任のために特に重要であるから、連邦議会および連邦参議院の構成員の三分の二の過半数を必要とする（憲法２３条２項、１項１文３文、７９条２項）との主張である。機関訴訟で主張できる自分の権利、または連邦議会の権利の侵害は、それで説明されていない。憲法７９条２項は、憲法２３条１項３文と関連しても、連邦議会および連邦参議院内部の意思形成に関する憲法の客観的規定である。権限踰越の場合（BVerfG, Beschluss des Zweiten Senats vom 14. Januar 2014 - 2 BvR 2728/13 u. a. -, juris, Rn. 25 参照）を別にして、この規定は、原告ⅤⅡ．に自己の権利、または連邦議会の権利から導かれる権利を与えるものではない。議会内派および連邦議会の権利の範囲は、連邦議会がどの過半数で決定する問題とは関係ないからである。

C.
158
Die Verfassungsbeschwerden und das Organstreitverfahren sind, soweit zulässig, unbegründet. Der Gesetzgeber ist jedoch mit Blick auf die Zustimmung zu Artikel 4 Absatz 8 des Vertrages zur Einrichtung des Europäischen Stabilitätsmechanismus verpflichtet, haushaltsrechtlich durchgehend sicherzustellen, dass die Bundesrepublik Deutschland Kapitalabrufen nach dem Vertrag zur Einrichtung des Europäischen Stabilitätsmechanismus fristgerecht und vollständig nachkommen kann.

憲法異議および機関訴訟が適法である限り、それらに理由がない。但し、欧州安定制度条約４条８項の承認を配慮して、立法者は、ドイツ連邦共和国が欧州安定制度条約に基づく資本金要請を期限内・完全に履行できるように、予算法上に完全に確保しなければならない。

I.

159

Das durch Art. 38 Abs. 1 GG geschützte Wahlrecht gewährleistet als grundrechtsgleiches Recht die Selbstbestimmung der Bürger und garantiert die freie und gleiche Teilhabe an der in Deutschland ausgeübten Staatsgewalt (vgl. BVerfGE 37, 271 <279>; 73, 339 <375>; 123, 267 <340>). Sein Gewährleistungsgehalt umfasst die Grundsätze des Demokratiegebots im Sinne von Art. 20 Abs. 1 und Abs. 2 GG, die Art. 79 Abs. 3 GG als Identität der Verfassung auch vor dem Zugriff durch den verfassungsändernden Gesetzgeber schützt (BVerfGE 132, 195 <238>, Rn. 104; vgl. auch BVerfGE 123, 267 <340>; 129, 124 <177>). Vor diesem Hintergrund muss der Gesetzgeber ausreichende Vorkehrungen treffen, um seine Integrationsverantwortung dauerhaft erfüllen zu können (1.). Er darf sich namentlich seines Budgetrechts nicht begeben (2.).

憲法３８条１項は選挙権を保障している。選挙権は、基本権に類似している権利であり、国民の自己決定権を保障し、ドイツで行使されている国家権力への自由で平等の参加を保障している（BVerfGE 37, 271 <279>; 73, 339 <374>; 123, 267 <340>参照）。選挙権の保障内容は、憲法２０条１項２項の民主主義の要請の原則を含む。これらの原則について、憲法７９条３項が憲法改正立法者に対しても保障している（BVerfGE 132, 195 <238>, Rn. 104; BVerfGE 123, 267 <340>; 129, 124 <177>参照）。その点を背景に、立法者は統合に関する責任を継続的に履行できるように、充分の対策を実施しなければならない（１．）立法者は特に、予算に関する権限を放棄してはならない（２．）。

160

1. Das Grundgesetz untersagt nicht nur die Übertragung der Kompetenz-Kompetenz auf die Europäische Union oder im Zusammenhang mit ihr

geschaffene Einrichtungen (vgl. BVerfGE 89, 155 <187 f., 192, 199>; vgl. auch BVerfGE 58, 1 <37>; 104, 151 <210>; 123, 267 <349>; 132, 195 <238>, Rn. 105). Auch Blankettermächtigungen zur Ausübung öffentlicher Gewalt dürfen die deutschen Verfassungsorgane nicht erteilen (vgl. BVerfGE 58, 1 <37>; 89, 155 <183 f., 187>; 123, 267 <351>;132, 195 <238>, Rn. 105). Dynamische Vertragsvorschriften müssen deshalb, wenn sie noch in einer Weise ausgelegt werden können, die die Integrationsverantwortung wahrt, jedenfalls an geeignete Sicherungen zur effektiven Wahrnehmung dieser Verantwortung geknüpft werden. Für Grenzfälle des noch verfassungsrechtlich Zulässigen muss der Gesetzgeber gegebenenfalls mit seinen die Zustimmung begleitenden Gesetzen wirksame Vorkehrungen dafür treffen, dass sich seine Integrationsverantwortung hinreichend entfalten kann (BVerfGE 123, 267 <353>; 132, 195 <239>, Rn. 105).

１．憲法は管轄に関する管轄をＥＵまたはＥＵ関連機関に移転することを禁止している（BVerfGE 89, 155 <187 f., 192, 199>参照）。それだけではない。公権力の行使に関する白地委任も、ドイツの憲法機関が与えることができない（BVerfGE 58, 1 <37>; 89, 155 <183 f., 187>; 123, 167 <351>; 132, 195 <238>, Rn. 105 参照）。流動的な条約規定は、統合に関する責任の遵守を確保できる解釈が可能である限り、最低限でもこの責任を実効的に守るために保障が必要である。憲法上許される範囲の限界事例について、立法者は条約承認を伴う国内立法により、統合に関する責任を充分に守れるように、実効的な政策を実施しなければならない。

161

2. Art. 38 Abs. 1 GG wird insbesondere verletzt, wenn sich der Deutsche Bundestag seiner Haushaltsverantwortung dadurch entäußert, dass er oder zukünftige Bundestage das Budgetrecht nicht

mehr in eigener Verantwortung ausüben können (BVerfGE 129, 124 <177>; 132, 195 <239>, Rn. 106). Die Entscheidung über Einnahmen und Ausgaben der öffentlichen Hand ist grundlegender Teil der demokratischen Selbstgestaltungsfähigkeit im Verfassungsstaat (vgl. BVerfGE 123, 267 <359>; 132, 195 <239>, Rn. 106). Der Bundestag muss deshalb dem Volk gegenüber verantwortlich über Einnahmen und Ausgaben entscheiden. Insofern stellt das Budgetrecht ein zentrales Element der demokratischen Willensbildung dar (vgl. BVerfGE 70, 324 <355 f.>; 79, 311 <329>; 129, 124 <177>;132, 195 <239>, Rn. 106), das auch in einem System intergouvernementalen Regierens Beachtung verlangt Die Haushaltsautonomie der nationalen Parlamente wird durch unionsrechtliche Vorkehrungen abgesichert (b) und nicht dadurch in Frage gestellt, dass sich die Mitgliedstaaten zu einer bestimmten Fiskalpolitik verpflichten (c). Die Überschreitung einer unmittelbar aus dem Demokratieprinzip des Grundgesetzes ableitbaren Obergrenze von Zahlungsverpflichtungen und Haftungszusagen kommt allenfalls in Betracht, wenn im Eintrittsfall die Haushaltsautonomie zumindest für einen nennenswerten Zeitraum nicht nur eingeschränkt würde, sondern praktisch vollständig leerliefe (d).

2．憲法３８条１項に対する侵害は、特に以下の場合に成立する。連邦議会がその予算に関する責任を、現在または将来の連邦議会が予算に関する管轄を自己に責任で行使することができなくなることにより、放棄する場合である

（BVerfGE 129,124 <177>; 132, 195 <239>, Rn. 106）。国家の収入と支出に関する決定は、憲法国家における民主主義的主自己形成の自由の根本的な要素である

（BVerfGE 123, 267 <359>; 132, 195 <239>, Rn. 106 参照）。そのため、連邦議会が国民に対して責任を持って、収入と支出につい決定しなければならない。従って、予算に関する権限は、民主主義的意思形成の中心的な要素であ

る（BVerfGE 70, 328 <355 f.>; 79, 311 <329>; 129, 124 <177>; 132, 195 <239>, Rn. 106 参照）。(a). この要素は、政府間支配の制度でも準州しなければならない（a）。国内議会の予算に関する主権は、EU法上の政策により確保されている（b）。加盟国が一定の国債政策について義務を引き受けることは、当該要素を相対化する効果がない（c）。支払い義務または保証の約束に関して、直接憲法から導かれる最高額の超過は、以下の場合にのみ問題となる。支払い義務・保証義務が実現する場合に、予算主権が重大な期間の間に制限されるだけではなく、完全に空洞化する場合にのみである（d）。

162

a) Auch in einem System intergouvernementalen Regierens müssen die gewählten Abgeordneten des Deutschen Bundestages als Repräsentanten des Volkes die Kontrolle über grundlegende haushaltspolitische Entscheidungen behalten. Mit der Öffnung für die internationale Zusammenarbeit und die europäische Integration bindet sich die Bundesrepublik Deutschland nicht nur rechtlich, sondern auch finanzpolitisch. Selbst wenn solche Bindungen einen erheblichen Umfang annehmen, wird das Budgetrecht nicht ohne Weiteres in einer über Art. 38 Abs. 1 GG rügefähigen Weise verletzt. Für die Einhaltung des Demokratiegebots kommt es vielmehr entscheidend darauf an, dass der Bundestag der Ort bleibt, an dem eigenverantwortlich über Einnahmen und Ausgaben entschieden wird, auch im Hinblick auf internationale und europäische Verbindlichkeiten (vgl. BVerfGE 129, 124 <177>; 130, 318 <344>; 131, 152 <205 f.>; 132, 195 <239 f.>, Rn. 107). Würde über wesentliche haushaltspolitische Fragen ohne konstitutive Zustimmung des Bundestages entschieden oder würden überstaatliche Rechtspflichten ohne entsprechende Willensentscheidung des Bundestages begründet, so geriete das Parlament in die Rolle des bloßen Nachvollzugs und könnte die haushaltspolitische Gesamtverantwortung im Rahmen seines Budgetrechts nicht mehr wahrnehmen (BVerfGE 129, 124 <178 f.>; 130, 318 <344 f.>; 132, 195 <240>, Rn. 107).

a)政府間支配の制度においても、ドイツ連邦議会の当選した議員が国民の代表として予算に関する基本的決定について権限を維持しなければならない。ドイツは国際協力・欧州統合に開けれているが、このことにより、法律上の拘束と並んで、金融政策上の拘束が生じる。これらの拘束が重大な程度まで達しても、予算権限が憲法３８条１項を根拠して憲法異議主張が可能な形で侵害されるとは限らない。民主主義の遵守について、むしろ以下の観点が決定的に重要である。収入および支出について自由な責任に基づいて決定するのは、依然として連邦議会であるか否か、との観点である。国際的な義務・ＥＵに関する義務についても、そうである（BVerfGE 129, 124 <177>; 130, 318 <344>; 131, 152 <205 f.>; 132, 195 <239 f.>, Rn. 107 参照）。重大な予算政策について連邦議会の承認なく決定される場合、または国家を超える義務が連邦議会の決定なく成立する場合、議会が単なる既定判断の事後施行の役割になり、予算権限における予算に関する総括責任を行使することができなくなる（BVerfGE 129, 124 <178>; 130, 318 <344 f.>; 132, 195 <240>, Rn. 107 参照）。

163

aa) Der Bundestag darf seine Budgetverantwortung nicht durch unbestimmte haushaltspolitische Ermächtigungen auf andere Akteure übertragen. Je größer das finanzielle Ausmaß von Haftungsübernahmen oder Verpflichtungsermächtigungen ist, umso wirksamer müssen Zustimmungs- und Ablehnungsrechte sowie Kontrollbefugnisse des Bundestages ausgestaltet werden. Insbesondere darf dieser sich keinen finanzwirksamen Mechanismen ausliefern, die - sei es aufgrund ihrer Gesamtkonzeption, sei es aufgrund einer

Gesamtwürdigung der Einzelmaßnahmen - zu nicht überschaubaren haushaltsbedeutsamen Belastungen ohne vorherige konstitutive Zustimmung führen können, seien es Ausgaben oder Einnahmeausfälle. Dieses Verbot, sich der Budgetverantwortung zu entäußern, beschränkt nicht etwa unzulässig die Haushaltskompetenz des Gesetzgebers, sondern zielt gerade auf deren Bewahrung (vgl. BVerfGE 129, 124 <179>; 132, 195 <240>, Rn. 108).

　ａａ）連邦議会は、不明確な予算に関する権限移転により、自己の予算に関する責任を他のに期間に委ねることが許されない。保証の引き受け・義務制定の授権の金額が大きければ大きいほど、連邦議会の承認・拒否に関する権利および監督に関する権限を実効的に形成しなければならない。連邦議会は特に以下のような予算に影響する仕組みを成立させてはならない。その総体構成からまたは個別措置の総体評価により、連邦議会の事前承認ない予測できない予算負担の効果を生じさせるような仕組みである。支出についてのものでも、収入の逸失についても、同様である。この「予算に関する責任を放棄する」ことの禁止は、立法者の予算権限を不当に制限するものではない。むしろ、その権限を維持することを目的としている（BVerfGE 129, 124 <179>; 132, 195 <240>, Rn. 108 参照）。

164
bb) Eine notwendige Bedingung für die Sicherung politischer Freiräume im Sinne des Identitätskerns der Verfassung (Art. 20 Abs. 1 und Abs. 2, Art. 79 Abs. 3 GG) besteht darin, dass der Haushaltsgesetzgeber seine Entscheidungen über Einnahmen und Ausgaben frei von Fremdbestimmung seitens der Organe und anderer Mitgliedstaaten der Europäischen Union trifft und dauerhaft „Herr seiner Entschlüsse" bleibt (vgl. BVerfGE 129, 124 <179 f.>; 132, 195 <240>, Rn. 109). Es ist zwar in erster Linie Sache des Bundestages selbst, in Abwägung aktueller Bedürfnisse mit den Risiken mittel- und langfristiger

Gewährleistungen darüber zu befinden, in welcher Gesamthöhe Gewährleistungssummen noch verantwortbar sind (vgl. BVerfGE 79, 311 <343>; 119, 96 <142 f.>; 132, 195 <240 f.>, Rn. 109). Aus der demokratischen Verankerung der Haushaltsautonomie folgt jedoch, dass der Bundestag einem intergouvernemental oder supranational vereinbarten, nicht an strikte Vorgaben gebundenen und in seinen Auswirkungen nicht begrenzten Bürgschafts- oder Leistungsautomatismus nicht zustimmen darf, der - einmal in Gang gesetzt - seiner Kontrolle und Einwirkung entzogen ist (BVerfGE 129, 124 <180>; 132, 195 <241>, Rn. 109).

ｂｂ）憲法の基本原理（憲法２０条１項２項、７９条項）における政治的な自由を保障するための必要条件は、予算立法者が収入および支出に関する決定をＥＵの機関・ＥＵの他の加盟国の第三者支配から自由に行い、継続的に「自己の決定の主」で居続けることである（BVerfGE 129, 124 <179 f.>; 132, 195 <240>, Rn. 109参照）。確かに、現在の必要性を中長期保証のリスクを斟酌して、どの総額まで保証金額を引き受けることが適切であるかの判断は、まず連邦議会自体の管轄にある（BVerfGE 79, 311 <343>; 119, 96 <142 f.>; 132, 195 <240 f.>, Rn. 109参照）。しかし、予算主権が民主主義を根拠をすることから、以下の帰結が生じる。連邦議会は、政府間または国際的に合意され、厳格な条件に拘束されない上に、効果において制限されていない保証・または給付の自動的仕組みであり、一度承認されたのちにもはや監督・影響及ぼすことができないものを、承認しはならない（BVerfGE 129, 124 <180>; 132, 195 <241>, Rn. 109）。

165
cc) Es dürfen zudem keine dauerhaften völkervertragsrechtlichen Mechanismen begründet werden, die auf eine Haftungsübernahme für Willensentscheidungen anderer Staaten hinauslaufen,

vor allem wenn sie mit schwer kalkulierbaren Folgewirkungen verbunden sind. Jede ausgabenwirksame solidarische Hilfsmaßnahme des Bundes größeren Umfangs im internationalen oder unionalen Bereich muss vom Bundestag im Einzelnen bewilligt werden. Soweit überstaatliche Vereinbarungen getroffen werden, die aufgrund ihrer Größenordnungen für das Budgetrecht von struktureller Bedeutung sein können, etwa durch Übernahme von Bürgschaften, deren Einlösung die Haushaltsautonomie gefährden kann, oder durch Beteiligung an entsprechenden Finanzsicherungssystemen, bedarf nicht nur jede einzelne Disposition der Zustimmung des Bundestages; es muss darüber hinaus gesichert sein, dass weiterhin hinreichender parlamentarischer Einfluss auf die Art und Weise des Umgangs mit den zur Verfügung gestellten Mitteln besteht (BVerfGE 132, 195 <241>, Rn. 110; vgl. auch BVerfGE 129, 124 <180 f.>). Die den Bundestag im Hinblick auf die Übertragung von Kompetenzen auf die Europäische Union treffende Integrationsverantwortung (vgl. BVerfGE 123, 267 <356 ff.>) findet hierin ihre Entsprechung für haushaltswirksame Maßnahmen vergleichbaren Gewichts (BVerfGE 129, 124 <181>;132, 195 <241>, Rn. 110).

　ｃｃ）他国の意思決定について責任を引き受ける効果を有するような継続的な国際法上の仕組みを成立させてはならない。特に、その金額の予測が困難である効果が伴う場合には、そうである。連邦のすべての重大な支出に響く連帯的な援助政策は、連邦議会の個別承認を必要とする。その金額の規模からみて予算主権に構造的な影響を可能とするような国際合意が成立している場合、例えば実現する場合に予算主権に支障を生じされる保証の引き受け、または関連する金融安定制度への参加の場合、単に個別的処分についての連邦議会の承認が必要であるだけではない。更に、

提供した資金の運営方法について、充分に議会の影響が及ぶ点も、確保しなければならない（BVerfGE 132, 195 <241>; BVerfGE 129, 124 <180 f.>も参照）。連邦議会がＥＵに管轄を移転する際に負う統合に関する責任（BVerfGE 123, 267 <356 ff.>参照)は、同等程度の予算に響く措置についても妥当する（BVerfGE 129, 124 <181>;132, 195 <241>, Rn. 110）。

166

dd) Der Deutsche Bundestag kann seine haushaltspolitische Gesamtverantwortung nicht ohne ausreichende Informationen über die von ihm zu verantwortenden Entscheidungen von haushaltsrechtlicher Bedeutung wahrnehmen. Das Demokratieprinzip des Art. 20 Abs. 1 und Abs. 2 GG gebietet daher, dass er an diejenigen Informationen gelangen muss, die er für eine Abschätzung der wesentlichen Grundlagen und Konsequenzen seiner Entscheidung benötigt (vgl. nur Art. 43 Abs. 1, Art. 44 GG sowie BVerfGE 67, 100 <130>; 77, 1 <48>; 110, 199 <225>; 124, 78 <114>; 131, 152 <202 f.>; 132, 195 <241 f.>, Rn. 111). Dieser Grundsatz gilt nicht nur im nationalen Haushaltsrecht (vgl. etwa Art. 114 GG), sondern auch in Angelegenheiten der Europäischen Union (vgl. Art. 23 Abs. 2 Satz 2 GG; vgl. BVerfGE 132, 195 <242>, Rn. 111).

ｄｄ）ドイツ連邦議会は、予算に関する総括責任を行使するために、予算に関する決定のために必要な情報を必要とする。従って、憲法２０条１項２項の民主主義は、連邦議会に決定の重大な前提と効果を判断するために必要な情報を入手できることを要請している。この原則は国内予算法に妥当するだけではない（憲法１１４条参照）。ＥＵの案件についても妥当する（憲法２３条２項２文、BVerfGE 132, 195 <242>, Rn. 111参照)。

167

b) Die haushaltspolitische Gesamtverantwortung des Deutschen Bundestages wird seit dem Eintritt in die dritte Stufe der Wirtschafts- und Währungsunion durch die Bestimmungen des Vertrages über die Europäische Union und des Vertrages über die Arbeitsweise der Europäischen Union abgesichert. Diese Bestimmungen stehen der nationalen Haushaltsautonomie als einer wesentlichen, nicht entäußerbaren Kompetenz der unmittelbar demokratisch legitimierten Parlamente der Mitgliedstaaten nicht entgegen, sondern setzen sie voraus (vgl. im Einzelnen BVerfGE 132, 195 <243>, Rn. 114 ff.).

b）ドイツ連邦議会の予算に関する総括責任は、経済・通貨同盟の第三段階に入ったときから、EU条約・EU運営条約の規定により保障されている。これらの規定は、直接に民主主義的妥当性を有する加盟国の議会の中心的で移転できない管轄である予算主権を妨害するものではない。これを前提とするものである（詳細については BVerfGE 132, 195 <243>, Rn. 114 ff.参照）。

168

c) Die Verpflichtung des Haushaltsgesetzgebers auf eine bestimmte Haushalts- und Fiskalpolitik ist - ungeachtet des auf prinzipielle rechtliche Reversibilität angelegten Demokratieprinzips aus Art. 20 Abs. 1 und Abs. 2 GG - nicht von vornherein demokratiewidrig (vgl. BVerfGE 79, 311 <331 ff.>; 119, 96 <137 ff.>; 132, 195 <244 f.>, Rn. 119 f.) (aa). Sie kann grundsätzlich auch durch die Übertragung wesentlicher haushaltspolitischer Entscheidungen auf Organe einer supra- oder internationalen Organisation oder die Übernahme entsprechender völkerrechtlicher Verpflichtungen erfolgen (bb). Die Entscheidung, ob und in welchem Umfang dies sinnvoll ist, obliegt in erster Linie dem Gesetzgeber (cc).

c）予算立法者に一定の予算・金融政策の義務を負わせることは、憲法２０条１項・２項の民主主義が原則として可逆性を前提としても、最初から民主主義を侵害するとはいえない（ａａ）。このように義務を負わせることは、原

則として重要な予算政策に関する決定権限を国際機関に移転すること、または当該移転の義務を国際法上に引き受けることによっても、可能である（ｂｂ）。このようなことが適切であるか否かの判断は、まず立法者の管轄にある（ｃｃ）。

169

aa) Der verfassungsändernde Gesetzgeber hat durch die tatbestandliche Konkretisierung und sachliche Verschärfung der Regeln für die Kreditaufnahme von Bund und Ländern (insbesondere Art. 109 Abs. 3 und Abs. 5, Art. 109a, Art. 115 GG n.F., Art. 143d Abs. 1 GG) klargestellt, dass eine Selbstbindung der Parlamente und die damit verbundene fühlbare Beschränkung ihrer haushaltspolitischen Handlungsfähigkeit gerade im Interesse einer langfristigen Erhaltung der demokratischen Gestaltungsfähigkeit notwendig sein können (vgl. BVerfGE 129, 124 <170>). Mag eine derartige Bindung die demokratischen Gestaltungsspielräume in der Gegenwart auch beschränken, so dient sie doch zugleich deren Sicherung für die Zukunft. Zwar stellt auch eine langfristig besorgniserregende Entwicklung des Schuldenstandes keine verfassungsrechtlich relevante Beeinträchtigung der Kompetenz des Gesetzgebers zu einer situationsabhängigen diskretionären Fiskalpolitik dar. Dennoch führt sie zu einer faktischen Verengung von Entscheidungsspielräumen (vgl.BVerfGE 119, 96 <147>). Deren Vermeidung ist ein legitimes (verfassungs-)gesetzgeberisches Ziel (BVerfGE 132, 195 <245>, Rn. 120).

ａａ）憲法改正立法者は、連邦および州の国債発行に関する規制を具体化し、内容として厳格化した（特に改正後の憲法１０９条３項５項、１０９ａ条、１１５条、１４３ｄ条）。この改正により、議会の自己拘束およびそれに伴う予算政策上の行動能力の重大な制限が長期的に民主主義的形成能力を維持するために逆に必要である点を明確にし

た（BVerfGE 129, 124 <170>参照）。このような拘束は確かに、今の民主主義的な形成余地を制限しているが、これらの将来に向けての保障にも貢献している。確かに、国債残高の長期的に憂慮する必要があるような展開も、立法者の状況に応じ得る裁量に基づく財政政策管轄を憲法上で問題となる制限にならない。しかし、当該残高は、決定の余地を事実上に制限している（BVerfGE 119, 96 <147>）。その制限の回避は、憲法立法上の正当な目的である（BVerfGE 132, 195 <245>, Rn. 120)、

170

bb) Die Verpflichtung des Haushaltsgesetzgebers auf eine bestimmte Haushalts- und Fiskalpolitik kann grundsätzlich auch auf der Basis des Unions- oder Völkerrechts erfolgen.

ｂｂ）立法者に一定の予算・財政政策の義務を負わせることは、原則として、ＥＵ法・国際法に基づいても可能である。

171

(1) Die im Vertrag über die Arbeitsweise der Europäischen Union niedergelegten Anforderungen an eine tragfähige Haushaltswirtschaft (Art. 123 bis Art. 126, Art. 136 AEUV) begrenzen den Spielraum des nationalen Gesetzgebers bei der Wahrnehmung seiner haushaltspolitischen Gesamtverantwortung. Vergleichbares gilt - seine Übereinstimmung mit dem Primärrecht, die hier nicht zu untersuchen ist, unterstellt - für das unionale Sekundärrecht (vgl. im Einzelnen BVerfGE 132, 195 <245 f.>, Rn. 122).

（１）ＥＵ運営条約に責任のある予算政策について規定されている要求（ＥＵ運営条約１２３条から１２６条まで、１３６条）は、立法者が予算に関する総括責任を行使している際に、判断範囲を制限している。ここでは検討すべきでない一次法を侵害しないことを前提に、ＥＵ二次法についても同様である（詳細については BVerfGE 132, 195 <245 f.>, Rn. 122 参照）。

172

(2) Es steht den Mitgliedstaaten im Übrigen frei, über die bestehenden wirtschafts- und haushaltspolitischen Bindungen des Unionsrechts hinaus weitere Bindungen einzugehen, soweit diese nicht in Widerspruch zu den unionsrechtlichen Vorgaben geraten (vgl. Art. 4 Abs. 3 EUV). Die Bundesrepublik Deutschland kann daher innerstaatlich strengere Regelungen für ihre Haushaltspolitik einführen und sich auch entsprechend vertraglich verpflichten (vgl. BVerfGE 129, 124 <181 f.>; 132, 195 <246>, Rn. 123).

（2）さらに、加盟国はEUの基準と矛盾しない限り、EU法に基づく経済政策・予算政策に関する拘束を超える拘束を受けることもできる。そのため、ドイツ連邦共和国は国内で予算政策についてより厳格な規制を導入することもできる（BVerfGE 129, 124 <181 f.>; 132, 195 <246>, Rn. 123 参照）。

173

cc) Dabei ist es in erster Linie Sache des Gesetzgebers, abzuwägen, ob und in welchem Umfang zur Erhaltung demokratischer Gestaltungs- und Entscheidungsspielräume auch für die Zukunft Bindungen in Bezug auf das Ausgabeverhalten geboten und deshalb - spiegelbildlich - eine Verringerung des Gestaltungs- und Entscheidungsspielraums in der Gegenwart hinzunehmen ist. Das Bundesverfassungsgericht kann sich hier nicht mit eigener Sachkompetenz an die Stelle der dazu zuvörderst berufenen Gesetzgebungskörperschaften setzen (BVerfGE 129, 124 <183>). Es hat jedoch sicherzustellen, dass der demokratische Prozess offen bleibt, aufgrund anderer Mehrheitsentscheidungen rechtliche Umwertungen erfolgen können (vgl. BVerfGE 5, 85 <198 f.>; 44, 125 <142>; 123, 267 <367>) und eine irreversible rechtliche Präjudizierung künftiger

Generationen vermieden wird (BVerfGE 132, 195 <246 f.>, Rn. 124).

将来に向けて民主主義的な形成・判断余地を維持するために支出行動についての拘束が適切であり、その反映として現在の形成・判断余地の制限を受忍する程度について、先に立法者が斟酌すべきである。連邦憲法裁判所はその点について、その点にち判断権限を有する立法者に代わり、自己の権限で判断することはできない（BVerfGE 129, 124 <183>）。しかし、連邦憲法裁判所は以下の点について、確保しなければならない。すなわち、民主主義的過程が開かれ続けること、異なる過半数決定により法律上の判断変更が可能であること（BVerfGE 5, 85 <198 f.>; 44, 125 <142>; 123, 267 <367>参照）および将来の世代に対する不可逆的な決定が回避されること、との点である。

174

d) Ob und inwieweit sich unmittelbar aus dem Demokratieprinzip darüber hinaus eine justiziable Begrenzung der Übernahme von Zahlungsverpflichtungen oder Haftungszusagen herleiten lässt, musste der Senat bislang nicht entscheiden. Eine unmittelbar aus dem Demokratieprinzip folgende Obergrenze könnte allenfalls überschritten sein, wenn sich die Zahlungsverpflichtungen und Haftungszusagen im Eintrittsfall so auswirkten, dass die Haushaltsautonomie jedenfalls für einen nennenswerten Zeitraum nicht nur eingeschränkt würde, sondern praktisch vollständig leerliefe. Dies kommt nur bei einer evidenten Überschreitung äußerster Grenzen in Betracht (vgl. BVerfGE 129, 124 <182 f.>; 132, 195 <242>, Rn. 112).

ｄ）民主主義から、司法の判断が可能な形で直接に支払い義務・保証約束の最高額を導くことが可能であるか否かの点について、本法廷は今まで判断する必要がなかった。直接に民主主義を根拠とする最高額の超過は、以下の場合

にのみ考えられる。支払い義務または保証の約束が実現する場合、予算主権が相当程度の機関の間に制限されるだけではなく、事実上に空転する場合である。この条件が極端な限度を明白に超える場合にのみ考えられる（BVerfGE 129, 124 <182 f.>; 132, 195 <242>, Rn. 112）。

175
Bei der Prüfung, ob der Umfang von Zahlungsverpflichtungen und Haftungszusagen zu einer Entäußerung der Haushaltsautonomie des Bundestages führen könnte, verfügt der Gesetzgeber namentlich mit Blick auf die Frage der Eintrittsrisiken und die zu erwartenden Folgen für die Handlungsfreiheit des Haushaltsgesetzgebers über einen weiten Einschätzungsspielraum. Das gilt auch für die Abschätzung der künftigen Tragfähigkeit des Bundeshaushaltes und des wirtschaftlichen Leistungsvermögens der Bundesrepublik Deutschland (vgl. BVerfGE 129, 124 <182 f.>), einschließlich der Berücksichtigung der Folgen alternativer Handlungsoptionen (BVerfGE 132, 195 <242 f.>, Rn. 113).

支払い義務および保証の約束の程度により、連邦議会の予算主権の喪失効果が生じうることを検討する際、立法者は特に実現のリスクの程度および予算立法者の行動自由への効果を判断する際に、幅広い判断裁量を有する。この点は、将来の連邦予算の支払い能力およびドイツ連邦共和国の経済力の判断について（BVerfGE 129, 124 <182 f.>参照）、代替案の場合で生じる効果の配慮についても、妥当する（BVerfGE 132, 195 <242 f.>, Rn. 113）。

II.
176
Nach diesen Maßstäben haben die Verfassungsbeschwerden und das Organstreitverfahren keinen Erfolg. Gegen das Gesetz zu dem Beschluss des Europäischen Rates vom 25. März 2011 zur Änderung des Artikels 136 des Vertrages über die Arbeitsweise

der Europäischen Union hinsichtlich eines Stabilitätsmechanismus für die Mitgliedstaaten, deren Währung der Euro ist, bestehen keine verfassungsrechtlichen Bedenken (1.). Der Gesetzgeber hat jedoch durchgehend sicherzustellen, dass die Bundesrepublik Deutschland Kapitalabrufen nach Art. 9 ESMV, gegebenenfalls in Verbindung mit Art. 25 ESMV, fristgerecht und vollständig nachkommen kann (2.). Im Ergebnis mit den verfassungsrechtlichen Vorgaben vereinbar sind - soweit sie im vorliegenden Verfahren zulässigerweise gerügt sind - auch die Vorschriften über die Einbindung des Deutschen Bundestages in die Entscheidungsprozesse des Europäischen Stabilitätsmechanismus, die sich aus dem Gesetz zu dem Vertrag zur Einrichtung des Europäischen Stabilitätsmechanismus und dem ESM-Finanzierungsgesetz ergeben (3.). Schließlich bestehen auch gegen das Gesetz zu dem Vertrag vom 2. März 2012 über Stabilität, Koordinierung und Steuerung in der Wirtschafts- und Währungsunion keine verfassungsrechtlichen Bedenken (4.).

上記の基準では、憲法異議および機関訴訟は、成功しない。ユーロを採用しているＥＵ加盟国のための安定制度に関してＥＵ運営条約１３６条を改正する欧州理事会２０１１年３月２５日決定に関する法律は、憲法上に問題ない（１）。但し、立法者は、ドイツ連邦共和国が欧州安永制度条約９条（場合によっては欧州安定制度２５条）に基づく資本金余生を期限内に完全に履行できるように、完全に確保しなければならない（２）。本件で適法に問題とされた限り、欧州安定制度条約に関する法律および安定制度融資法から生じるドイツ連邦議会の欧州安定制度の決定過程参加に関する規定も、憲法の要求と両立している（３）。更に、経済・通貨同盟における安定・調和・政策に関する２０１２年３月２日に関する法律についても、憲法上の問題がない（４）。

177

1. Das Gesetz zu dem Beschluss des Europäischen Rates vom 25. März 2011 zur Änderung des Artikels 136 des Vertrages über die Arbeitsweise der Europäischen Union hinsichtlich eines Stabilitätsmechanismus für die Mitgliedstaaten, deren Währung der Euro ist, verletzt die Beschwerdeführer und die Antragstellerin zu VII. nicht in ihren Rechten aus Art. 38 Abs. 1, Art. 20 Abs. 1 und Abs. 2 in Verbindung mit Art. 79 Abs. 3 GG. Insbesondere führt Art. 136 Abs. 3 AEUV nicht zum Verlust der Haushaltsautonomie des Deutschen Bundestages (a). Art. 136 Abs. 3 AEUV ist hinreichend bestimmt (b).

１．ユーロを採用しているＥＵ加盟国のための安定制度に関してＥＵ運営条約１３６条を改正する欧州理事会２０１１年３月２５日決定に関する法律は、憲法異議および機関訴訟の原告の憲法３８条１項、２０条１項・２項（７９条３項と関連して）の権利を侵害しない。ことにＥＵ運営条約１３６条３項がドイツ連邦議会の予算主権の喪失を生じさせるものではない（ａ）。ＥＵ運営条約１３６条３項は、充分に明確である（ｂ）。

178

a) Art. 136 Abs. 3 AEUV verletzt weder das Demokratiegebot (aa) noch sonstige verfassungsrechtliche Anforderungen an die Ausgestaltung der Währungsunion (bb).

ＥＵ運営条約１３６条３項は、民主主義も（ａａ）その他の通貨同盟の形成に関する憲法上の要求も（ｂｂ）侵害しない。

179

aa) Mit Art. 136 Abs. 3 AEUV wird weder ein finanzwirksamer Mechanismus in Gang gesetzt noch werden haushaltspolitische Ermächtigungen auf andere Akteure übertragen. Art. 136 Abs. 3 AEUV ermöglicht den Mitgliedstaaten des Euro-Währungsgebiets lediglich, einen Stabilitätsmechanismus zur Gewähr von Finanzhilfen auf völkervertraglicher Grundlage zu installieren und bestätigt insofern die fortdauernde Herrschaft der Mitgliedstaaten über die Verträge. Inwieweit die konkrete Ausgestaltung des auf der Grundlage von Art. 136 Abs. 3 AEUV errichteten Europäischen Stabilitätsmechanismus selbst verfassungsrechtlichen Anforderungen genügt, betrifft nicht die hier maßgebliche Frage, ob der Deutsche Bundestag der Einführung des Art. 136 Abs. 3 AEUV unter Wahrung des durch Art. 79 Abs. 3 GG geschützten Kernbereichs zustimmen durfte (vgl. im Einzelnen BVerfGE 132, 195 <249 f.>, Rn. 131 ff.).

ａａ）ＥＵ運営条約１３６条３項は、予算に響く仕組みを発動するものではない。他の機関に予算政策権限を移転するものでもない。ＥＵ運営条約は単に、ユーロ領域の加盟国に国際法を根拠に安定制度を整備する権限を与えているだけのものである。その限り、ＥＵ加盟国がＥＵ関連条約について継続的に支配している点を確認している。ＥＵ運営条約１３６条３項に基づいて設置された欧州安定制度の具体的な形成が憲法上の要求を満たしている問題は、ここで基準となる問題とは関係ない。すなわち、ドイツ連邦議会がＥＵ運営条約１３６条３項の導入に憲法７９条３項で保護されている憲法基本原則を維持して承認できたか否かの問題である（詳細については BVerfGE 132, 195 <249 f.>, Rn. 131 ff.参照）。

180

bb) Zwar bedeuten die Aufnahme von Art. 136 Abs. 3 AEUV und die Errichtung des Europäischen Stabilitätsmechanismus - ausgehend von dem Vertragsverständnis, in dem Deutschland die Wirtschafts- und Währungsunion mitbegründet hat - durchaus eine grundlegende Umgestaltung der ursprünglichen Wirtschafts- und Währungsunion, weil sich diese damit, wenn auch in begrenztem Umfang, von dem sie bislang charakterisierenden Prinzip der Eigenständigkeit der nationalen Haushalte gelöst hat (vgl. dazu BVerfGE 129, 124 <181 f.>; 132, 195 <248>,

Rn. 128; vgl. aber EuGH, Urteil vom 27. November 2012, Rs. C-370/12 - Pringle -, Rn. 73 ff.). Die stabilitätsgerichtete Ausrichtung der Wirtschafts- und Währungsunion wird damit jedoch nicht aufgegeben. Verfassungsrechtlich wesentliche Bestandteile der Währungsunion (vgl. BVerfGE 89, 155 <205>; 97, 350 <369>; 129, 124 <181 f.>; 132, 195 <248>, Rn. 129) wie die Unabhängigkeit der Europäischen Zentralbank (vgl. Art. 130 AEUV), ihre Verpflichtung auf das vorrangige Ziel der Preisstabilität (vgl. Art. 127 AEUV) und das Verbot monetärer Haushaltsfinanzierung (Art. 123 AEUV) werden nicht berührt. Art. 136 Abs. 3 AEUV befreit die Mitgliedstaaten nicht von der Verpflichtung zur Haushaltsdisziplin (vgl. Art. 126, Art. 136 Abs. 1 AEUV) und ist im Übrigen ersichtlich als Ausnahmevorschrift konzipiert (vgl. BVerfGE 132, 195 <248 f.>, Rn. 129).

ｂｂ）確かに、欧州安定制度１３６条の３項の追加および欧州安定制度の設置は、ドイツが経済・通貨同盟の設立に参加した条約理解を前提に、従来の経済・通貨同盟の根本的な変更を意味する。経済・通貨同盟は従来に国内予算の独立の原則を基本原則にしたが、その原則から離れることになる（BVerfGE 129, 124 <181 f.>; 132, 195 <248>, Rn. 128 参照；但し、EuGH, Urteil vom 27. November 2012, Rs. C-370/12 - Pringle -, Rn. 73 ff.も参照）。しかし、この変更により、経済・通貨同盟の安定に向けた基本趣旨は、放棄されていない。以下の点は通貨同盟の憲法上に必要な要素であるが（BVerfGE 89, 155 <205>; 97, 350 <369>; 129, 124 <181 f.>; 132, 195 <248>, Rn. 129 参照）欧州中央銀行の独立（ＥＵ運営条約１３０条参照）、欧州う中央銀行が物価安定を優先的目標としている点（ＥＵ運営条約１２７条）および通貨発行による予算収入確保の禁止（ＥＵ運営条約１２３条）は、この変更により影響を受けない。ＥＵ運営条約１３６条３項は、加盟国を過剰国債発行回避義務から解放しない（ＥＵ運営条約１２６条、

１３６条１項参照）。明確に例外規定として設計されている（BVerfGE 132, 195 <248 f.>, Rn. 129 参照）。

181

Die Entscheidung des Gesetzgebers, die Währungsunion um die Möglichkeit aktiver Stabilisierungsmaßnahmen zu ergänzen, sowie die damit verbundene Prognose, mit solchen Maßnahmen die Stabilität der Währungsunion gewährleisten und fortentwickeln zu können (vgl. BVerfGE 89, 155 <207>; 97, 350 <369>), hat das Bundesverfassungsgericht angesichts des Einschätzungsspielraums der zuständigen Verfassungsorgane grundsätzlich auch insoweit zu respektieren, als Risiken für die Preisstabilität aufgrund dieser Entscheidung nicht auszuschließen sind (vgl. BVerfGE 132, 195 <249>, Rn. 130).

立法者は、通貨同盟を積極的な安定政策の可能性を追加するように決定した。この決定には、その措置により通貨同盟の安定を保障し、発展させることが可能である予測が伴った（BVerfGE 89, 155 <207>; 97, 350 <369>参照）。管轄を有する憲法機関の判断裁量を配慮して、連邦憲法裁判所は、仮に当該決定による物価安定への危険を排除できない場合でも、尊重しなければならない（BVerfGE 132, 195 <249>, Rn. 130 参照）。

182

b) Art. 136 Abs. 3 AEUV ist auch hinreichend bestimmt. Durch die Norm werden keine Hoheitsrechte übertragen. Sie regelt lediglich den Einsatz des Stabilitätsmechanismus, unterwirft ihn restriktiven Bedingungen und löst für sich genommen - unter dem Blickwinkel von Art. 38 Abs. 1, Art. 20 Abs. 1 und Abs. 2 in Verbindung mit Art. 79 Abs. 3 GG - keine die Integrationsverantwortung der Gesetzgebungsorgane sichernden Anforderungen an die Bestimmtheit der Norm aus (vgl. BVerfGE 132, 195 <250 f.>, Rn. 134).

b) EU運営条約１３６条３項は、充分に明確である。この規定により、主権が移転することはない。単に安定仕組みの使用を規定し、厳格な条件を必要とするものである。それ自体は、憲法３８条１項、２０条１項・２項（７９条３項と関連して）は、立法機関の統合に関する責任を確保するために必要である規定の明白性に関する要求を生じさせない（BVerfGE 132, 195 <250 f.>, Rn. 134 参照）。

183

2. Das Gesetz zu dem Vertrag vom 2. Februar 2012 zur Einrichtung des Europäischen Stabilitätsmechanismus trägt den Anforderungen der Art. 38 Abs. 1, Art. 20 Abs. 1 und Abs. 2 in Verbindung mit Art. 79 Abs. 3 GG Rechnung. Die Bestimmungen des ESM-Vertrages sind mit der haushaltspolitischen Gesamtverantwortung des Deutschen Bundestages vereinbar. Eine Verletzung der haushaltspolitischen Gesamtverantwortung des Bundestages ergibt sich insbesondere nicht aus dem Umfang der Zahlungspflichten, die Deutschland bei der Errichtung des Europäischen Stabilitätsmechanismus eingegangen ist. Deren absolute Höhe überschreitet nicht aus dem Demokratieprinzip allenfalls ableitbare äußerste Grenzen (a). Soweit nach dem Vertragswortlaut eine der Höhe nach unbegrenzte Zahlungspflicht zumindest denkbar erscheint, wird die Gefahr einer solchen Auslegung jedenfalls durch die gemeinsame Erklärung der ESM-Mitglieder vom 27. September 2012 sowie die einseitige Erklärung der Bundesrepublik Deutschland vom selben Tage in völkerrechtlich verbindlicher Weise ausgeschlossen (b). Für Entscheidungen des Europäischen Stabilitätsmechanismus, die die haushaltspolitische Gesamtverantwortung des Deutschen Bundestages betreffen, ist jedenfalls derzeit gesichert, dass sie nicht gegen die Stimmen der deutschen Vertreter in den Organen des Europäischen Stabilitätsmechanismus ergehen können, der Legitimationszusammenhang

zwischen dem Parlament und dem Europäischen Stabilitätsmechanismus also nicht unterbrochen wird (c). Die Regelung über die Aussetzung der Stimmrechte nach Art. 4 Abs. 8 ESMV ist mit der haushaltspolitischen Gesamtverantwortung des Bundestages vereinbar. Allerdings muss haushaltsrechtlich durchgehend sichergestellt sein, dass die Bundesrepublik Deutschland Kapitalabrufen nach Art. 9 ESMV, gegebenenfalls in Verbindung mit Art. 25 Abs. 2 ESMV, fristgerecht und vollständig nachkommen kann (d). Die verfassungsrechtlich gebotene parlamentarische Kontrolle der Tätigkeit des Europäischen Stabilitätsmechanismus ist gewährleistet (e). Die Möglichkeit einer Ausgabe von Anteilen am Europäischen Stabilitätsmechanismus zu einem vom Nennwert abweichenden Kurs nach Art. 8 Abs. 2 Satz 4 ESMV führt, für sich genommen, ebenso wenig zu einer Gefährdung der haushaltspolitischen Gesamtverantwortung (f) wie das Risiko aus der Geschäftstätigkeit des Europäischen Stabilitätsmechanismus erwachsender finanzwirksamer Verluste (g). Eine Erweiterung der bestehenden Zahlungspflichten Deutschlands im Wege der Kapitalerhöhung ist zwar möglich, bedürfte aber der Zustimmung der gesetzgebenden Körperschaften; eine völkerrechtliche Verpflichtung zur Vornahme einer solchen Kapitalerhöhung besteht nicht (h). Schließlich begründet der ESM-Vertrag auch keine unauflösbare Bindung Deutschlands (i).

欧州安定制度の設置のための２０１２年２月２日に関する法律は、憲法３８条１項、２０条１項２項（７９条３項と関連して）から生じる要求を満たしている。欧州安定制度条約の規定は、ドイツ連邦議会の予算に関する総括責任と両立している。ドイツが欧州安定制度を設置する際に引き受けた支払い義務の総額からも、連邦議会の予算に関する総括責任の侵害が成立しない。その絶対金額は民主主義

から場合によって導かれる極端な限度を超えていない（ａ）。条約の文言から無制限な支払い義務が可能と思われる限り、当該解釈の可能性が欧州安定制度加盟国の２０１２年９月２７日の共同声明および同日のドイツ連邦共和国の単独生命により、国際法上に拘束力を有する方法で排除されている（ｂ）。ドイツ連邦議会の予算に関する総括責任に関わる欧州安定制度の決定について、欧州安定制度機関のドイツ代表の反対に対して成立しない点が最低限でも現在は確保されている。従って、議会と欧州安定制度の間の妥当性連携が中断されないことになる（ｃ）。欧州安定制度条約４条８項の議決権凍結に関する規定は、連邦議会の予算に関する総括責任と両立している。但し、ドイツ連邦共和国が欧州安定制度条約９条（場合によっては欧州安定制度２５条と関連して）を期限内に完全に履行できるように、予算法上に完全に確保しなければならない（ｄ）。欧州安定制度に対する憲法上に必要である議会による監督が保障されている（ｅ）。欧州安定制度の持分を欧州安定制度条約８条２項４文に基づいて額面と異なる価格で発行する可能性それ自体には、予算に関する総括責任に支障を生じさるおそれがない（ｆ）。欧州安定制度の業務から生じる金融に影響を及ぼす損失のリスクについても、同様である（ｇ）。確かに、ドイツの支払い義務が資本金増加により拡大される可能性がある。しかし、その場合、立法機関の承認が必要となる。当該資本金増加を実施する国際法上の義務は成立していない。欧州安定制度条約は、ドイツに対する解除できない拘束を成立させるものではない（ｉ）。

184
a) Eine unmittelbar aus dem Demokratieprinzip folgende Obergrenze für Zahlungsverpflichtungen und Haftungszusagen könnte, wie dargelegt, allenfalls überschritten sein, wenn die Haushaltsautonomie des Bundestages zumindest für einen nennenswerten Zeitraum praktisch vollständig leerliefe (vgl. BVerfGE 129, 124 <183>; 132, 195 <242>, Rn. 112). Dabei verfügt

der Gesetzgeber namentlich mit Blick auf die Frage der Eintrittsrisiken und die zu erwartenden Folgen für seine Handlungsfreiheit über einen weiten Einschätzungsspielraum, den das Bundesverfassungsgericht grundsätzlich zu respektieren hat.

a）既に説明したとおり、民主主義から直接に生じる支払い義務と保証約束の上限は、連邦議会の予算主権がある程度の期間の間に完全に空転する場合にのみに超過される可能性がある。その際、立法者はリスクの実現について、およびそれによって発生する立法者の行動の自由についての効果について、幅広い判断裁量を有する。連邦憲法裁判所は、当該裁量を原則として尊重しなければならない。

185

Aus der absoluten Höhe der mit der Einrichtung des Europäischen Stabilitätsmechanismus eingegangenen Zahlungspflichten Deutschlands von derzeit 190,0248 Milliarden Euro lässt sich vor diesem Hintergrund keine Beeinträchtigung der haushaltspolitischen Gesamtverantwortung des Bundestages ableiten. Die vom Gesetzgeber getroffene Einschätzung, die sich aus der Beteiligung am Europäischen Stabilitätsmechanismus ergebenden Zahlungspflichten führten - auch unter Berücksichtigung der deutschen Beteiligung an der Europäischen Finanzstabilisierungsfazilität, der der Hellenischen Republik gewährten bilateralen Finanzhilfen sowie der Risiken aus der Teilnahme am Europäischen System der Zentralbanken und dem Internationalen Währungsfonds - nicht zu einem vollständigen Leerlaufen der Haushaltsautonomie, ist jedenfalls nicht evident fehlerhaft und daher vom Bundesverfassungsgericht hinzunehmen (BVerfGE 132, 195 <264>, Rn. 167).

欧州安定制度の設置に伴いドイツ連邦共和国が引き受けた支払い義務の総額１９００億２４８０千万ユーロからは、

この基準で連邦議会の予算に関する総括責任に支障が生じるとは言えない。立法者の判断によると、欧州安定制度の参加から生じる支払い義務は、予算主権が完全に空洞化されることはない。欧州金融安定機構のドイツ参加、欧州ギリシア共和国に提供した二カ国間金融援助、欧州中央銀行制度の参加および国際通貨基金の参加を配慮しても判断である。この判断は制定現でも明白に間違っているとは言えないため、連邦憲法裁判所はこの判断を尊重しなければならない(BVerfGE 132, 195 <264>, Rn. 167)。

186

b) Mit dem Beitritt zum Europäischen Stabilitätsmechanismus ist die Bundesrepublik Deutschland keine der Höhe nach unbeschränkten oder nicht hinreichend absehbaren Zahlungsverpflichtungen eingegangen.

b）欧州安定制度の加盟により、ドイツ連邦共和国が総額無制限または総額予測不可能の支払い義務を引き受けていない。

187

Die in Art. 8 Abs. 5 Satz 1 ESMV geregelte ausdrückliche Haftungsbeschränkung der ESM-Mitglieder auf ihren jeweiligen Anteil am genehmigten Stammkapital begrenzt die haushaltswirksamen Verpflichtungen der Bundesrepublik Deutschland im Zusammenhang mit dem Europäischen Stabilitätsmechanismus derzeit verbindlich auf 190,0248 Milliarden Euro (vgl. BVerfGE 132, 195 <252 ff.>, Rn. 138 ff.).

欧州安定制度条約８条５項１文は加盟国の責任を明示的に授権資本金の持分に限定している。この規定は、欧州安定制度関連のドイツ連邦共和国の予算に響く義務を現在の時点で拘束力を有する形で１９００億２４８０１千万ユーロに限定している（BVerfGE 132, 195 <252 ff.>, Rn. 138 ff.参照)。

188

Zwar erschien im Hinblick auf die Regelungen über den revidierten erhöhten Kapitalabruf (Art. 9 Abs. 2 und Abs. 3 Satz 1 i.V.m. Art. 25 Abs. 2 ESMV) zunächst auch eine Auslegung des Vertragswortlauts möglich, auf deren Grundlage sich eine Verletzung der haushaltspolitischen Gesamtverantwortung des Bundestages hätte ergeben können (vgl. dazu im Einzelnen BVerfGE 132, 195 <253 ff.>, Rn. 142 ff.; siehe auch ÖstVfGH, Entscheidung vom 16. März 2013 - SV 2/12-18 -, Rn. 102); eine solche Interpretation ist jedoch durch die gemeinsame Auslegungserklärung der Vertragsparteien des ESM-Vertrages vom 27. September 2012 (BGBl II S. 1086) und die gleichlautende einseitige Erklärung der Bundesrepublik Deutschland (BGBl II S. 1087) völkerrechtlich wirksam ausgeschlossen worden (zur verfassungsrechtlichen Notwendigkeit eines solchen Ausschlusses vgl. BVerfGE 132, 195 <256 f.>, Rn. 147 ff.). Nach diesen Erklärungen begrenzt Art. 8 Abs. 5 ESMV sämtliche Zahlungsverpflichtungen der ESM-Mitglieder aus dem Vertrag in dem Sinne, dass keine Vorschrift des Vertrages so ausgelegt werden kann, dass sie ohne vorherige Zustimmung des Vertreters des Mitglieds und ohne Berücksichtigung der nationalen Verfahren zu einer Zahlungsverpflichtung führt, die den Anteil am genehmigten Stammkapital des jeweiligen ESM-Mitglieds gemäß der Festlegung in Anhang II des Vertrages übersteigt (vgl. auch ÖstVfGH, Entscheidung vom 16. März 2013 - SV 2/12-18 -, Rn. 82 f., 104).

確かに、欧州安定制度９条２項３項および２５条２項の改定された増額資本金要請の規定の解釈により、連邦議会の予算に関する総括責任の侵害となる可能性も、当初にあった(この点についての詳細説明は BVerfGE 132, 195 <253 ff.>, Rn. 142 ff.参照; 更に ÖstVfGH, Entscheidung vom 16. März 2013 - SV 2/12-18 -, Rn. 102 も参照)しかし、この解釈は欧州安定制度条約の加盟国の２０１２年９月２

7日の解釈に関する声明(BGBl II S. 1086)およびドイツ連邦共和国の同様の一方的生命（BGBl II S. 1087）により、国際法上に拘束力がある形で排除された。（この排除の憲法上の必要性については BVerfGE 132, 195 <256 f.>, Rn. 147 ff.参照）。この声明によると、欧州安定制度8条5項は、加盟国の支払い義務を以下の意味で限定している。当該加盟国の代表の事前承認および当該加盟国の国内手続きの配慮なく、当該加盟国の条約付属書ＩＩで定めた持分を超える支払い義務が生じるような解釈は、条約のすべての規定について排除されている（ÖstVfGH, Entscheidung vom 16. März 2013 - SV 2/12-18 -, Rn. 82 f., 104 も参照）。

189

Soweit der Beschwerdeführer zu V. die völkerrechtliche Wirksamkeit der einseitigen Erklärung der Bundesrepublik Deutschland zur Auslegung des ESM-Vertrages vom 27. September 2012 bezweifelt, kommt es darauf im Ergebnis nicht an, da die Erklärung mit gleichem Wortlaut von allen Mitgliedern des Europäischen Stabilitätsmechanismus abgegeben wurde.

憲法異議の原告Ｖ．がドイツ連邦共和国の一方的声明の国際法上効力を問題としている限り、その点について判断する必要がない。この声明は同様の文言で欧州安定制度条約のすべての加盟国により行われたからである。

190

c) Die Wahrnehmung der haushaltspolitischen Gesamtverantwortung durch den Bundestag setzt ferner voraus, dass der Legitimationszusammenhang zwischen dem Europäischen Stabilitätsmechanismus und dem Parlament unter keinen Umständen unterbrochen wird (vgl. BVerfGE 132, 195 <264>, Rn. 166).

ｃ）連邦議会による予算に関する総括責任の行使はさらに、欧州安定制度と議会の間の妥当性連結が絶対に中断さ

れないことを前提とする(vgl. BVerfGE 132, 195 <264>, Rn. 166 参照)。

191

aa) Soweit die Entscheidungen der ESM-Organe die haushaltspolitische Gesamtverantwortung betreffen (können) - das ist jedenfalls bei den in Art. 5 Abs. 6 Buchstabe b, f, i und l ESMV genannten Beschlüssen vorstellbar -, wird der notwendige Legitimationszusammenhang dadurch gewährleistet, dass diese Beschlüsse nicht gegen die Stimme des deutschen Vertreters in den ESM-Organen gefasst werden können (vgl. BVerfGE 132, 195 <251>, Rn. 136). Da die Beschlüsse nach Art. 5 Abs. 6 Buchstabe b, f, i und l ESMV einstimmig ergehen (Art. 4 Abs. 3 ESMV) und im Fall des sogenannten Dringlichkeitsabstimmungsverfahrens nach Art. 4 Abs. 4 Satz 2 ESMV eine qualifizierte Mehrheit von 85 % der Stimmen erforderlich ist, ist eine Entscheidung gegen die Stimme des deutschen Vertreters, der derzeit über 27,1464% der Stimmrechte verfügt (Art. 4 Abs. 7 ESMV i.V.m. Anhang I), in den genannten Fällen ausgeschlossen. Das gilt auch für alle weiteren Beschlüsse der ESM-Organe, soweit diese im Einzelfall die haushaltspolitische Gesamtverantwortung betreffen sollten: Die Beschlüsse der ESM-Organe setzen - von den Fällen der Art. 9 Abs. 2 und Art. 23 Abs. 1 Satz 1 ESMV abgesehen - zumindest eine qualifizierte Mehrheit von 80% der Stimmrechte (Art. 4 Abs. 5 ESMV) voraus, so dass auch im ESM-Vertrag nicht ausdrücklich genannte Beschlüsse nach Art. 5 Abs. 7 Buchstabe n ESMV, deren Relevanz für die haushaltspolitische Gesamtverantwortung sich nicht prognostizieren lässt, nicht gegen die Stimme des deutschen Vertreters ergehen können. Die haushaltspolitische Gesamtverantwortung des Bundestages kann daher auf der Ebene der innerstaatlichen Gesetzgebung durch die

Bindung des jeweiligen deutschen Vertreters in den ESM-Organen gewahrt werden und wird durch den ESM-Vertrag folglich nicht beeinträchtigt (vgl. BVerfGE 132, 195 <265, 273>, Rn. 169, 185).

　欧州安定制度機関の判断が予算に関する総括責任に関わる可能性がある場合（このことは最低限でも欧州安定制度条約5条6項b）f）i）および l）で列挙されている案件について考えられる）、当該決議が欧州安定制度機関におけるドイツ代表の拒否に対して成立しないことにより、その必要な妥当性連結が保障される（BVerfGE 132, 195 <251>, Rn. 136 参照）。欧州安定条約5条6項b）f）i）および l）で列挙された案件の場合、決議に全員一致が必要である。欧州安定制度4条4項2文のいわゆる緊急決議手続きの場合に票の85％の特殊過半数が必要である。ドイツ代表は現時点で議決権の 27.1464％を有する（欧州安定制度条約4条7項、付属書Ⅰと関連して）ので、ドイツ代表の票と逆の判断がこれらの場合で不可能である。具体的事例において、欧州安定制度の他の決定が予算に関する総括責任 n 代わる場合でも、同様である。欧州安定制度条約9条2項および23条1項1文の場合を別にして、欧州安定制度機関の決議は最低限でも議決権の80％の過半数を必要とする。従って、欧州安定制度条約5条7項 n）による特に列挙されていない決定であり、予算に関する総括責任の関わりが予測できない場合でも、ドイツ代表の票と逆の決定が成立することが不可能である。従って、連邦議会の予算に関する総括責任は、国内立法段階により欧州安定制度機関のドイツ代表に対する拘束により確保することができる。欧州安定制度により支障が生じない

　（BVerfGE 132, 195 <265, 273>, Rn. 169, 185 参照）。
192
　bb) Die haushaltspolitische Gesamtverantwortung des Bundestages ist auch nicht dadurch verletzt, dass die Bundesrepublik Deutschland durch den Beitritt anderer Staaten zum Europäischen Stabilitätsmechanismus und die damit einhergehende

Verschiebung der Stimmgewichte in den ESM-Organen (vgl. Art. 2 Abs. 3 ESMV) bei Entscheidungen, die mit qualifizierter Mehrheit (Art. 4 Abs. 5 ESMV) gefasst werden, ihre Sperrminorität zu verlieren drohte. Die vertraglich begründete Vetoposition der Bundesrepublik Deutschland in den ESM-Organen kann vielmehr auch dann abgesichert werden.

ｂｂ）連邦議会の予算に関する総括責任は、以下の点からしても、支障が生じるおそれがない。他の国家が欧州安定制度に加盟することにより、欧州安定制度機関における票の割合の変更により（欧州安定制度条約２条３項参照）、特殊過半数を必要とする決定について（欧州安定制度条約４条５項参照）、ドイツ連邦共和国が拒否権を失うおそれがある点である。ドイツ連邦共和国が条約上で欧州安定制度機関に拒否権を有するが、その地位はこの新規加盟の場合でも、確保することが可能である。

193

Ausweislich des Art. 5 Abs. 6 Buchstabe l ESMV werden infolge eines Beitritts neuer Mitglieder Anpassungen des ESM-Vertrages erforderlich. In diesem Zusammenhang können die derzeitigen Mehrheitserfordernisse so angepasst werden, dass die gegenwärtig gegebene und verfassungsrechtlich geforderte Vetoposition Deutschlands auch unter veränderten Umständen erhalten bleibt. Nach Art. 44 ESMV erfordert ein Beitritt zum Europäischen Stabilitätsmechanismus einen einstimmigen Gouverneursratsbeschluss (Art. 44 i.V.m. Art. 5 Abs. 6 Buchstabe k ESMV). Die Bundesregierung hat demnach die Möglichkeit und gegebenenfalls die Pflicht, zur Wahrung der haushaltspolitischen Gesamtverantwortung des Bundestages ihre Zustimmung zur Genehmigung eines Beitrittsantrags von einer Änderung des Art. 4 Abs. 4 Satz 2 und Abs. 5 ESMV abhängig zu machen.

欧州安定制度条約5条6項1により、新規加盟がある場合には、欧州安定制度条約の改正が必要となる。そのときに、過半数状況を改正する際に、現状で成立している、憲法上も必要であるドイツの拒否権が維持されるように配慮することが可能である。欧州安定制度条約44条により、欧州安定制度への加盟は、常務理事会の全員一致決定を必要とする。従って、連邦政府は、連邦議会の予算に関する総括責任を維持する目的で、加盟申請の承認の条件として欧州安定制度条約4条4項2文、5項の変更を要求することはできる。また、そうする義務も負う。

194

d) Besondere Bedeutung erlangen die Integrationsverantwortung des Bundestages und die verfassungsrechtliche Maßgabe, dass sich der Bundestag seiner haushaltspolitischen Gesamtverantwortung nicht entäußern darf (vgl. BVerfGE 129, 124 <177 ff.>; 132, 195 <260>, Rn. 157 ff.), im Hinblick auf die in Art. 4 Abs. 8 ESMV vorgesehene Aussetzung der Stimmrechte (aa). Insoweit bedarf es einer haushaltsrechtlichen Absicherung der Zahlungsfähigkeit, die verfassungsrechtlichen Anforderungen genügt (bb). Das ist derzeit gewährleistet (cc).

ｄ）連邦議会の統合に関する責任および憲法上に連邦議会が予算に関する総括責任を放棄できない点は（BVerfGE 129, 124 <177 ff.>; 132, 195 <260>, Rn. 157 ff.参照）、特に欧州安定制度4条8項で予定せあれている議決権の凍結について重要である（ａａ）。この点について、憲法の要請を満たす支払い能力の予算法上の確保が必要である（ｂｂ）。この要請は現在、満たされている（ｃｃ）。

195

aa) Kommt ein ESM-Mitglied seinen vertraglichen Pflichten, insbesondere bei Kapitalabrufen nach Maßgabe der Art. 8, Art. 9 und Art. 10 ESMV, nicht fristgerecht und in voller Höhe nach, werden sämtliche Stimmrechte des säumigen ESM-Mitglieds ausgesetzt (Art. 4 Abs. 8 ESMV).

ａａ）欧州安定制度の加盟国が条約上の義務、特に欧州安定制度８条、９条および１０条に基づく資本金の要請を期限内および完全に履行しない場合、遅滞に落ちいた加盟国の議決権が凍結される（欧州安定制度条約４条８項）。

196

(1) Die Aussetzung der Stimmrechte nach Art. 4 Abs. 8 ESMV hat zur Folge, dass der betroffene Mitgliedstaat bis zur Zahlung der geforderten Kapitalanteile ipso iure sämtliche Stimmrechte in allen Kollegialorganen des Europäischen Stabilitätsmechanismus verliert, also für die Dauer seiner Säumnis auf die Entscheidungen des Gouverneursrats und des Direktoriums - auch wenn sie mit der umstrittenen Zahlungsverpflichtung nichts zu tun haben - keinen Einfluss mehr nehmen kann. Die vertraglich vereinbarten Erfordernisse hinsichtlich der Beschlussfähigkeit der ESM-Organe (Art. 4 Abs. 2 Satz 2 ESMV) und der jeweils erforderlichen Mehrheiten (Art. 4 Abs. 4 bis Abs. 6 ESMV) werden für die Dauer der Aussetzung der Stimmrechte eines oder mehrerer Mitglieder nach Art. 4 Abs. 8 Satz 2 ESMV entsprechend neu berechnet. Solange zumindest ein Mitgliedstaat stimmberechtigt bleibt, führt die Stimmrechtsaussetzung also - unabhängig von der Zahl der ausgesetzten Stimmrechte - unter keinen Umständen zur Beschlussunfähigkeit der ESM-Organe oder dazu, dass in den Organen bestimmte Mehrheiten nicht mehr erreicht werden könnten.

（１）欧州安定制度条約４条８項に基づく議決権の凍結により、当該加盟国は自動的に欧州安定制度の全ての機関で議決権を失うことになる。遅滞の間には、理事会および常務理事会の決議に、仮に問題となる支払義務と関係ない場合でも、影響を及ぼすことができないことになる。欧州安定制度機関の決定を可能とする最低投票数（定数）（欧

州安定制度条約 4 条 2 項 2 文）および必要な過半数（欧州安定制度条約 4 条 4 項から 6 項）は、加盟国の一つまたは複数の議決権が凍結されている間には、新たに計算される。最低限で一つの加盟国の議決権が維持される限り、議決権の凍結はその対象となる数と関係なく、絶対に欧州安定制度機関が決定できないこと、または当該機関で一定の過半数を実現できないことにはならない。

197

Während der Aussetzung der Stimmrechte eines oder mehrerer ESM-Mitglieder können - mit Ausnahme der Beschlüsse über Veränderungen des genehmigten Stammkapitals (vgl. Art. 10 Abs. 1 Satz 2 und Satz 3 ESMV) - sämtliche Entscheidungen des Europäischen Stabilitätsmechanismus ohne Mitwirkung der betroffenen ESM-Mitglieder gefasst werden. Das schließt Beschlüsse über weitere Kapitalabrufe (Art. 9 Abs. 1 ESMV) und über die Gewährung von Stabilitätshilfen im Einzelfall und ihre Konditionierung (Art. 13 ff. ESMV) ebenso ein wie eine Änderung der Liste der Finanzhilfeinstrumente (Art. 19 ESMV).

このことは更なる資本権の要請（欧州安定制度条約 9 条 1 項）、個別事例における安定救助の提供およびその条件（欧州安定制度条約 13 条以下）および金融援助の手段の変更（欧州安定制度条約 19 条）を含む。一つまたは複数の加盟国の議決権が凍結されている間に、授権資本金の変更に関する決定を例外として（欧州安定制度条約 10 条 1 項 2 文 3 文参照）、欧州安定制度のすべての決定を当該加盟国の参加なく行うことが可能である。

198

(2) Einen wirkungsvollen, insbesondere mit aufschiebender Wirkung ausgestatteten Rechtsbehelf gegen die Aussetzung der Stimmrechte nach Art. 4 Abs. 8 Satz 1 ESMV sieht der ESM-Vertrag nicht vor. Über den Widerspruch eines Mitgliedstaates gegen die Aussetzung seiner Stimmrechte, der als „Streitigkeit zwischen einem ESM-Mitglied und dem ESM" im Sinn

von Art. 37 Abs. 2 ESMV zu werten wäre, entscheidet - wiederum unter Aussetzung der Stimmrechte des betroffenen ESM-Mitglieds (Art. 37 Abs. 2 Satz 2 ESMV) - der Gouverneursrat mit qualifizierter Mehrheit; dessen Entscheidung kann vor dem Gerichtshof der Europäischen Union angefochten werden (Art. 37 Abs. 3 ESMV). Nach Wortlaut und Zweck des Art. 4 Abs. 8 ESMV sowie nach der Systematik des Vertrages ist davon auszugehen, dass die Aussetzung der Stimmrechte während der gesamten Verfahrensdauer bestehen bleibt.

（２）欧州安定制度条約４条８項に基づく議決権の凍結に対する実効的な救済方法（特に効力を延期するもの）は、欧州安定制度条約に整備されていない。加盟国が議決権の凍結に異議がある場合、その異議は欧州安定制度条約37条２項２文がいう加盟国と欧州安定制度の間の紛争である。その紛争について、理事会が当該加盟国の議決権を凍結した上に特殊過半数で決定する。理事会の決定に対し、ＥＵ裁判所に上訴が可能である（欧州安定制度条約 37 条 3 項）。欧州安定制度条約４条８項の文言および条約の体系を配慮すると、議決権の凍結は、その手続きが終了するまでに継続するように考えるべきである。

199

(3) Käme es zu einer Aussetzung der Stimmrechte der Bundesrepublik Deutschland nach Art. 4 Abs. 8 Satz 1 ESMV, liefe die innerstaatlich vorgesehene Beteiligung des Bundestages an den Entscheidungen der ESM-Organe für die Dauer der Stimmrechtsaussetzung leer. Damit entfiele aus deutscher Sicht zugleich die demokratische Legitimation und Kontrolle der in diesem Zeitraum getroffenen Entscheidungen, und zwar unabhängig davon, welche Abstimmungsregeln der Vertrag für die konkret zu treffenden Entscheidungen vorsieht. Betroffen wären unter Umständen auch Entscheidungen, die die haushaltspolitische Gesamtverantwortung des Deutschen Bundestages

berühren und daher grundsätzlich seiner Mitwirkung bedürfen (vgl. BVerfGE 129, 124 <179 ff.>; 132, 195 <262>, Rn. 162). Das gilt etwa für Entscheidungen über die Ausgabe von Anteilen zu einem anderen Kurs als zum Nennwert (Art. 8 Abs. 2 Satz 4 ESMV), über weitere Kapitalabrufe (Art. 9 Abs. 1 und Abs. 2 ESMV), über die Gewährung von Stabilitätshilfen einschließlich der Festlegung wirtschaftspolitischer Auflagen in einem Memorandum of Understanding nach Art. 13 Abs. 3 ESMV und über die Wahl der Instrumente sowie für die Festlegung der Finanzierungsbedingungen nach Maßgabe der Art. 12 bis Art. 18 ESMV und für die Änderung der Liste der Finanzhilfeinstrumente, die der Europäische Stabilitätsmechanismus nutzen kann (Art. 19 ESMV).

（3）ドイツ連邦共和国の議決権が欧州安定制度条約 4 条 8 項に基づき凍結される場合、国内立法が予定している欧州安定制度機関の決定についての連邦議会の参加が議決権の凍結の間に空転することになる。この場合、ドイツの立場から同時に当該機関で行った決定の民主主義的妥当性および監督が失われることになる。具体的決定について、条約がどの投票の規制を行うことと関係なく、失われる。場合によっては、ドイツ連邦議会の予算に関する総括責任の関わるために、原則として連邦議会の参加を必要とする決定も問題となる（BVerfGE 129, 124 <179 ff.>; 132, 195 <262>, Rn. 162 参照）。このことは、以下の決定について言える。額面価格以外の価格で持分を発行する場合（欧州安定制度条約 8 条 2 項 4 文）、更なる資本金の要請（欧州安定制度 9 条 1 項 2 項）、安定制度の提供および合意書面において経済政策上の条件を決定する場合（欧州安定制度条約 13 条 3 項）、手段の選択および金融条件の確定（欧州安定制度条約 12 条から 18 条）および欧州安定制度が利用できる金融援助手段の列挙への変更（欧州安定制度条約 19 条）の各場合である。

200

bb) Um eine Aussetzung der Stimmrechte zu vermeiden, hat der Bundestag daher nicht nur den auf die Bundesrepublik Deutschland entfallenden, in Art. 8 Abs. 2 Satz 2 ESMV geregelten Anteil am anfänglich einzuzahlenden Kapital im Haushalt bereitzustellen, sondern im gebotenen Umfang auch durchgehend sicherzustellen, dass die weiteren auf Deutschland entfallenden Anteile am genehmigten Stammkapital nach Art. 8 Abs. 1 ESMV im Fall von Abrufen nach Art. 9 ESMV, gegebenenfalls in Verbindung mit Art. 25 Abs. 2 ESMV, jederzeit fristgerecht und vollständig eingezahlt werden können (BVerfGE 132, 195 <263>, Rn. 164). Ob eine Zahlungsaufforderung des Europäischen Stabilitätsmechanismus berechtigt ist, spielt insoweit keine Rolle. Entscheidend ist vielmehr allein, ob die Bundesrepublik Deutschland eine geforderte Zahlung im gebotenen Umfang und Zeitrahmen tatsächlich vornehmen kann und von Verfassungs wegen vornehmen darf. Ersteres ist vor allem eine Frage der Liquidität. Hierzu hat der Deutsche Bundestag durch seine Verfahrensbevollmächtigten erklärt, das Liquiditätsmanagement der „Finanzagentur GmbH" sei hinreichend „umsichtig und leistungsfähig", um fristgerechte Einzahlungen zu gewährleisten; diese tatsächliche Einschätzung ist vom Bundesverfassungsgericht hinzunehmen. Letzteres ist eine Frage der Vereinbarkeit fristgerechter und vollständiger Zahlung mit den haushaltsrechtlichen Vorschriften des Grundgesetzes.

ｂｂ）議決権の凍結を回避するために、連邦議会は欧州安定制度条約８条２項２文で規定されたドイツ連邦共和国の負担分となる初期払い込む資本金の持分について、予算法で用意しなければならない。その上に、ドイツの負担分となる欧州安定制度条約８条１項に基づく授権資本金のさらなる持分も、欧州安定制度条約９条（場合によっては

欧州安定制度条約 25 条 2 項と関連して）に基づく資本金の要請の場合に、いつでも期限内に完全に支払うことができるように、適切な範囲内で完全に確保しなければならない(BVerfGE 132, 195 <263>, Rn. 164)。欧州安定制度の支払の要求が合法的であるか否かは、その場合に関係ない観点である。ドイツ連邦共和国は支払の要求に範囲と期限を守って履行することができるか否か、または憲法上に履行することが許されるか否か、これらの点だけが問題となる。第一の点は、主に現金支払い能力の問題である。この点について、連邦議会が訴訟代理人により、以下のように説明した。Finanzagentur 有限会社の現金支払い能力管理は、期限内の支払を確保するために充分に「慎重で機能的」である、との説明である。この点に関する事実に関する評価は、連邦憲法裁判所が受忍しなければならない。第二の点は、期限内で完全に支払うことが憲法の予算法上の規定と両立するか否かの問題である。

201
(1) Nach Art. 110 Abs. 1 GG müssen alle zu erwartenden Ausgaben und Einnahmen des Bundes in den Haushaltsplan eingestellt werden. Der Haushaltsplan, der nach Art. 110 Abs. 2 Satz 1 GG durch Haushaltsgesetz festgestellt wird, ist Wirtschaftsplan und zugleich staatsleitender Hoheitsakt in Gesetzesform (BVerfGE 45, 1 <32>; 70, 324 <355 ff.>; 79, 311 <328 f.>; 129, 124 <178>). Er erfüllt eine demokratische Legitimations- und Kontrollfunktion im Hinblick auf sämtliche Einnahmen und Ausgaben des Staates und dient zugleich auch der Information der Öffentlichkeit. Vor diesem Hintergrund ist das Budgetrecht eines der wichtigsten Rechte des Parlaments und ein wesentliches Instrument der parlamentarischen Regierungskontrolle (vgl. BVerfGE 49, 89 <125>; 55, 274 <303>; 70, 324 <356>; 110, 199 <225>). Der besondere Gesetzesvorbehalt des Art. 110 Abs. 2 Satz 1 GG verpflichtet das Parlament dazu, sowohl sich selbst als auch der Öffentlichkeit

Rechenschaft über die Einnahmen und Ausgaben des Staates abzulegen. Nicht zuletzt deshalb wird die parlamentarische Aussprache über den Haushalt - einschließlich des Maßes der Verschuldung - als politische Generaldebatte verstanden (BVerfGE 123, 267 <361>; 129, 124 <178>). Erweisen sich die vorhandenen Haushaltsansätze im Laufe des jeweiligen Haushaltsjahres als zu gering oder ergeben sich sachliche Bedürfnisse, die das Haushaltsgesetz nicht berücksichtigt hat, besteht für die Bundesregierung die verfassungsrechtliche Pflicht, eine Änderungsvorlage zum Haushaltsplan (Nachtragshaushalt) nach Maßgabe des Art. 110 Abs. 3 GG einzubringen, um die Vollständigkeit des Haushaltsplans zu gewährleisten (vgl. BVerfGE 45, 1 <34>; implizit auch BVerfGE 119, 96 <122 ff.>).

（１）憲法 110 条 1 項により、連邦の予測されるすべての収入の支出を、予算案に列挙しなければならない。予算案は憲法 110 条 2 項 1 文により法律の形で定められる。予算案は経済計画の性質と同時に、法律の形の国家の方針を定める権力行使行為の性質も有する（BVerfGE 45, 1 <32>; 70, 324 <355 ff.>; 79, 311 <328 f.>; 129, 124 <178>）。国家のすべての収入と支出について、民主主義的な妥当性と監督の機能を有する。同時に、国民への情報提供も目的とする。その背景で予算権限が議会の最も重要な権限の一つであり、議会による政府監督の重大な手段でもある（BVerfGE 49, 89 <125>; 55, 274 <303>; 70, 324 <356>; 110, 199 <225>参照）。憲法 110 条 2 項 1 文の特別な法律留保（法律が必要であるとのこと）は、議会に自己のためにも国民のためにも、国家収入および支出について審査する義務を負わせている。そのためにも、予算および国債発行の程度に関する議会での議論は、政治に関する総合議論として理解されている（BVerfGE 123, 267 <361>; 129, 124 <178>）。予算年度中に既存の予算決定に不足が生じる場合、または予算案で配慮されていない新た

な需要が発生する場合、連邦政府は憲法 110 条 3 項に従い、予算案の充実を確保するために、追加予算の法案を議会に発案する義務を負う(BVerfGE 45, 1 <34>参照; 前提として BVerfGE 119, 96 <122 ff.>も同様)。

202

Da der Haushaltsplan nach Art. 110 Abs. 2 Satz 1 GG vor Beginn des jeweiligen Rechnungsjahres festgestellt werden muss, ist ihm ein Prognoseelement notwendig zu Eigen (vgl. BVerfGE 30, 250 <263>; 113, 167 <234>; 119, 96 <130>), so dass sich im Haushaltsvollzug immer Abweichungen vom Haushaltsplan ergeben werden. Das liegt in der Natur der Sache. Nicht mehr mit dem Grundsatz der Haushaltswahrheit vereinbar sind jedoch bewusst fehlerhafte oder auch „gegriffene" Haushaltsansätze, die trotz naheliegender Möglichkeiten besserer Informationsgewinnung ein angemessenes Bemühen um eine realitätsnahe und insoweit „gültige" Prognose der zu erwartenden Einnahmen oder Ausgaben vermissen lassen (vgl. BVerfGE 119, 96 <130>).

予算案は憲法 110 条 2 項 1 文により予算年度以前に制定しなけらばならない。そのため、必然的に予測の要素を有する (BVerfGE 30, 250 <263>; 113, 167 <234>; 119, 96 <130>)。そのため、予算案の履行では、常に予算案との相違が生じることになる。このことは、必然的である。但し、意識して間違ってまたは適当に行った予算予測で、より優れた情報入手の可能性を無視して、現実に近いで「有効」な収入または支出の予測のための努力を欠ける場合、当該予測が予算真実の原則と両立しない。

203

(2) Art. 112 GG erlaubt eine Durchbrechung des haushaltsrechtlichen Parlamentsvorbehalts im Hinblick auf „überplanmäßige und außerplanmäßige" Ausgaben, sofern hierfür ein „unvorhergesehenes und unabweisbares" Bedürfnis besteht. Wenn die Voraussetzungen des Art. 112 GG erfüllt sind, kann der

Bundesminister der Finanzen im Einzelfall Ausgaben bewilligen, für die der Haushaltsplan entweder gar keinen (außerplanmäßige Ausgaben) oder zumindest keinen ausreichenden (überplanmäßige Ausgaben) Ansatz enthält. Es handelt sich dabei um eine subsidiäre Notkompetenz der Exekutive für den Fall, dass eine parlamentarische Bewilligung zu spät käme (vgl. Kube, in: Maunz/Dürig, GG, Art. 112 Rn. 3 <Dezember 2007>; Heintzen, in: v.Münch/Kunig, GG, Bd. 2, 6. Aufl. 2012, Art. 112 Rn. 1).

（２）憲法 112 条は、予算法上の議会留保の例外を「予算超過および予算外支出」について、「予測できない不可欠な必要がある場合」に認めている。憲法 112 条の条件が備えている場合、連邦大蔵大臣は具体事例において、予算案で全く項目がない（予算外支出）または不十分な項目しかない（予算超過支出）を認めることができる。この場合は、議会による許可では間に合わない場合のために整備されている行政権の補充的な権限である（Kube, in: Maunz/Dürig, GG, Art. 112 Rn. 3 <Dezember 2007>; Heintzen, in: v.Münch/Kunig, GG, Bd. 2, 6. Aufl. 2012, Art. 112 Rn. 1 参照）。

204

cc) Es ist derzeit haushaltsrechtlich ausreichend sichergestellt, dass die Bundesrepublik Deutschland sämtlichen für die Anwendung von Art. 4 Abs. 8 ESMV relevanten Zahlungsaufforderungen des Europäischen Stabilitätsmechanismus - bis zur Höhe ihres Anteils am genehmigten Stammkapital (Art. 8 Abs. 5 Satz 1 ESMV) - so rechtzeitig und umfassend nachkommen kann, dass eine Stimmrechtsaussetzung praktisch ausgeschlossen ist.

ｃｃ）現時点では、ドイツ連邦共和国が欧州安定制度条約 4 条 8 項に関係ある支払義務を、授権資本金の持分の金額（欧州安定制度条約 8 条 5 項 1 文）まで、期限内で完全に履行できるため、議決権の凍結が実際問題としてあり得ないことは、予算法上に充分に保障されている。

205

(1) Seit Inkrafttreten des Vertrages zur Einrichtung des Europäischen Stabilitätsmechanismus waren im jeweiligen Haushaltsplan die Ausgaben für die ersten vier (von insgesamt fünf) Tranchen des deutschen Anteils am anfänglich eingezahlten Stammkapital des Europäischen Stabilitätsmechanismus eingestellt (vgl. Gesetz über die Feststellung eines Nachtrags zum Bundeshaushaltsplan für das Haushaltsjahr 2012 - Nachtragshaushaltsgesetz 2012 - vom 13. September 2012, BGBl I S. 1902; Gesetz über die Feststellung des Bundeshaushaltsplans für das Haushaltsjahr 2013 <Haushaltsgesetz 2013> vom 20. Dezember 2012, BGBl I S. 2757). Für die fünfte Rate ist nach Angaben der Bundesregierung eine weitere Ausgabe im Haushaltsplan für das Jahr 2014 vorgesehen.

（１）欧州安定制度条約の発効以来、各予算案で、ドイツの欧州安定制度の初期支払資本金のドイツ負担分について、総計5回の分割支払のための4回の支払の項目が予定されていた（2012年9月13日の「2012年度の連邦予算案に関する追加に関する法律 BGBl I S. 1902; 2012年12月20日の2013年度連邦予算を確定するための法律 BGBl I S. 2757 参照）。第5回の支払については、連邦政府の説明で2014年度予算案で項目を入れることが予定されている。

206

(2) Über diesen Anteil am anfänglich eingezahlten Kapital hinaus ermächtigt § 1 Abs. 2 Satz 1 ESMFinG den Bundesminister der Finanzen - gestützt auf Art. 115 Abs. 1 GG (vgl. BTDrucks 17/9048, S. 6) -, für das abrufbare Kapital des Europäischen Stabilitätsmechanismus in Höhe von 168,30768 Milliarden Euro „Gewährleistungen" zu übernehmen. Eine haushaltsrechtliche Absicherung ist damit jedoch nicht verbunden (vgl. auch § 1 Abs. 2 Satz 2 ESMFinG).

（2）この初期支払資本金を超えて、安定制度金融法は、憲法 115 条 1 項に基づいて（BTDrucks 17/9048, S. 6 参照）、連邦大蔵大臣に、欧州安定制度の授権資本金のために 1683 億 768 万ユーロまで「保証」を引き受ける権限を与えている。このことは、予算法上の保障を伴うことではない（安定制度金融法 1 条 2 項 2 文も参照）。

207
(3) Weder das Notbewilligungsrecht nach Art. 112 GG (<a>) noch die Aufstellung eines Nachtragshaushalts (<b>) sind in jedem Fall geeignet, eine vollständige und fristgerechte Begleichung der deutschen Zahlungsverpflichtungen zu gewährleisten.

（3）憲法 112 条による緊急予算追加権も（a）も、追加予算の制定（b）も、全ての場合において、ドイツの支払義務の期限内支払を保障するに適していない。

208
(a) Ein Rückgriff auf das Notbewilligungsrecht des Bundesministers der Finanzen nach Art. 112 Satz 2 GG (vgl. auch § 37 Abs. 1 Satz 2 BHO) setzt voraus, dass die zu bewilligende Ausgabe oder ihre Dringlichkeit von den an der Haushaltsaufstellung beteiligten Verfassungsorganen tatsächlich nicht vorausgesehen worden ist. Insoweit ist zu berücksichtigen, dass die Zahlungsverpflichtungen aus Art. 9 ESMV dem Grunde und ihrer maximalen Höhe nach feststehen. Darüber hinaus hat der Senat in seinem Urteil vom 12. September 2012 · unter ausdrücklicher Bezugnahme auf Art. 110 Abs. 1 GG, § 22 HGrG und § 16 BHO auf die Notwendigkeit einer haushalterischen Absicherung der Zahlungspflichten hingewiesen (vgl. BVerfGE 132, 195 <263>, Rn. 164). Hinzu kommt, dass im Hinblick auf die überragende verfassungsrechtliche Stellung des Parlaments beim Erlass des Haushaltsgesetzes dem Nachtragshaushalt gegenüber dem Notbewilligungsrecht nach Art. 112 GG · bei dem das Parlament von jeglicher (auch nachträglicher)

Mitwirkung ausgeschlossen ist - der Vorrang zukommt (vgl. BVerfGE 45, 1 <32, 34 ff.>).

（a）憲法 112 条の連邦大蔵大臣の緊急予算追加権（連邦予算法 37 条 1 項 2 文も参照）は、追加すべき支出またはその緊急性が予算制定に関わる憲法機関により予測されていなかったことを条件とする。この点について考えるときに、欧州安定制度条約 9 条の支払義務が根拠および最高額において確定されている点を配慮しなければならない。その上、本法廷は 2012 年 9 月 12 日の判決で、明示的に憲法 110 条、連邦予算原則法 22 条および連邦予算法 16 条を指定した上に、支払義務の予算法上の確保を要求した（BVerfGE 132, 195 <263>, Rn. 164 参照）。それに加えて、以下の観点がある。予算法を制定する際に憲法上に議会に極めて重大な地位がある。そのため、憲法 112 条の緊急追加予算権を行使する以前に、追加予算法の制定が優先する。緊急予算権の行使の場合、議会の参加が事前も事後も全くない（BVerfGE 45, 1 <32, 34 ff.>参照）。

209

(b) Auch die Möglichkeit, einen Nachtragshaushalt aufzustellen, sichert nicht in allen Fällen die fristgerechte und vollständige Bedienung von Kapitalabrufen des Europäischen Stabilitätsmechanismus in Einklang mit den haushaltsrechtlichen Vorschriften des Grundgesetzes. Zeichnet sich die Möglichkeit eines Kapitalabrufs gemäß Art. 9 ESMV ab, ist grundsätzlich die Aufnahme eines entsprechenden Ansatzes in den Haushaltsplan geboten. Trotz der verfahrensrechtlichen Vereinfachungen für den Erlass eines Nachtragshaushalts (vgl. Art. 110 Abs. 3 Halbsatz 2 GG) ist das Gesetzgebungsverfahren zeitaufwändig und von den Mehrheitsverhältnissen in Bundestag und Bundesrat abhängig. So steht dem Bundesrat nach Art. 110 Abs. 3 Halbsatz 2 GG eine dreiwöchige Frist zur Stellungnahme zu, die er zwar nicht ausnutzen muss, aber ausnutzen kann. Die bei Kapitalabrufen zu wahrende Zahlungsfrist ist demgegenüber im günstigsten Fall „angemessen"; (Art. 9 Abs. 1 und Abs. 2 ESMV) ; nach den in Umsetzung von Art. 9 Abs. 4 ESMV durch das Direktorium erlassenen Regelungen und Bedingungen für Kapitalabrufe vom 9. Oktober 2012 sollen die Zahlungsfristen in den Fällen des Art. 9 Abs. 1 ESMV vier und in den Fällen des Art. 9 Abs. 2 ESMV zwei Monate nicht überschreiten) und beträgt im dringlichsten Fall lediglich sieben Tage (Art. 9 Abs. 3 Satz 4 ESMV). Zwar ist nicht von vornherein ausgeschlossen, dass ein Nachtragshaushalt unter günstigen Umständen - also bei gleichgerichtetem Zusammenwirken aller beteiligten Verfassungsorgane und unter Verzicht auf geltende Fristen - innerhalb von sieben Tagen erlassen werden kann; daraus folgt aber nicht, dass dies auch in jedem Fall gelingt. Das gilt ungeachtet der verfassungsrechtlichen Pflicht aller an der Haushaltsaufstellung beteiligten Organe, die jederzeitige Erfüllbarkeit von Kapitalabrufen haushalterisch sicherzustellen (vgl. BVerfGE 132, 195 <263>, Rn. 164).

（ｂ）追加予算法を制定する可能性も、すべての場合に、憲法の規定を遵守する形で欧州安定制度による資本金要請に対する期限内で完全な履行を保障するものではない。欧州安定制度条約9条に基づき資本金要請の可能性が予測される場合、原則としてそのための項目を予算案法に入れるべきである。予算案法の制定には手続き上の緩和がある（憲法110条3項2文）が、立法手続きには時間がかかり、連邦議会および連邦参議院の過半数状況に依存している。連邦議会には憲法110条3項2文により、意見を述べるために3週間の期間が保障されている。連邦参議院はその期間を使用する必要がないが、しかし、使用することもありうる。これに対して資本金要請の際に守る必要がある支払期限は、最も長い場合でも「適切」である（欧州安定制度条約9条1項2項）。常務理事会が2012年10月9日に制定した「資本金要請に関する規制と条件」によれ

ば、欧州安定制度 9 条 1 項の場合に 4 か月、欧州安定制度条約 9 条 2 項の場合に 2 か月以内とされている。最も緊急の場合には、7 日間しかない（欧州安定制度条約 3 項 4 文）。確かに、最も良い状況（すべての関係する憲法機関が協力して、妥当する期限を放棄する場合）では、7 日間で追加予算法が制定されることも不可能ではない。しかし、そのことが全ての場合に成功することにはならない。このことは、予算法に関係する機関が資本金要請の期限内履行を常に予算上保障する義務と関係なく、いえる（BVerfGE 132, 195 <263>, Rn. 164 参照）。

210

(4) Für absehbare Zahlungspflichten nach Art. 8 Abs. 4 Satz 2 ESMV in Verbindung mit Art. 9 ESMV sind Ansätze im Haushaltsplan vorzusehen. Dies ergibt sich aus den Grundsätzen der Vollständigkeit und der Wahrheit des Haushalts. In welcher Höhe der Haushaltsgesetzgeber mögliche Kapitalabrufe durch einen Ansatz im Bundeshaushalt berücksichtigt, hängt von den jeweiligen Umständen ab und setzt eine „gültige" Prognose über deren Wahrscheinlichkeit, Zeitpunkt und Höhe voraus.

（4）欧州安定制度条約 8 条 4 項 2 文（欧州安定制度条約 9 条と関連して）については、予算案法で項目を入れなければならない。この点は、予算の完全と予算の真実の原則が導かれる。予算立法者はどの程度の額で資本金要請を連邦予算法で配慮することは、諸事情による問題であり、要請の蓋然性・時期・金額の「有効な」予測を前提とする。

211

Unsicherheiten bei der Bewertung künftiger Kapitalabrufe schließen die Prognose des Haushaltsgesetzgebers nicht aus. So steht nicht nur das maximale Volumen der Zahlungspflichten fest (Art. 8 Abs. 4 ESMV); auch die Wahrscheinlichkeit und der Zeitpunkt des Auftretens von Finanzierungsproblemen einzelner Mitgliedstaaten lassen sich anhand verschiedener Parameter - etwa der

Verschuldungsquote und der Laufzeit und Fälligkeit der Staatsanleihen eines ESM-Mitglieds prognostizieren (so auch der estnische Staatsgerichtshof <Riigikohus>, Urteil vom 12. Juli 2012 - 3-4-1-6-12 -, Abs.-Nr. 197). Entsprechendes gilt für die Risiken aus der Geschäftstätigkeit des Europäischen Stabilitätsmechanismus, seiner Anleiheoperationen (Art. 21 ESMV) und seiner Anlagepolitik (Art. 22 ESMV).

将来の資本金要請に関する評価の際の不確定要素は、予算立法者の予測を不可能とするものではない。支払義務の最大金額は確定である（欧州安定制度条約8条4項）。個別加盟国の支払能力問題の蓋然性および時期も、複数の指数（GDP比の国債発行残高、加盟国の発行済み国債の期間および満期）を配慮して予測できる（同様にエストニア国家裁判所<Riigikohus>, Urteil vom 12. Juli 2012 - 3-4-1-6-12 -, Abs.-Nr. 197）。欧州安定制度の業務（借入活動、欧州安定制度条約21条および投資活動、欧州安定制度条約22条）から生じるリスクについても、同様である。

212

(5) Die bisherige Prognose des Haushaltsgesetzgebers, dass sich die Verpflichtungen der Bundesrepublik Deutschland im Zusammenhang mit der Finanzierung des Europäischen Stabilitätsmechanismus auf das anfänglich eingezahlte Stammkapital im Sinne von Art. 8 Abs. 2 Satz 2 ESMV beschränken (vgl. BTDrucks 17/9045, S. 2), begegnet keinen verfassungsrechtlichen Bedenken.

（5）連邦予算立法者は、ドイツ連邦共和国の欧州安定制度関連支払義務が初期支払済み資本金（欧州安定制度条約8条2項文）に限定される、と予測している（BTDrucks 17/9045, S. 2 参照）。この予測には憲法上の問題がない。

213

e) Art. 32 Abs. 5, Art. 34 und Art. 35 Abs. 1 ESMV, die die Unverletzlichkeit sämtlicher amtlicher Unterlagen des Europäischen Stabilitätsmechanismus sowie Schweigepflicht und Immunität seiner Organmitglieder und Mitarbeiter regeln, e）欧州安定制度条約32条5項、34条および35条は、欧州安定制度の全ての書類の不可侵およびその機関構成員と従業員の守秘義務・免責特権を規定しているが、これらの規定は結果として憲法38条1項、20条1項2項（79条3項と関連して）を侵害しない。 verstoßen im Ergebnis nicht gegen Art. 38 Abs. 1, Art. 20 Abs. 1 und Abs. 2 in Verbindung mit Art. 79 Abs. 3 GG und den - allein im Rahmen des Organstreitverfahrens der Antragstellerin zu VII. rügefähigen - Anspruch des Bundestages auf frühestmögliche und umfassende Unterrichtung aus Art. 23 Abs. 2 Satz 2 GG (vgl. BVerfGE 131, 152 <202 ff.>).原告ⅤⅡⅠ.が唯一に機関訴訟で適法に主張できる連邦議会の早期で充実な報告を受ける権利も（憲法23条2項2文）、侵害しない。 Sie sind so auszulegen, dass sie einer hinreichenden parlamentarischen Kontrolle des Europäischen Stabilitätsmechanismus durch den Deutschen Bundestag nicht entgegenstehen (vgl. dazu BVerfGE 132, 195 <257 ff.>, Rn. 150 ff.).

これらの規定は、ドイツ連邦議会による欧州安定制度の充分な監督に支障を生じさせないように、解釈しなければならない（この点について BVerfGE 132, 195 <257 ff.>, Rn. 150 ff.参照）。

214

Soweit eine hiervon abweichende Auslegungsmöglichkeit bestand (vgl. BVerfGE 132, 195 <259>, Rn. 154 f.), ist diese jedenfalls durch die gemeinsame Auslegungserklärung der Vertragsparteien des ESM-Vertrages vom 27. September 2012 (BGBl II S. 1086) und die gleichlautende einseitige Erklärung der Bundesrepublik Deutschland (BGBl II S. 1087) völkerrechtlich wirksam ausgeschlossen worden (vgl. auch ÖstVfGH, Entscheidung vom 16. März 2013 - SV 2/12-18 -, Rn. 95). Die Auslegungserklärungen stellen klar, dass Art. 32 Abs. 5, Art. 34 und Art. 35 Abs. 1 ESMV der umfassenden Unterrichtung des Bundestages nicht entgegenstehen.

その点について当初、別な解釈の可能性があった限り、この解釈は、最低限でも欧州安定制度条約加盟国おの 2012 年 9 月 27 日の共同解釈声明およびドイツ連邦共和国の同様の 2012 年 9 月 27 日の一方的声明（BGBl II S. 1086）により、排除されている（ÖstVfGH, Entscheidung vom 16. März 2013 - SV 2/12-18 -, Rn. 95 も参照）。これらの解釈声明は、欧州安定制度条約 32 条 5 項、34 条および 35 条が連邦議会に対する充実報告に支障を生じさせないことを、確認している。

215

f) Der summenmäßigen Begrenzung der Zahlungspflichten steht auch die in Art. 8 Abs. 2 Satz 4 ESMV vorgesehene Möglichkeit, Anteile am Stammkapital des Europäischen Stabilitätsmechanismus zu einem vom Nennwert abweichenden Kurs auszugeben, nicht entgegen (vgl. BVerfGE 132, 195 <253, 265>, Rn. 141, 169). Zwar kann die haushaltspolitische Gesamtverantwortung des Bundestages von Entscheidungen nach Art. 8 Abs. 2 Satz 4 ESMV betroffen sein, wenn durch die Ausgabe von Anteilen am Stammkapital zu einem über dem Nennwert liegenden Kurs zusätzliche Einzahlungspflichten entstehen. Die haushaltspolitische Gesamtverantwortung des Bundestages ist indes jedenfalls dadurch abgesichert, dass ein Beschluss nach Art. 8 Abs. 2 Satz 4 ESMV nicht gegen die Stimme des deutschen Vertreters im zuständigen ESM-Organ gefasst werden kann.

ｆ）支払義務の総額限定は、欧州安定制度条約 8 条 2 項 4 文が予定している欧州安定制度の資本金持分を額面価格と異なる価格で発行する可能性によっても、問題とならない。資本金持分を額面価格以上の相場で発行するために追加的な支払義務が発生する場合に、確かに、欧州安定制度

条約8条4項の決定により、連邦議会の予算に関する総括責任に関わる可能性がある。しかし、連邦議会の予算に関する総括責任はこの場合に、欧州安定制度条約8条2項4文の決定が管轄を有する欧州安定制度機関のドイツ構成員が反対したときに不可能である点により、保障されている。

216

g) Auch aus der abstrakten Möglichkeit, dass der Europäische Stabilitätsmechanismus finanzielle Verluste generieren könnte, ergibt sich keine Gefährdung der haushaltspolitischen Gesamtverantwortung des Bundetages. Bei der Frage, ob - und gegebenenfalls in welchem Umfang - mit Verlusten aus der Geschäftstätigkeit des Europäischen Stabilitätsmechanismus zu rechnen ist, kommt dem Gesetzgeber - wie bei jeder Beteiligung an einer internationalen Finanzinstitution - ein vom Bundesverfassungsgericht grundsätzlich zu respektierender Einschätzungsspielraum zu (vgl. BVerfGE 129, 124 <182 f.>). Dass der Gesetzgeber diesen Einschätzungsspielraum mit seiner Zustimmung zum ESM-Vertrag überschritten haben könnte, ist nicht ersichtlich.

g）欧州安定制度が損失を出す抽象的な可能性からも、連邦議会の予算に関する総括責任に対する支障のおそれが生じない。欧州安定制度の業務と関連した損失が予測されるか、またはその程度を予測する際、全ての国際金融機関への参加の場合と同様に、立法者に連邦憲法裁判所が尊重しなければならない判断裁量が認められる（BVerfGE 129, 124 <182 f.>参照）。立法者が欧州安定制度条約を承認することにより、この判断裁量を超えた事情は、確認できない。

217

aa) Der Vertrag geht davon aus, dass es im Zuge der Geschäftstätigkeit des Europäischen Stabilitätsmechanismus zu Verlusten kommen kann. Denn er ermächtigt ihn für diesen Fall in Art. 9 Abs. 2

ESMV, gegebenenfalls in Verbindung mit Art. 25 Abs. 2 ESMV, zu Kapitalabrufen. Dabei ist jedoch zu beachten, dass nicht nur das deutsche Gesamtengagement im ESM-Vertrag (Art. 8 Abs. 1, Anhänge I und II) durch den Bundestag gebilligt worden ist (§ 1 Abs. 1 und Abs. 2 ESMFinG), sondern dass jede einzelne Stabilitätshilfe nach Art. 13 Abs. 2 ESMV sowie die Unterzeichnung des jeweiligen Memorandum of Understanding nach Art. 13 Abs. 4 ESMV einer einvernehmlichen Beschlussfassung des Gouverneursrats bedürfen und damit mittelbar auch an die Zustimmung des Deutschen Bundestages gebunden sind (vgl. § 4 Abs. 1 ESMFinG). Da der Bundestag auf diese Weise Höhe, Konditionalität und Dauer der Stabilitätshilfen zugunsten hilfesuchender Mitgliedstaaten mitbestimmen kann, kann er auch die Wahrscheinlichkeit und die Höhe später möglicherweise erfolgender Kapitalabrufe nach Art. 9 Abs. 2 ESMV maßgeblich beeinflussen (vgl. BVerfGE 132, 195 <265 f.>, Rn. 170).

　ａａ）欧州安定制度条約は、欧州安定制度の業務により損失が発生する可能性を前提とする。その場合には、欧州安定制度条約9条2項（場合によっては欧州安定制度条約25条と関連して）、資本金の要請が可能であるからである。しかし、その点については以下の観点も配慮する必要がある。ドイツの投資総額が欧州安定制度条約（8条1項、付属書ⅠおよびⅡ）で規定され、連邦議会はそれを承認した（安定制度融資法1条1項2項2文）。さらに、欧州安定制度条約13条2項に基づく個別安定援助のすべておよび当該合意文書の署名も、欧州安定制度条約13条4項により常務理事会の全員一致決定を必要とするため、間接的にドイツ連邦議会の承認を必要とする（安定制度融資法4条1項）。連邦議会が救済を要請する加盟国のための安定援助の金額・条件・期間について他の機関と共同で決定できるため、後に場合によって発生する資本金要請の蓋

然性および金額についても、重大な影響を及ぼすことができる（BVerfGE 132, 195 <265 f.>, Rn. 170 参照）。

218

bb) Im Hinblick auf mögliche Verluste aus der sonstigen Geschäftätigkeit des Europäischen Stabilitätsmechanismus, vor allem aus seinen Anleiheoperationen nach Art. 21 ESMV, bestehen zwar keine vergleichbaren Einwirkungsmöglichkeiten des Bundestages. Er kann jedoch über seine Zustimmung zu den detaillierten Leitlinien für Anleiheoperationen (Art. 21 Abs. 2 ESMV) und die Anlagepolitik (Art. 22 Abs. 1 ESMV), die den Europäischen Stabilitätsmechanismus auf ein solides Finanz- und Risikomanagement verpflichten, hinreichenden Einfluss auf dessen Geschäftstätigkeit nehmen (vgl. BVerfGE 132, 195 <266>, Rn. 171).

ｂｂ）欧州安定制度の業務（特に借入業務、欧州安定制度条約 21 条）から生じる損失について、連邦議会の同等の影響を及ぼす可能性が整備されていない。しかし、連邦議会は借入業務（欧州安定制度条約 21 条）および投資政策（欧州安定制度条約 22 条）に関する詳細細則（欧州安定制度の慎重な金融・リスク管理を義務化する）の承認により、欧州安定制度の業務に充分な影響を及ぼすことができる（BVerfGE 132, 195 <266>, Rn. 171 参照）。

219

h) Eine Erweiterung der Zahlungspflichten über die derzeit geltende Summe von 190,0248 Milliarden Euro hinaus kommt nur im Wege der Kapitalerhöhung nach Art. 10 Abs. 1 ESMV, gegebenenfalls in Verbindung mit einem Beschluss nach Art. 8 Abs. 2 Satz 4 ESMV, in Betracht. Insoweit bedarf es jedoch stets einer einstimmigen Entscheidung des Gouverneursrats (Art. 5 Abs. 6 Buchstabe b und d ESMV) oder, im Fall einer Delegation dieser Beschlüsse nach Art. 5 Abs. 6 Buchstabe m ESMV, des Direktoriums (Art. 6 Abs. 5 Satz 2 i.V.m. Art. 5 Abs. 6 Buchstabe b und d ESMV).

Somit ist hinreichend sichergestellt, dass die haushaltspolitische Gesamtverantwortung des Bundestages gewahrt bleibt.

h）現在の最高額である 1900 億 2480 千万の額より支払義務を拡大することは、資本金増加（欧州安定制度条約 10 条 1 項、場合によっては欧州安定制度 8 条 2 項 4 文の決定と関連して）によって可能である。しかし、その場合には常に理事会の全員一致決定が必要である（欧州安定制度条約 5 条 6 項 b）d））。または、これらの決定が欧州安定制度条約 5 条 6 項 m）により移転されている場合、常務理事会の全員一致決定が必要である（欧州安定制度条約 6 条 5 項 1 文、欧州安定制度条約 5 条 6 項 b）d）と関連して）。そのことにより、連邦議会の予算政策に関する総括責任が維持される点について、充分に保障されている。

220

Entgegen der Auffassung des Beschwerdeführers zu I. lässt sich dem ESM-Vertrag keine völkerrechtliche Verpflichtung der Bundesrepublik Deutschland zur Zustimmung zu einer Kapitalerhöhung nach Art. 10 ESMV zum Zwecke der Erhaltung oder Wiederherstellung der Funktionsfähigkeit des Europäischen Stabilitätsmechanismus entnehmen. Nach Art. 10 Abs. 1 Satz 1 ESMV überprüft der Gouverneursrat regelmäßig die Angemessenheit des genehmigten Stammkapitals des Europäischen Stabilitätsmechanismus. Er kann beschließen, das Stammkapital von aktuell 700 Milliarden Euro (Art. 8 Abs. 1 Satz 1 ESMV) weiter zu erhöhen (Art. 10 Abs. 1 Satz 2 ESMV). Für die Annahme, dass aus Art. 10 ESMV - über dessen Wortlaut hinaus - eine Rechtspflicht der Mitgliedstaaten folgt, einer Kapitalerhöhung zuzustimmen, gibt es keine Anhaltspunkte, im Gegenteil spricht alles für die Maßgeblichkeit des Wortlauts. Hinzu kommt, dass die Entscheidung über die Kapitalerhöhung ausweislich des Art. 5 Abs. 6 Buchstabe d ESMV einstimmig ergehen muss und ausweislich des Art. 10 Abs. 1 Satz 3 ESMV eines nationalen Notifizierungsverfahrens bedarf. Die Entscheidung über eine Kapitalerhöhung soll also nicht allein aus der objektiven Notwendigkeit einer Kapitalerhöhung zur Erhaltung der Funktionsfähigkeit des Europäischen Stabilitätsmechanismus folgen, sondern aufgrund neuerlicher (politischer) Entscheidungen in den Mitgliedstaaten. Eine materielle Zustimmungspflicht würde diesen Mechanismus überspielen (so auch der estnische Staatsgerichtshof <Riigikohus>, Urteil vom 12. Juli 2012 · 3-4-1-6-12 ·, Abs.·Nr. 105 f., 144).

憲法異議の原告Ⅰ．の主張と逆に、欧州安定制度条約からはドイツ連邦共和国が欧州安定制度の機能の維持または復旧のために、欧州安定制度条約10条に基づく資本金増加に賛成する義務が生じない。欧州安定制度10条1項1文により、理事会は定期的に欧州安定制度の授権資本金の適正を審査する。理事会は、現在7000億ユーロ前後である資本金を更に増加させるように決定できる（欧州安定制度条約10条1項2文）。欧州安定制度条約10条の文言を超えて、加盟国に資本金の増加を承認する義務がある考えの根拠はない。逆に、全ての観点は、文言に従うべき考えを裏付ける。さらに、欧州安定制度5条6項d）に従い、資本金増加の決定は全員一致を必要とする上に、欧州安定制度条約10条1項3分に従い、この決定は、加盟国が国内手続きの完了を報告することも必要とする。従って、資本金増加に関する決定は、資本金増加の客観的必要性から生じるのではなく、加盟国の新たな国内政治判断を必要とする。実体法上の承認義務を想定すると、この仕組みが空転することになる（同様にエストニア国家裁判所<Riigikohus>, Urteil vom 12. Juli 2012 · 3-4-1-6-12 ·, Abs.·Nr. 105 f., 144)。

221
Ferner geht aus der Erklärung der Bundesrepublik Deutschland vom 27. September 2012, sowie der

gleichlautenden gemeinsamen Erklärung der Mitgliedstaaten (BGBl II S. 1086 f.) hervor, dass die Haftung der einzelnen Mitgliedstaaten gerade nicht - auch nicht zum Zweck der Stabilisierung des Euro-Währungsgebiets - unbegrenzt, sondern zunächst auf ihren jeweiligen Anteil am genehmigten Stammkapital begrenzt sein soll (vgl. auch Art. 8 Abs. 5 Satz 1 ESMV; dazu BVerfGE 132, 195 <252>, Rn. 140; ÖstVfGH, Entscheidung vom 16. März 2013 - SV 2/12-18 -, Rn. 83). Eine spätere Kapitalerhöhung wird dadurch zwar nicht ausgeschlossen. Aus der Erklärung geht jedoch der unmissverständliche, eine Berufung auf gegenteilige implizite Verpflichtungen ausschließende, Wille der Vertragsparteien hervor, über die Zahlung von höheren Beträgen als den in Anhang II des ESM-Vertrages festgehaltenen gegebenenfalls autonom zu entscheiden.

さらに、ドイツ連邦共和国の２０１２年９月２７日声明（BGBl II S. 1086 f.)および同様の加盟国の声明 から、個々の加盟国の責任はユーロ領域の安定を目的にしても、無限ではなく、自己の授権資本金の持分に限定されていることが明らかである（欧州安定制度条約８条５項も参照、これについて BVerfGE 132, 195 <252>, Rn. 140; ÖstVfGH, Entscheidung vom 16. März 2013 - SV 2/12-18 -, Rn. 83)。後に資本金を増加させることは、これによって排除されていない。しかし、この声明から、誤解の余地なく、逆に黙示的な義務を主張することを不可能とする当事者の、欧州安定制度条約付属書ＩＩ．で確定された金額以上の金額について場合によって自律的に判断する意思が、明らかになっている。

222
i) Schließlich begründet das Fehlen einer ausdrücklichen Austrittsregelung im ESM-Vertrag keine Verletzung der haushaltspolitischen Gesamtverantwortung. Durch die Haftungsbegrenzung nach Art. 8 Abs. 5 ESMV in Verbindung mit Anhang II ist hinreichend sichergestellt, dass durch den ESM-

Vertrag kein irreversibler Zahlungs- und Gewährleistungsautomatismus begründet wird, weshalb es keiner vertraglichen Regelung eines besonderen Kündigungs- oder Austrittsrechts bedarf (vgl. BVerfGE 132, 195 <268>, Rn. 175). Zudem ist der Austritt von Mitgliedstaaten trotz fehlender ausdrücklicher Regelung möglich.

ｈ）欧州安定制度条約に脱退に関する明白な規定がないことも、予算に関する総括責任の侵害を成立させるものではない。欧州安定制度条約８条５項（付属書ⅠⅠ．と関連して）は、欧州安定制度条約が不可逆的な支払い・保証仕組みを成立させることではないことが、充分に保障されている。そのため、解約・脱退の権利が必要でない

（BVerfGE 132, 195 <268>, Rn. 175 参照）。さらに、明白な規定が欠けても、加盟国の脱退が可能である。

223

3. Die Vorschriften des Gesetzes zu dem Vertrag zur Einrichtung des Europäischen Stabilitätsmechanismus und des ESM-Finanzierungsgesetzes genügen - jedenfalls bei verfassungskonformer Auslegung - den Anforderungen aus Art. 38 Abs. 1, Art. 20 Abs. 1 und Abs. 2 in Verbindung mit Art. 79 Abs. 3 GG an die Ausgestaltung der Beteiligungsrechte und Einwirkungsmöglichkeiten des Deutschen Bundestages zur Sicherung einer demokratischen Steuerung des Europäischen Stabilitätsmechanismus sowie zur Sicherung seiner haushaltspolitischen Gesamtverantwortung (BVerfGE 132, 195 <269>, Rn. 176 ff.).

３．欧州安定制度条約に関する法律および安定制度金融法は、最低限でも合憲解釈を前提に、欧州安定制度の民主主義的な支配および連邦議会の予算政策に関する総括責任を保障するために、憲法３８条、憲法２０条１項２項（憲法７９条３項と関連して）から生じる必要であるドイツ連邦議会の参加権と影響可能性についての要求を満たしている（BVerfGE 132, 195 <269>, Rn. 176 ff.）。

224

Die Begleitgesetzgebung hat die Funktion, die verfassungsrechtlich gebotenen Beteiligungsrechte der gesetzgebenden Körperschaften an der Tätigkeit des Europäischen Stabilitätsmechanismus im nationalen Recht abzubilden und zu konkretisieren (vgl. BVerfGE 123, 267 <433>). Sie hat sicherzustellen, dass der Bundestag - vermittelt über die Bundesregierung - einen bestimmenden Einfluss auf das Handeln des Europäischen Stabilitätsmechanismus ausüben kann (vgl. BVerfGE 123, 267 <356, 433 ff.>) und hierdurch seine haushaltspolitische Gesamtverantwortung sowie die Integrationsverantwortung wahrzunehmen in der Lage ist (vgl. BVerfGE 129, 124 <177 ff., 186>; 132, 195 <270>, Rn. 178). Die Anforderungen an die Sicherung einer demokratischen Steuerung des Europäischen Stabilitätsmechanismus sowie der haushaltspolitischen Gesamtverantwortung des Bundestages werden im Hinblick auf die Mitwirkungsrechte des Bundestages jedenfalls bei verfassungskonformer Auslegung des ESM-Finanzierungsgesetzes (a), im Hinblick auf seine Informationsrechte (b) und die personelle Legitimation der deutschen Vertreter in den Organen des Europäischen Stabilitätsmechanismus (c) uneingeschränkt erfüllt (vgl. im Einzelnen BVerfGE 132, 195 <269 ff.>, Rn. 177 ff.).

国内立法は、立法機関るの憲法上に必要な欧州安定制度活動についての参加権を国内法で制定して具体化するために機能する。連邦議会が連邦政府を通して欧州安定制度に支配的な影響を及ぼすことができるように、確保しなければならない（BVerfGE 123, 267 <356, 433 ff.>参照）。これにより、連邦議会が予算政策についての総括責任および統合に関する責任を行使できるようにも確保しなければならない。欧州安定制度の民主主義的な支配および連邦議会の予算政策に関する総括責任に関する要請は、安定制度金融法の合憲解釈（ａ）により、連邦議会の報告を受ける権

利（b）についておよび欧州安定制度機関のドイツ代表の個人的妥当性について（c）、完全に満たされている（詳細については BVerfGE 132, 195 <269 ff.>, Rn. 177 ff.参照)。

225

a) Der Gesetzgeber hat für die Entscheidungen des Europäischen Stabilitätsmechanismus, die für die haushaltspolitische Gesamtverantwortung eine Rolle spielen, eine parlamentarische Rückbindung vorgesehen, indem er in Art. 2 ESMVertrG, in § 4 Abs. 2 Satz 1 und Satz 2 und in § 5 Abs. 2 Satz 2 und Satz 3 ESMFinG festgelegt hat, dass die deutschen Mitglieder im Gouverneursrat und Direktorium an den Sitzungen der Organe des Europäischen Stabilitätsmechanismus teilzunehmen und die Beschlüsse des Deutschen Bundestages durch ihr Abstimmungsverhalten in den Organen umzusetzen haben. Dass einige der Entscheidungen an das Votum des Plenums (vgl. § 4 Abs. 1 Satz 1 ESMFinG), andere lediglich an dasjenige des Haushaltsausschusses (vgl. § 5 Abs. 2 Satz 1 ESMFinG) geknüpft sind, betrifft nicht die grundsätzliche - und hier allein zu entscheidende - Frage der Beteiligung des Deutschen Bundestages (BVerfGE 132, 195 <270>, Rn. 179).

ａ）立法者は、欧州安定制度の決定が予算政策に関する総括責任に関わる決定について、議会への連結を用意した。欧州安定制度条約法２条、安定制度金融法４条２項１文２文および安定制度金融法５条２項２文３文で、理事会および常務理事会のドイツ構成員が欧州安定制度機関の会議に出席しなければならない上に、連邦議会の決議に合わせて投票しなければならないように、定めたことで、その連結が用意されている。投票の一部は全会の決定（安定制度金融法４条１項１文参照）、他の一部が予算委員会の決定（安定制度金融法５条２項１文）に従わなければならないが、ここで唯一問題となるドイツ連邦議会の原則的論点と無関係である。

226

aa) Bereits die vom ESM-Vertrag vorgesehene Möglichkeit einer Fortentwicklung der Instrumente (vgl. Art. 19 ESMV) lässt es nicht zu, alle Fälle, in denen eine Parlamentsbeteiligung angezeigt sein wird, schon jetzt im Einzelnen zu erfassen und zu regeln. Die Beteiligungsrechte müssen - sei es durch Gesetzesänderung, sei es durch Auslegung - mit der Vertragsentwicklung Schritt halten, so dass die effektive Wahrnehmung der parlamentarischen Haushalts- und Integrationsverantwortung in jedem Fall sichergestellt ist (vgl. BVerfGE 132, 195 <272>, Rn. 183). Vor diesem Hintergrund hat der Gesetzgeber eine Änderung der Finanzhilfeinstrumente nach Art. 19 ESMV an das Erfordernis einer bundesgesetzlichen Ermächtigung gebunden (Art. 2 Abs. 2 ESMVertrG). Sollte sich im Vollzug des ESM-Vertrages ergeben, dass weitere wesentliche Mitwirkungserfordernisse nicht ausdrücklich geregelt sind, bietet die Regelung des § 4 Abs. 1 ESMFinG, die lediglich exemplarisch („insbesondere") drei Entscheidungsfelder des Europäischen Stabilitätsmechanismus nennt, in denen das Plenum zu entscheiden hat, hinreichenden Raum für eine verfassungskonforme Handhabung. Entsprechendes gilt für die Auffangvorschrift des § 5 Abs. 3 ESMFinG, die die Bundesregierung in allen nicht anderweitig geregelten Fällen, in denen nicht die Haushaltsverantwortung des Bundestages berührt wird, zur Beteiligung des Haushaltsausschusses des Bundestages und zur Berücksichtigung seiner Stellungnahmen verpflichtet (BVerfGE 132, 195 <271>, Rn. 180).

ａａ）欧州安定制度条約は、１９条で援助手段の追加を予定している。その可能性から既に、議会の参加が必要とされる全ての場合について、今の時点で既に把握して規制することが不可能である。議会の予算および統合に関する

責任の実効的な行使が常に確保されるように、参加権利は、改正立法によりまたは解釈により、条約の発展に合わせて改正する必要がある（BVerfGE 132, 195 <272>, Rn. 183参照）。この点を配慮して、立法者は欧州安定制度条約１９条に基づく援助手段の変更について、連邦立法による授権を必要とした（欧州安定制度条２条２項）。欧州安定制度条約を運営する過程で、不可欠な参加権の明白な規定が欠けていることが判明した場合、安定制度４条１項の規定が、合憲運営のために充分な余地を確保している。この規定は単に例示的に全会の決定が必要である欧州安定制度の三つの決定分野を列挙している。安定制度金融法５条３項の補充規定についても、同様である。この規定は、連邦議会の予算に関する責任が問題となる特に規制されていない場合に、連邦政府が予算委員会を参加させ、その意見を配慮しなければならない（BVerfGE 132, 195 <271>, Rn. 180）。

227

bb) Im Hinblick auf die durch Art. 8 Abs. 2 Satz 4 ESMV eröffnete Möglichkeit, Anteile am Stammkapital des Europäischen Stabilitätsmechanismus zu einem vom Nennwert abweichenden Kurs auszugeben, die für sich genommen keinen verfassungsrechtlichen Bedenken begegnet (vgl. oben Rn. 215), fehlt es zwar an einer ausdrücklichen Einbindung des Bundestages; die Regelungen des ESM-Finanzierungsgesetzes gestatten jedoch eine mit Art. 38 Abs. 1, Art. 20 Abs. 1 und Abs. 2 in Verbindung mit Art. 79 Abs. 3 GG vereinbare verfassungskonforme Handhabung (vgl. bereits BVerfGE 132, 195 <274>, Rn. 188).

ｂｂ）欧州安定制度条約８条２項４文に基づき欧州安定制度の持分を額面と異なる価格で発行する可能性それ自体は、憲法上に問題ない（上記２１５項参照）。その場合については連邦議会の明示的な参加に関する規定が欠けている。しかし、安定制度融資法の規定は、憲法３８条１項、憲法２０条１項２項（憲法７９条３項と関連して）と両立

する運営を可能とする（既に BVerfGE 132, 195 <274>, Rn. 188 参照）。

228

Während der Gesetzgeber für Entscheidungen des Europäischen Stabilitätsmechanismus über die Gewährung von Stabilitätshilfen (Art. 13 Abs. 2 ESMV) sowie für die Annahme einer Vereinbarung über eine Finanzhilfefazilität (Art. 13 Abs. 3 Satz 3 ESMV) und die Zustimmung zu einem entsprechenden Memorandum of Understanding (Art. 13 Abs. 4 ESMV) in § 4 Abs. 1 Satz 2 Nr. 1 und Nr. 2 sowie Abs. 2 ESMFinG eine vorherige Zustimmung des Bundestages ausdrücklich für erforderlich erklärt hat, fehlt es für den Tatbestand des Art. 8 Abs. 2 Satz 4 ESMV und die entsprechende Zuständigkeit des Gouverneursrats (Art. 5 Abs. 6 Buchstabe b ESMV) an einer entsprechenden Regelung. 立法者は欧州安定制度の安定援助提供に関する判断（欧州安定制度条約１３条３項３文）および関連する合意書面の承認（欧州安定制度条約１３条４項）について、連邦議会の事前承認を明示的に必要とした。それに対し、欧州安定制度条約８条２項４文とそれに関連する常務理事会の管轄（欧州安定制度条約５条６項ｂ）について、同様の規定が欠けている。Indes lässt sich durch Rückgriff auf die allgemeine Regelung des § 4 Abs. 1 Satz 1 in Verbindung mit Abs. 2 ESMFinG, wonach Beschlüsse „in Angelegenheiten des Europäischen Stabilitätsmechanismus, die die haushaltspolitische Gesamtverantwortung des Deutschen Bundestages betreffen", einer vorherigen Zustimmung des Bundestages bedürfen, die verfassungsrechtlich gebotene Beteiligung des Bundestages mit hinreichender Sicherheit gewährleisten (vgl. BVerfGE 132, 195 <274>, Rn. 188). しかし、安定制度融資法４条１項１文の一般規定により、ドイツ連邦議会の予算政策に関する総括責任が問題となる欧州安定制度関連案件について、連邦議会の事前承認が必

要である。この一般規定の適用により、憲法上に必要である連邦議会の参加を充分に確実に確保できる（BVerfGE 132, 195 <274>, Rn. 188 参照）。

229

Eine dahingehende verfassungskonforme Auslegung des § 4 Abs. 1 Satz 1 in Verbindung mit Abs. 2 ESMFinG ist durch den Wortlaut des Gesetzes gedeckt und wahrt die prinzipielle Zielsetzung des Gesetzgebers (vgl. BVerfGE 49, 148 <157>; 54, 277 <300>; 86, 288 <320>). Auf der Grundlage einer solchen Auslegung ist gewährleistet, dass der Bundestag seine haushaltspolitische Gesamtverantwortung auch tatsächlich effektiv wahrnehmen kann (vgl. BVerfGE 129, 124 <184 f.>), und dass die Entscheidung, ob und - wenn ja - in welcher Weise der Bundestag an Beschlüssen der ESM-Organe nach Art. 8 Abs. 2 Satz 4 ESMV beteiligt wird, im konkreten Fall nicht allein der Einschätzung der Exekutive überantwortet bleibt.

安定制度融資法4条1項1（2項と関連して）のこのような合憲解釈は、法律の文言で可能であり、立法者の基本的な目的を維持している。この解釈を前提に、連邦議会が予算政策に関する総括責任を事実上も効果的に行使できることが確保される（BVerfGE 129, 124 <184 f.>参照）欧州安定制度機関の欧州安定制度条約8条2項4文に基づく判断に連邦議会を参加させるか、どの程度参加させるかの判断が、具体事例において単に行政権の裁量に委ねられていないことも、確保される。

230

Soweit gefordert wird, die Mitwirkung des deutschen Vertreters an Entscheidungen über die Ausgabe von Anteilen über dem Nennwert nach Art. 8 Abs. 2 Satz 4 ESMV bedürfe einer besonderen gesetzlichen Ermächtigung, sind dafür verfassungsrechtliche Gründe nicht ersichtlich. Eine solche Anforderung ist im Grundgesetz weder - wie etwa bei Art. 110 Abs. 2 Satz 1 GG - ausdrücklich vorgesehen, noch folgt sie aus der haushaltspolitischen Gesamtverantwortung des Bundestages. Für letztere kommt es auf die Beteiligung des Bundestages und nicht darauf an, dass diese Beteiligung in der Form eines Gesetzes erfolgt. Budgetrecht und haushaltspolitische Gesamtverantwortung des Deutschen Bundestages können vielmehr durch Verhandlung und Beschlussfassung im Plenum wahrgenommen werden (vgl. BVerfGE 70, 324 <356>; 129, 124 <178 f.>), durch den Beschluss über das Haushaltsgesetz, durch finanzwirksame Gesetze oder durch einen sonstigen, konstitutiven Beschluss des Plenums (vgl. BVerfGE 90, 286 <383 ff.>; 130, 318 <347>). Aus dem Umstand, dass für die Erhöhung des genehmigten Stammkapitals in Art. 2 Abs. 1 ESMVertrG ausdrücklich eine bundesgesetzliche Ermächtigung vorgesehen ist, folgt nicht, dass Gleiches auch für Entscheidungen nach Art. 8 Abs. 2 Satz 4 ESMV gelten müsse.

欧州安定制度条約8条2項4文に基づく持分を額面以上の価格で発行する際に、ドイツ代表の参加が法律上の授権を必要とすることが主張されている限り、この主張を正当化する憲法上の理由がない。憲法は、憲法１１０条2項1文の場合のように、その授権の要請を明示的にしていない。または、予算政策に関する連邦議会の総括責任からも、その要請が導かれない。その総括責任を行使するためには、連邦議会の参加が必要であるが、立法の形態の参加が必要でない。予算管轄および予算に関する連邦議会の総括責任は、全会での審議・決議により行使することができる (BVerfGE 70, 324 <356>; 129, 124 <178 f.>参照)。予算案法に関する決定、予算に響く法律に関する決定、またはその他の全会の現状変更する全会の決定により、行使できる (BVerfGE 90, 286 <383 ff.>; 130, 318 <347>参照)。欧州安定制度条約法2条1項が、授権資本金の増加のために明白に連邦立法による授権を必要としているが、その点

から、欧州安定制度条約8条2項4文の決定についても同様であるとは導かれない。

231

b) Die im ESM-Finanzierungsgesetz enthaltenen Informationsrechte des Bundestages genügen den Anforderungen des - im Organstreitverfahren der Antragstellerin zu VII. maßstäblichen - Art. 23 Abs. 2 Satz 2 GG (vgl. BVerfGE 132, 195 <271>, Rn. 181). Die Vorschriften des ESM-Vertrages, insbesondere Art. 34 ESMV, stehen einer den Anforderungen des Art. 23 Abs. 2 Satz 2 GG entsprechenden Unterrichtung des Bundestages nicht entgegen (vgl. oben Rn. 223).

ｂ）安定制度融資法が整備する連邦議会の情報入手権は、原告ＶＩＩ.の機関訴訟で基準となる憲法２３条２項２文（BVerfGE 132, 195 <271>, Rn. 181参照)の要請を満たしている。欧州安定制度条約の規定は、連邦議会に必要な報告を行うことを妨げない（上記２２３項参照）。

232

Die Tätigkeit des Europäischen Stabilitätsmechanismus ist eine Angelegenheit der Europäischen Union im Sinne des Art. 23 Abs. 2 GG und löst ebenso wie dessen Errichtung und Ausgestaltung Mitwirkungs- und Informationsrechte des Bundestages aus (vgl. BVerfGE 131, 152 <215 ff.>).§ 7 Abs. 1 bis Abs. 3 ESMFinG wiederholt die maßgeblichen verfassungsrechtlichen Anforderungen aus Art. 23 Abs. 2 Satz 2 GG an die Informationspflichten der Bundesregierung und gewährleistet damit das parlamentarische Informationsrecht. Zudem lässt § 7 Abs. 10 ESMFinG weitergehende Rechte aus dem Gesetz über die Zusammenarbeit von Bundesregierung und Deutschem Bundestag in Angelegenheiten der Europäischen Union unberührt (vgl. BVerfGE 132, 195 <271>, Rn. 182).

欧州安定制度の活動は、憲法２３条２項の意味のＥＵ案件である。欧州安定制度の設置および形成と同様に、その

活動も連邦議会の参加権、情報入手権を発生させる。安定制度金融法7条1項から3項は、憲法23条2項2文から生じる連邦政府の憲法上の報告義務を確認していることにより、議会の情報入手権を保障している。さらに、安定制度法7条10項によると、「連邦政府およびドイツ連邦議会のEU案件における協力に関する法律」から生じる更なる権利は、制限されない（BVerfGE 132, 195 <271>, Rn. 182参照）。

233

c) Auch unter dem Gesichtspunkt der von Art. 20 Abs. 1 und Abs. 2 GG geforderten demokratischen Legitimation der Tätigkeit des Europäischen Stabilitätsmechanismus gibt es gegen die Ausgestaltung der Vertretung Deutschlands in den Organen des Europäischen Stabilitätsmechanismus nichts zu erinnern.

ｃ）憲法20条1項2項が必要とする欧州安定制度の活動の民主主義的妥当性の観点からみても、欧州安定制度機関におけるドイツの代表の形成は、問題ない。

234

aa) Art. 20 Abs. 2 Satz 2 GG garantiert in Verbindung mit Art. 79 Abs. 3 GG, dass sich die Wahrnehmung staatlicher Aufgaben und die Ausübung staatlicher Befugnisse auf das Staatsvolk zurückführen lassen (vgl. BVerfGE 77, 1 <40>; 83, 60 <71 f.>; 89, 155 <182>; 93, 37 <66>; 107, 59 <87>; 130, 76 <123>) und diesem gegenüber verantwortet werden (vgl. BVerfGE 83, 60 <72>). Legitimationsbedürftig ist jedes amtliche Verhalten mit Entscheidungscharakter. Das gilt auch für die Wahrnehmung von Mitentscheidungsbefugnissen (vgl. BVerfGE 47, 253 <273>; 83, 60 <73>) und Mitgliedschaftsrechten in internationalen Organisationen oder der Europäischen Union. Demokratische Legitimation setzt dabei einen effektiven Einfluss des Staatsvolkes auf das hoheitliche Handeln voraus (vgl. BVerfGE 83, 60 <71 f.>; 89, 155

<182>; 93, 37 <67>; 107, 59 <87>; 119, 331 <366>; 130, 76 <123>).

ａａ）憲法２０条２項文は、憲法７９条３項と関連して、国家課題の行使および国家権力の行使が国民の意思に基づくこと、国民に対して責任があることを保障している。行政権の決定素質があるすべての行動は、妥当性を必要とする。この点は、国際組織またはＥＵの共同決定権および加盟国権の行使についても、そのことはいえる。民主主義的妥当性はその限り、国民が公権力の行動に実効的に影響を及ぼすことができることを前提とする。

235
In personeller Hinsicht ist ein Amtswalter demokratisch legitimiert, wenn seine Bestellung in einer ununterbrochenen Legitimationskette auf das Volk zurückgeführt werden kann (vgl. BVerfGE 52, 95 <130>; 68, 1 <88>; 77, 1 <40>; 83, 60 <72 f.>; 130, 76 <124>). Sachlich-inhaltliche Legitimation erfährt die Ausübung von Staatsgewalt insbesondere durch parlamentarische Vorgaben für das Verwaltungshandeln, den Einfluss des Parlaments auf die Politik der Regierung sowie die grundsätzliche Weisungsgebundenheit der Verwaltung gegenüber der Regierung (vgl. BVerfGE 83, 60 <72>; 93, 37 <67>; 107, 59 <87 f.>; 130, 76 <123>). Je intensiver eine in Rede stehende Maßnahme Grundrechte berührt (vgl. BVerfGE 93, 37 <73>; 130, 76 <124>) oder von grundlegender Bedeutung für die Allgemeinheit ist, desto höher muss auch das demokratische Legitimationsniveau ausfallen. Entscheidend ist insoweit nicht die Form der Legitimation, sondern die Effektivität, mit der die Entscheidungsprozesse demokratisch gesteuert werden (vgl. BVerfGE 93, 37 <67>). Dabei kommt es auf das Zusammenwirken der verschiedenen Legitimationsgrundlagen an (vgl. BVerfGE 93, 37 <66 f.>;130, 76 <124>). Eine verminderte Legitimation über den einen

Legitimationsstrang kann durch eine verstärkte Legitimation über andere Stränge ausgeglichen werden (vgl. BVerfGE 83, 60 <72>; 93, 37 <66 f.>; 107, 59 <87 f.>; 130, 76 <124>).

行政権を行使する者の個人としての民主主義的妥当性は、その選定が遮断されていない連結で国民の意思に基づくと言えることを前提とする。公権力の内容的な妥当性は、以下の手段で確保する。議会が行政権の行動について方針を定めること、議会が政府の政策に影響を及ぼすこと、および原則として行政庁が政府の命令に拘束されていることである（BVerfGE 83, 60 <72>; 93, 37 <67>; 107, 59 <87 f.>; 130, 76 <123>参照）。ある措置が基本権に強く関わる場合（BVerfGE 93, 37 <73>; 130, 76 <124>参照)または国民のために決定的に重要である場合、それに比例して民主主義的妥当性の程度も、高度なものでなければならない。その際、妥当性の形式ではなく、決定手続きが民主主義的に制御されている実効性が重要である。その際、様々の妥当性根拠の連結が問題となる。ある妥当性根拠が弱い場合、別な妥当性根拠が強いことにより、その問題を解消できる（BVerfGE 83, 60 <72>; 93, 37 <66 f.>; 107, 59 <87 f.>; 130, 76 <124>参照）。

236
Mit Blick auf die außen- und integrationspolitische Tätigkeit der Exekutive ist zu berücksichtigen, dass die sachlich-inhaltliche Legitimation nur begrenzt durch parlamentarische Vorgaben ausgestaltet werden kann. Der Verkehr mit anderen Staaten, die Vertretung in internationalen Organisationen, zwischenstaatlichen Einrichtungen und Systemen gegenseitiger kollektiver Sicherheit (Art. 24 Abs. 2 GG) sowie die Sicherstellung der gesamtstaatlichen Verantwortung bei der Außenvertretung Deutschlands fallen grundsätzlich in den Kompetenzbereich der Bundesregierung (vgl. BVerfGE 131, 152 <195>). Die zur Wahrnehmung ihrer Aufgaben notwendigen Freiräume stehen einer

strikten parlamentarischen Determinierung entgegen (vgl. BVerfGE 49, 89 <124 ff.>). Die in dieser Hinsicht herabgesetzten Anforderungen an die sachlich-inhaltliche demokratische Legitimation können dadurch ausgeglichen werden, dass der jeweilige Amtswalter im Auftrag und nach Weisung der Regierung handelt und die Regierung damit in die Lage versetzt, Verantwortung gegenüber dem Parlament und dem Volk zu übernehmen (vgl. BVerfGE 9, 268 <281 f.>; 93, 37 <67>; 130, 76 <124>).

行政権の外交・EU統合政策については、内容的な妥当性は議会による事前決定の制限を受けた上にのみ形成できる点を配慮する必要がある。ドイツの場合、他国との交流、国際組織・国家間機関・相互安全保障制度（憲法２４条２項）における代理およびドイツの外部代理の際の国家全体の責任の行使は、原則として、連邦政府の管轄である

（BVerfGE 131, 152 <195>参照）。この課題のために必要な裁量は、議会による厳格な決め付けを不可能としている

（BVerfGE 49, 89 <124 ff.>参照）。その限り、内容に関する民主主義的な妥当性に関する要請が限定されるが、その点は、以下の方法で解消できる。すなわち、関連する行政権を行使する者が政府の代理人および政府の指示に従って行動することによって、政府が議会および国民に対して責任を負うことが可能となる（BVerfGE 9, 268 <281 f.>; 93, 37 <67>; 130, 76 <124>参照）。

237

bb) Nach diesen Maßstäben bestehen keine Bedenken gegen die deutsche Vertretung in den Gremien des Europäischen Stabilitätsmechanismus.

ｂｂ）この基準では、欧州安定制度機関におけるドイツ代理について、問題はない。

238

Soweit die Mitwirkung der deutschen Vertreter in den ESM-Organen die haushaltspolitische Gesamtverantwortung des Bundestages betrifft, sind allerdings, um dessen maßgeblichen Einfluss zu wahren, konkrete parlamentarische Weisungen an die Bundesregierung erforderlich. Das ESM-Finanzierungsgesetz setzt demgemäß ersichtlich voraus, dass die deutschen Vertreter an die Beschlüsse des Bundestages gebunden und ihm gegenüber rechenschaftspflichtig sind (BVerfGE 132, 195 <272>, Rn. 183).

但し、欧州安定制度機関におけるドイツ構成員の参加が連邦議会の予算政策に関する総括責任に関わる限り、連邦議会による連邦政府への具体的な指示が必要である。そのため、安定制度金融法は明らかに、ドイツ構成員が連邦議会の決定に拘束され、連邦議会に対して報告義務を負うことを前提としている（BVerfGE 132, 195 <272>, Rn. 183）。

239

In welcher Weise der Gesetzgeber sicherstellt, dass die Sachentscheidungen des Bundestages in den ESM-Organen auch zutreffend umgesetzt werden, wird durch die Verfassung nicht im Einzelnen vorgegeben.

立法者が、連邦議会の内容的な決定が欧州安定制度機関において確かに実施されるようにどのように確保すべきかの点については、憲法が詳細まで定めていない。

240

(1) Deutsches Mitglied im Gouverneursrat ist der Bundesminister der Finanzen (Art. 5 Abs. 1 Satz 3 ESMV). Er ist durch die Berufung in die Bundesregierung durch den vom Parlament gewählten Bundeskanzler personell demokratisch legitimiert und zumindest mittelbar vom Vertrauen des Bundestages abhängig (Art. 64 Abs. 1, Art. 67 Abs. 1 GG) und diesem gegenüber auch rechenschaftspflichtig (vgl. Art. 114 Abs. 1 GG).

（１）理事会のドイツ構成員は、連邦大蔵大臣である（欧州安定制度条約５条１項３文）。議会が選定した連邦首相が選定するために、個人としての民主主義的な妥当性を有する。最低限でも間接的に連邦議会の信頼に依存して

いる（憲法６４条１項、憲法６７条１項）。連邦議会に対し報告義務も負う（憲法１１４条１項参照）。

241

(2) Auch die Entsendung eines Staatssekretärs in das Direktorium des Europäischen Stabilitätsmechanismus und die Bestellung eines Ministerialbeamten zu dessen Vertreter sind nicht zu beanstanden. In personeller Hinsicht sind auch sie aufgrund einer ununterbrochenen Kette individueller Bestellungsakte demokratisch legitimiert. Sachlich-inhaltlich legitimiert sind sie in der Ausübung ihrer Funktion durch die vertraglichen Vorgaben für den Europäischen Stabilitätsmechanismus und durch ihre Bindung an die im ESM-Finanzierungsgesetz vorgesehenen Beschlussfassungen des Deutschen Bundestages. Sowohl der Staatssekretär als auch der ihn vertretende Beamte bieten aufgrund ihrer Stellung im Verwaltungsaufbau im Sinne von Art. 33 Abs. 4 GG ausreichend Gewähr dafür, dass die mit ihrer Tätigkeit im Europäischen Stabilitätsmechanismus verbundene Ausübung hoheitsrechtlicher Befugnisse den für das Berufsbeamtentum institutionell garantierten besonderen Sicherungen qualifizierter, loyaler und gesetzestreuer Aufgabenerfüllung unterliegt (vgl. BVerfGE 119, 247 <260 f.>;130, 76 <111 f.>) und etwaige Vorgaben des Deutschen Bundestages weisungsgemäß umgesetzt werden.

（２）常務理事会の構成員として次官を使い、大蔵大臣所属の公務員をその代理人とすることも、問題ない。個人としての民主主義的妥当性は、これらの者についても、個別的な任命行為の遮断されていない連結により確保されている。その機能を果たす時の内容としての民主主義的妥当性は、欧州安定制度に関する条約上の規制および安定制度融資法が規定しているドイツ連邦議会決定への拘束により成立する。次官も、その代理人として活動する公務員も、憲法３３条４項にいう誠実義務を負う公務員であるため、

欧州安定制度関連の公権力行使が、職業官吏のために制度として保障されている優秀で・誠実で・法令順守する職務遂行の原則（BVerfGE 119, 247 <260 f.>;130, 76 <111 f.>参照)に従って行われることを充分に期待できる。それにより、ドイツ連邦議会の指示が誠実に実施されることも、保障されている。

242

cc) Der ESM-Vertrag steht der vom ESM-Finanzierungsgesetz vorausgesetzten und auch im Übrigen verfassungsrechtlich gebotenen Weisungsgebundenheit der deutschen Vertreter in den ESM-Gremien nicht entgegen. Er geht - insbesondere auf der Grundlage der durch die gemeinsame Erklärung der ESM-Mitglieder sowie die wortgleiche einseitige Erklärung Deutschlands vom 27. September 2012 (BGBl II S. 1086 f.) völkerrechtlich verbindlichen Auslegung der Regelungen über die Schweigepflicht (Art. 34 ESMV) und die persönliche Immunität (Art. 35 ESMV) - von der parlamentarischen Verantwortlichkeit seiner Organmitglieder aus. Das ergibt sich bereits aus dem Umstand, dass im Gouverneursrat die Finanzminister der ESM-Mitglieder vertreten sind (Art. 5 Abs. 1 Satz 3 ESMV), und aus deren - an keinerlei Bedingungen geknüpfter - Befugnis, ein Mitglied des Direktoriums und dessen Stellvertreter vorzuschlagen und zu entlassen (Art. 6 Abs. 1 Satz 2, Art. 43 ESMV). Die Regelung ermöglicht es, eine Bindung an Weisungen der nationalen Regierung durchzusetzen und damit den Einfluss des Parlaments sicherzustellen (vgl. BVerfGE 132, 195 <272>, Rn. 184).

ｃｃ）欧州安定制度条約は、安定制度金融法が前提としている、憲法上でも必要である、欧州安定制度機関のドイツ代表が指示に拘束されている点と両立している。欧州安定制度条約は、機関構成員の議会に対する責任を前提とする。特に、欧州安定制度加盟国およびドイツの同様の２０１２年９月２７日の声明を根拠に国際法上に拘束力がある

守秘義務（欧州安定制度条約３４条）および個人免訴特権（欧州安定制度条約３５条）の解釈により、その考えになる。この規定は、国内政府の指示への拘束を確保することを可能とし、それにより議会の影響力を確保することも可能とする（BVerfGE 132, 195 <272>, Rn. 184 参照）。

243

4. Schließlich verstößt auch das Gesetz zu dem Vertrag vom 2. März 2012 über Stabilität, Koordinierung und Steuerung in der Wirtschafts- und Währungsunion (SKS-Vertrag - SKSV) nicht gegen Art. 38 Abs. 1, Art. 20 Abs. 1 und Abs. 2 in Verbindung mit Art. 79 Abs. 3 GG. Seine wesentlichen Inhalte decken sich mit verfassungsrechtlichen (vgl. insbesondere Art. 109, Art. 109a, Art. 115 und Art. 143 GG) und unionsrechtlichen (vgl. insbesondere Art. 126 AEUV) Vorgaben (vgl. im EinzelnenBVerfGE 132, 195 <278 ff.>, Rn. 197 ff.; auch ÖstVfGH, Entscheidung vom 3. Oktober 2013 - SV 1/2013-15 -, Rn. 47).

４．最後に、２０１２年３月２日の経済・通貨同盟における安定・調和・政策に関する条約（安定条約）に関する法律も、憲法３８条１項、憲法２０条１項２項（憲法７９条３項と関連して）を侵害しない。この条約の主な内容は、憲法上（特に憲法１０９条、１０９ａ条、１４３条）およびＥＵ法上の要求と同様である（詳しくは BVerfGE 132, 195 <278 ff.>, Rn. 197 ff. 参照；さらに ÖstVfGH, Entscheidung vom 3. Oktober 2013 - SV 1/2013-15 -, Rn. 47)

244

Der Vertrag räumt den Organen der Europäischen Union keine Befugnisse ein, die die haushaltspolitische Gesamtverantwortung des Deutschen Bundestages berühren und zwingt die Bundesrepublik Deutschland nicht zu einer dauerhaften, nicht mehr reversiblen Festlegung ihrer Wirtschaftpolitik (vgl. dazu im Einzelnen BVerfGE 132, 195 <278>, Rn. 196). Zwar stützen sich die Vertragsparteien nach Art. 3 Abs. 2

Satz 2 SKSV bei der Einrichtung des Korrekturmechanismus zum Abbau staatlicher Defizite auf von der Europäischen Kommission vorzuschlagende Grundsätze, die insbesondere die Art, den Umfang und den zeitlichen Rahmen der auch unter außergewöhnlichen Umständen zu treffenden Korrekturmaßnahmen sowie die Rolle und Unabhängigkeit der auf nationaler Ebene für die Überwachung der Defizit- und Schuldenstandskriterien zuständigen Institutionen betreffen. Damit wird aber der Kommission nicht die Befugnis verliehen, an die Parlamente konkrete Vorgaben für die Gestaltung des Haushaltes zu richten (vgl. auch Conseil constitutionnel, Décision n°2012-653 DC vom 9. August 2012, cons. 25). Das ergibt sich insbesondere daraus, dass der zum Abbau von staatlichen Defiziten einzurichtende Korrekturmechanismus gemäß Art. 3 Abs. 2 Satz 3 SKSV unter dem Vorbehalt der Wahrung der parlamentarischen Vorrechte steht. Ebenso wenig kann der Gerichtshof der Europäischen Union die Anwendung der Korrekturmechanismen kontrollieren (vgl.BVerfGE 132, 195 <284 f.>, Rn. 211 ff.).

安定条約は、EU機関にドイツ連邦議会の予算政策に関する総括責任に関わる権限を与えていない。ドイツ連邦共和国に対して、継続的で不可逆的な経済政策固定を強制するものでもない。確かに、安定条約3条2項2文によると、加盟国は財政赤字を削減する仕組みを制定する際に、EU委員会が提案すべき原則を根拠とする。これらの原則は、特に非常状態の場合でも実施しなければならない問題解決措置の種類、程度および時間的枠組み、国内段階で財政赤字および国債残高水準の監督の管轄を有する機関に関する原則である。しかし、これにより、EU委員会が議会に予算の形成について具体的な指示を与える権限が成立しない。安定条約3条2項3文により財政赤字削減のために導入しなければならない問題解決仕組みが、議会の権限を尊重することを条件としている点から、このことが明らかである。

ＥＵ裁判所も、問題解決仕組みの運営について、監督の権限がない（BVerfGE 132, 195 <284 f.>, Rn. 211 ff.参照）。
245
Jedenfalls angesichts der Regeln des allgemeinen Völkerrechts zu den Möglichkeiten der Vertragsbeendigung ist auch das Fehlen eines ausdrücklichen vertraglichen Kündigungsrechts verfassungsrechtlich nicht zu beanstanden (vgl. im Einzelnen BVerfGE 132, 195 <285 ff.>, Rn. 214 ff.).
条約の終了に関する国際法の一般原則を配慮して、明示的な条約上の解約権が欠けている点も憲法上問題ない（詳しくは BVerfGE 132, 195 <285 ff.>, Rn. 214 ff.参照）。

Voßkuhle	Lübbe-Wolff	Gerhardt
Landau	Huber	Hermanns
Müller		Kessal-Wulf

（裁判官署名）

www.ingramcontent.com/pod-product-compliance
Lightning Source LLC
Chambersburg PA
CBHW051635170526
45167CB00001B/199